农村产权制度改革与集体经济发展研究

NONGCUN CHANQUAN ZHIDU GAIGE YU JITI JINGJI FAZHAN YANJIU

宋洪远　高 鸣　倪坤晓 等　著

中国农业出版社
北　京

图书在版编目（CIP）数据

农村产权制度改革与集体经济发展研究 / 宋洪远等著. —北京：中国农业出版社，2021.11
ISBN 978-7-109-28937-6

Ⅰ.①农… Ⅱ.①宋… Ⅲ.①农村—集体财产—产权制度改革—研究—中国②农村经济—集体经济—经济发展—研究—中国 Ⅳ.①F321.32

中国版本图书馆 CIP 数据核字（2021）第 240878 号

中国农业出版社出版
地址：北京市朝阳区麦子店街 18 号楼
邮编：100125
责任编辑：贾 彬 文字编辑：张雪娇
版式设计：王 晨 责任校对：周丽芳
印刷：北京中兴印刷有限公司
版次：2021 年 11 月第 1 版
印次：2021 年 11 月北京第 1 次印刷
发行：新华书店北京发行所
开本：700mm×1000mm 1/16
印张：16.25
字数：320 千字
定价：68.00 元

前言 FOREWORD

农村集体产权制度改革是我国全面深化农村改革的关键，有助于巩固社会主义公有制，完善农村集体经营制度，维护农民合法权益，增加农民财产性收益，是实施乡村振兴战略的重要任务，是带领农民走上共同富裕道路的基础保障。2015 年，农业部、中央农村工作领导小组办公室、国家林业局印发《关于积极发展农民股份合作赋予农民对集体资产股份权能改革试点工作的批复》，确定北京市大兴区等 29 个县（市、区）为积极发展农民股份合作赋予农民对集体资产股份权能改革试点单位，自此我国开启了农村集体产权制度改革试点工作。2016 年，中共中央、国务院印发《关于稳步推进农村集体产权制度改革的意见》，提出要由点及面开展集体经营性资产产权制度改革，因地制宜探索农村集体经济有效实现形式。2017 年，农业部、中央农村工作领导小组办公室印发《关于确定农村集体产权制度改革试点单位的函》，在前期已开展的农村集体资产股份权能改革试点基础上，继续扩大试点，选择了北京市海淀区等 100 个改革基础较好、具有代表性的县（市、区）作为第二批改革试点单位。2018 年，农业农村部印发《关于确定农村集体产权制度改革试点单位的函》，确定吉林省、江苏省、山东省 3 个省份，河北省石家庄市等 50 个地级市，天津市武清区等 150 个县（市、区）为第三批改革试点单位。2019 年，中央农村工作领导小组办公室、农业农村部印发《关于确定农村集体产权制度改革试点单位的函》，确定天津市等 12 个省份、山西省运城市等 39 个地级市、内蒙古自治区托克托县等 163 个县（市、区）为第四批改革试点单位。2020 年，中央农村工作领导小组办公室、农业农村部印发《关于商请全面推开农村集体产权制度改革试点有关事项的函》，部署尚未开展整省试点的 13 个省份全面推开农村集体产权制度改革，实现改革试点省级全覆盖，要求全部试点任务到 2021 年 10 月底前基本完成。在此背景下，总结我国农村集体产权制度改革和集体经济发展的典型做法，研判改革中存在的主要问题，提出进一步深化改革的政策建议，对巩固改革和集体经济发展成果，确保如期保质保量完成改革任务具有重大的现实意义。

本书研究编写过程分为以下四个步骤：一是确定研究题目。改革是手段，发展是目的。农村集体产权制度改革是探索农村集体所有制有效实现形式，保护农民集体资产权益的重大举措；发展新型农村集体经济是实现农业强、农村美、农民富的有效途径。本书以改革和发展为研究主题，一方面总结农村集体产权制度改革的典型做法，另一方面探讨新型农村集体经济发展的有效路径。二是设计研究方案。课题组成员在农业农村部农村经济研究中心原主任宋洪远研究员的指导下，经过数次讨论，研究内容确定为农村集体产权制度改革、农村集体资产财务管理、农村产权交易市场建设、新型农村集体经济发展的基本情况、主要做法、取得成效、存在问题和政策建议等；研究地区综合考虑了地理位置、区位条件、经济发展水平、资源禀赋等因素，涵盖了我国东部、中部和西部地区，结合各省份农村集体产权制度改革推进情况，选定了江苏省、河北省、河南省和内蒙古自治区；调研方式包括集中座谈、查阅资料、随机走访、问卷调查、结构化访谈等。三是开展资料收集。课题组前期系统收集了有关农村集体产权制度改革和集体经济发展的政策文件、研究文献等，为实地调研奠定了坚实基础。围绕主题，先后组织开展四次调研：2019 年 11 月 10—14 日，赴河南省鹤壁市、巩义市、安阳市安阳县开展调研，考察了鹤壁市淇县庙口镇东场村、庙口村，鹤壁市浚县白寺乡白寺村、小河镇小河村，巩义市竹林镇镇东街社区，安阳市安阳县崔家桥镇双塔村、白壁镇南街村；2019 年 11 月 24—28 日，赴内蒙古自治区包头市、赤峰市巴林左旗、呼和浩特市进行实地调研，走访了包头市九原区阿嘎如泰苏木阿嘎如泰嘎查、哈业胡同镇乌兰计六村、白音席勒街道二道沙河西村，赤峰市巴林左旗林东镇柴达木村、查干哈达苏木阿鲁召嘎查，呼和浩特市和林格尔县舍必崖乡西厂圪洞村、小甲赖村；2019 年 12 月 27—31 日赴江苏省南京市、扬州市、苏州市展开调研，分别调查了南京市江宁区东山街道骆村社区、秣陵街道牛首社区，南京市浦口区江浦街道白马社区不老村、同心社区，扬州市邗江区甘泉街道长塘村、蒋王街道何桥社区，扬州市江都区，苏州市昆山市、吴中区；2020 年 11 月 23—26 日，分别赴河北省保定市定兴县李郁庄乡侯官营村和彭各庄村、北田乡西章村和内章一村，邢台市任泽区邢家湾镇杨家庄村和滏西村、西固城乡赵村和韩西周社区，唐山市迁安市大五里乡山叶口村和大石河村、建昌营镇乔庄村和文化村进行实地调研。四是资料分析和文稿写作。课题组认真汇总和梳理调研资料，讨论制定写作提纲，结合课题组成员专业分工，撰写调查研究报告。

本书分为前言、总论、专题报告、案例报告四个部分。前言部分主要介绍本书的研究背景、研究过程、框架结构和写作分工。总论部分系统分析了农村产权制度改革与集体经济发展的历史变迁、实践探索、经验启示和对策建议。专题报告围绕农村集体产权制度改革、农村集体资产财务管理、农村产权交易市场建设、新型农村集体经济发展四大主题进行分析和研究，包括15篇文章。案例报告主要是对江苏省、河北省、河南省和内蒙古自治区4个省份的案例材料进行整理、归纳和分析，选择了市（县、区）、村级24个案例。

本书的研究主题、方案设计、框架结构、主要内容、逻辑思路、编写体例由农业农村部农村经济研究中心原主任宋洪远研究员提出，并由宋洪远研究员负责组织开展调查研究工作。总论部分由农业农村部农村经济研究中心副研究员高鸣、中国社会科学院农村发展研究所助理研究员芦千文撰写完成。专题报告分别由农业农村部农村经济研究中心副研究员何安华、副研究员高鸣、助理研究员倪坤晓、助理研究员张哲晰，齐鲁工业大学副教授周光霞撰写完成。案例报告分别由农业农村部农村经济研究中心副研究员何安华、副研究员高鸣、副研究员李竣、助理研究员冯丹萌、助理研究员倪坤晓、助理研究员张哲晰、助理研究员黄雨，首都师范大学研究生郑晓寒，山东泰安学院研究生庄绪新撰写完成。

值此本书出版之际，对在本书调研、写作、出版过程中给予支持和帮助的中央单位、地方部门、村组农户以及出版社责任编辑等，一并致以谢忱！

宋洪远

2021年1月20日

目录 CONTENTS

总论

农村集体经济的内涵特点

农村集体经济是中国农村经济的重要组成部分，是实施乡村振兴战略的重要依托和保障。农村集体经济在完善农村基本经营制度、推动乡村产业振兴、完善乡村治理体系中发挥着重要作用。实现小农户与现代农业发展有机衔接，建立城乡融合发展的体制机制，也需要发展和壮大农村集体经济。

集体经济的核心是集体所有制，以集体所有制为基础的生产经营活动都可归入集体经济范畴。中国的集体经济是伴随着新中国成立初期对农业、手工业和资本主义工商业的社会主义改造而形成和发展起来的，可按照地域分为农村集体经济和城市集体经济。2016 年 12 月，中共中央、国务院出台的《关于稳步推进农村集体产权制度改革的意见》把农村集体经济界定为"集体成员利用集体所有的资源要素，通过合作与联合实现共同发展的一种经济形态，是社会主义公有制经济的重要形式"。

中国农村集体经济的组织形式经历了农业生产合作社、人民公社和农村改革以后存在的多种农村集体经济组织形式，最终形成了"三级所有，队为基础"的农村集体经济制度框架。经过 70 年的发展，中国农村集体经济及其组织形式具有如下较为明显的特点：①土地集体所有是集体所有制的核心，以此为基础形成的经济积累和共同财产是集体经济组织从事生产经营活动、拓展经营范围的重要来源。②集体经济具有较为清晰的成员边界，一般其成员较为固定，以村（队、组）或其他行政单位为界，管理人员和从业人员多来自集体经济组织内部，而且成员占有集体经济的份额是均等的。③集体经济组织与相应层级的政府组织或治理主体相重合，普遍存在村委会代行村集体经济组织职能的情况。④除农业外，集体经济可以延伸到第二、第三产业，集体经济组织可以设立各种经济实体开展多种经营。⑤集体经济承担着多种职能，包括公共服务、乡村治理等。为了探索集体经济实现形式，很多农村集体经济组织进行了企业化改造，建立了现代企业制度或公司治理机制，甚至转型为现代企业集团。

农村集体经济的发展历程

新中国成立后，经过社会主义改造，集体经济成为农业农村经济的最主要部分。农村改革启动后，为适应城乡关系变化和市场化改革，农村集体经济经过多次改革和调整，不断明确职能定位、探索发展方向、创新实现形式，在农村经济中的地位发生了深刻变化，形成了多种多样的发展路径。

一、新中国成立到农村改革前：从形成到主导农村经济发展的构建期

（一）农村集体经济的形成

农村集体经济是农村社会主义改造的制度遗产。新中国成立后，迅速完成了土地改革，建立了小规模自耕农为主的农业经营体系。紧接着，参照苏联的农业集体化道路，中央着手推动农业合作化、集体化，改造传统农业和小农经营方式，使农业走上社会化大生产道路。1951 年 9 月，中央召开全国第一次互助合作会议，形成了《中共中央关于农业生产互助合作的决议（草案）》，至 1953 年 2 月讨论通过成为正式决议，标志着进一步提高各类互助组织成为全党的共识。1953 年 12 月，中央通过了《关于发展农业生产合作社的决议》，明确农民在生产上联合起来的具体道路是由临时互助组到常年互助组到初级农业生产合作社再到高级农业生产合作社。毛泽东认为互助组和初级农业生产合作社都是高级农业生产合作社的步骤，农业合作化就是农业集体化[1]。党的七届六中全会以后，农业合作化运动进入高潮，到 1956 年年底实现了农业生产合作社化，到 1957 年年底实现了高级农业生产合作社化①。从初级农业生产合作社向高级农业生产合作社的转变，实现了主要生产资料由社员私有转变为无差别的集体所有，并取消了土地报酬和按股分红，完全实行了按劳分配，标志着农村集体经济的正式形成。高级农业生产合作社是中国农村集体经济的初级形态。高级农业生产合作社的普及标志着集体经济成为中国农业农村发展的

① 全国有 93.3%的农户加入了高级农业生产合作社[2]。

主导。这时的集体经济组织还仅仅是一种经济组织，并不具有行政和自治职能。

（二）农村集体经济的巩固

高级农业生产合作社在运行中出现了一些问题，主要表现在管理制度缺失、管理人员能力不足、日常管理松懈导致的经营开支浪费、社员劳动积极性不够等方面，使得不少地区的农业生产退步，农民收入减少，进而出现了农民要求退社的情况。面对此种情形，需要进一步探索农业生产的组织形式，以巩固农村社会主义改造成果。有部分省份试办人民公社，进行小社并大社，得到了中央的认可，并要求在全国推广。1958 年 8 月，中央政治局扩大会议作出了《关于在农村建立人民公社的决议》，要求全国各地农村尽快将小社并成大社，以 2 000 户为一社、争取一乡一社，成立人民公社。截至 1958 年 9 月底，全国已成立 2.34 万个人民公社，90.4%的农户加入了人民公社[1]。人民公社实行生产资料公社所有制（全公社范围的集体所有制），采用供给制与工资制相结合的分配制度，坚持工农商学兵相结合、农林牧副渔全面发展，具有“一大二公”“政社合一”的特点，形成了政治、经济、社会高度集中统一的管理体制[3]。

（三）农村集体经济的调整

虽然人民公社在试办初期显现出了制度优越性，但实践中并没有根本解决高级农业生产合作社的劳动激励和管理不足问题，没有化解落后的生产力与先进的生产关系之间的矛盾，加之受“大跃进”等运动的影响，农业生产和农村经济出现很多波折。为了解决这些问题，中央不断调整人民公社的生产经营管理体制，最终形成了“三级所有、队为基础”的集体经济制度框架①，一直延续到农村改革以前。在这一制度框架下，农村集体经济沿着三个方向不断调整。

一是调整完善农业生产经营管理体制。为了促进农业生产，满足工业原料需要，国家采取的主要做法是把人民公社的农业生产经营纳入计划经济管理体制，通过统购统销和行政命令决定人民公社的农业生产安排。这破坏了正常的农业生产秩序，导致了农业生产的倒退。为了恢复农业生产，国家一度恢复了自留地和集市贸易，一段时间内还允许实行“包产到户”。直到农村改革前，中央一直要求贯彻勤俭办社方针、加强人民公社和生产队（大队）内部管理、健全完善按劳分配制度，还发起“农业学大寨”运动。但受限于不切实际的农

① 1959 年中央发布《关于人民公社的十八个问题》，明确规定人民公社实行生产资料归生产队、生产大队和人民公社三级所有的制度；1961 年中央明确将生产大队作为基本核算单位，1962 年又将基本核算单位变为生产队，让其独立核算、自负盈亏。

业现代化目标，不少地区“穷过渡”之风蔓延，农业生产陷入长期停滞[4]。

二是调整完善农业生产性服务经营体系。为了迅速改变农业生产落后的面貌，国家建立了农机、农技、供销、资金等农业服务体系。部分农业服务体系建立之初属于国有经济，如国营农业机械拖拉机站（后文农业机械拖拉机站均简称拖拉机站）；部分农业服务体系建立之初就属于集体经济，如基层供销合作社和信用合作社。人民公社成立后，农业服务体系的基层服务机构整合进人民公社，由人民公社承担相应的农业生产性服务职能，使得提供农业生产性服务成为农村集体经济的重要内容。例如，人民公社建立了供销部和信用部，采取社办社有社营、直属队、社有社营队管（社队合营）、国家和公社合营 4 种形式发展种苗场、拖拉机站、戽水机站等。在部分领域，人民公社成为服务的主要供给者[5]。社队经营和管理的农业生产性服务机构或队伍，在推动农业机械化、水利化、电气化和化学化方面发挥了重要作用，是农村改革前农村集体经济发展的重要成果。

三是调整完善农村非农产业发展机制。人民公社化后，手工业、加工业、运输业等非农产业一并实现了集体化，管理体制上社营、队营并存。人民公社或生产队（大队）经营的企业被统称为“社队企业”。受国家政策调整影响，社队企业发展频繁波动。1958 年中央提出人民公社要大办工业，把许多生产队的企业平调到公社，1959 年就开始整顿清退部分社队企业；在生产队被确定为基本核算单位后，中央要求人民公社停办企业，引导公社和大队经营的企业下放给生产队①；受粮食减产影响，1962 年中央要求社队一般不办企业，不设专业的副业生产队，导致社队企业连续多年停滞不前。1966 年开始，城镇工业受到冲击，社队企业迎来发展契机，使社队企业整体上呈现出快速发展态势。1965—1976 年，社办工业产值由 5.3 亿元增加到 123.9 亿元[4]。1979 年，全国有社队企业 148 万个，98%的公社、82%的大队办了企业，社队企业人员 2 909 万人，占农村总劳动力的 9.4%，总收入 491 亿元，占三级经济总收入的 29.9%，工业总产值 424 亿元，占全国工业总产值的 9.2%，纯利润 104.5 亿元，税金 22.6 亿元[6]。

二、农村改革启动到 20 世纪 90 年代末：努力适应市场化改革的调整期

农村改革启动后，推行家庭联产承包责任制、调整城乡关系、建立产品和要素流通市场等重大改革举措出台，农村集体经济发展的内在机制和外部环境

① 随着农村经济形势的变化，国家又允许和鼓励人民公社兴办和经营企业，1977 年 6 月还把独立核算的农村手工业企业划归人民公社管理，作为社办企业的组成部分。

发生了深刻变化。这对于农村集体经济来说既是机遇也是挑战，部分受到巨大冲击，部分迎来迅速崛起。国家在政策上鼓励和引导农村集体经济组织加强统一经营职能，承担更多农业生产性服务，支持通过为农户服务和开展多种经营壮大集体经济实力，发挥农村集体经济组织联结农户和政府机构、服务部门及其他相关企业的桥梁作用（表1）。农村集体经济在逐步适应改革节奏的同时，自身也沿着市场化改革方向不断调整和探索新的实现形式。

表1　1982—1998年中央出台的农村集体经济改革举措和发展政策

年份	文件名称	主要内容
1982	《全国农村工作会议纪要》	各种责任制都是社会主义集体经济的生产责任制；保留生产大队、生产队作为集体经济组织的经济职能；有计划地试办和发展社队集体商业，与商业部门联合加工农副产品
1983	《当前农村经济政策的若干问题》	社队要办好社员要求统一办的事情，如机耕、水利、植保、防疫、制种、配种等；社队企业要建立生产责任制，试行经理（厂长）承包责任制
1984	《中共中央关于一九八四年农村工作的通知》	鼓励集体和农民将资金集中起来，联合兴办各种企业；设置以土地公有为基础的地区性合作经济组织，把工作重点转移到组织为农户服务上来
1985	《关于进一步活跃农村经济的十项政策》	乡镇企业的技术改造费在贷款数额和利率上给予优惠，对新办乡镇企业定期免征所得税，用于补助社会性开支的费用可按利润的10%在税前列支，严禁平调乡镇企业财产
1986	《关于一九八六年农村工作的部署》	集体企业要充分利用统一经营、统一分配的条件，加强农业的基本建设和技术改造，适当调整经营规模，促使农工商各业协调发展
1987	《把农村改革引向深入》	乡村一级的合作社均应承担生产服务职能、管理协调职能和资产积累职能；鼓励“四轮驱动”，乡办、村办、户办和联办一起发展乡镇企业
1990	《中共中央　国务院关于一九九一年农业和农村工作的通知》	帮助合作经济组织扩展服务内容，发挥内联农户、外联各种服务组织的纽带作用；依靠集体自身积累壮大集体经济实力，逐步发展多种经营和乡镇企业；健全乡、村合作经济组织的管理制度
1991	《中共中央关于进一步加强农业和农村工作的决定》	要求乡村集体经济组织作为农业社会化服务体系的基础；要兴办集体企业；建立严格的财务、审计、监督等管理制度；建立健全集体积累制度，更多用于农业基本建设，办好农村合作基金会

（续）

年份	文件名称	主要内容
1993	《中共中央　国务院关于当前农业和农村经济发展的若干政策措施》	乡村集体经济组织要积极做好为农户提供生产、经营、技术等方面的统一服务；运用股份合作制等形式，兴办各类经济实体，在为农民提供服务的过程中增强集体经济的实力
1994	《中共中央　国务院关于一九九四年农业和农村工作的意见》	引导农村股份合作制健康发展，不要层层下达指标，要把注意力放在清晰产权关系、转变经营机制、形成有效的资产积累制度上，探索规范股份合作制的方法和途径
1995	《中共中央　国务院关于做好一九九五年农业和农村工作的意见》	总结实行股份制、股份合作制、集体资产存量转让、租赁经营与拍卖等试点经验，完善经营体制和运行机制，防止集体资产流失；通过发展开发性农业和乡镇企业等方式增强乡、村集体经济组织经济实力
1996	《中共中央　国务院关于“九五”时期和今年农村工作的主要任务和政策措施》	发展农村社会化服务体系，增强集体经济实力，使乡村集体经济组织更好地发挥其生产服务、协调管理、资源开发、兴办企业、资产积累等职能；试行股份制、股份合作制必须确保集体资产的保值增值，小型、微利、亏损集体企业兼并、租赁、拍卖要如实评估资产，公开竞价
1997	《中共中央　国务院关于一九九七年农业和农村工作的意见》	鼓励和引导农村集体经济组织带动农民联合兴办农产品加工和销售实体；加强集体资产管理，在清产核资基础上，建立规章制度，实行财务公开，接受群众监督；理顺乡（镇）政府与乡（镇）集体经济组织的财产关系，纠正乡（镇）政府随意处置集体经济组织资产的错误做法
1998	《中共中央　国务院关于一九九八年农业和农村工作的意见》	建立健全乡村两级集体经济的管理组织和规章制度，对集体财产进行全面清理；通过开发资源、开展服务、开拓市场等拓宽集体经济发展路子；坚持政企分开，使乡村集体企业真正成为市场主体

（一）转向农户家庭经济

家庭联产承包责任制是逐步普及的。理论界经过争论，将“包产到户”认定为责任制的一种形式，是集体经济经营管理的一项具体办法[7]；将“包干到户”认定为“包产到户”的简化和发展[8]，也是公有制经济的一种责任制形式[9]。1982 年中央一号文件明确“目前实行的各种责任制，包括……

包产到户、到组，包干到户、到组，等等，都是社会主义集体经济的生产责任制”后，“包干到户”迅速普及[①]，农业家庭经营方式重新确立，统分结合双层经营体制形成。农户通过土地承包、“三提五统”、税收缴纳等与集体经济组织发生联系。这种联系随着农村市场化改革的深入越来越弱，农户的市场主体地位逐步得到确认。农户家庭经济从集体经济中逐步独立出来。

（二）加强集体统一经营

农村改革初期，统一经营主要由村集体经济组织承担。国家农业服务体系的部分职能，原由社队承担的农业服务职能，政策上均鼓励、引导村集体经济组织承担。农业生产性服务在统一经营中的作用更为重要。国家在农村集体经济改革过程中，要求村集体经济组织把满足农户农业生产性服务需求作为重要发展方向（表1）。但随着家庭联产承包责任制的普及，提供农业生产性服务所依托的集体资产多数转移到农户手中，使得村集体经济组织这方面的职能迅速弱化。在相关政策推动下，一些农村集体经济组织开拓服务业务或创办服务实体，但没有很好地发展起来。例如，部分地区没有将农业机械承包或分配给农户，而是成立了农机服务公司、服务队等。截至1984年年底，全国有3.9万个乡镇农机管理服务站（公司），4.8万个村农机服务公司，1.9万个农机化专业服务公司[②]。到1991年，农机作业服务收入达到570.31亿元，其中，农机户服务收入为516.58亿元[③]，农机户成为农机作业服务供给的最主要主体。对此，有学者认为，集体统一经营在多数地区并未建立起来[10]。

（三）发展乡镇集体企业

人民公社解体后，乡镇政府和村级自治组织建立起来。社队兴办的集体企业，以乡镇企业的名义延存下来[④]，并迅速崛起。这得益于当时国家的改革举措和优惠政策中把发展乡镇集体企业作为重点支持方向（表1），以及农村廉价的要素供给、城乡产品需求的巨大缺口。乡镇企业数量增长十分迅速[⑤]，乡

---

① 到1983年年底，97.9%的生产队、94.5%的农户实行了“大包干”（国家统计局农业统计司，1986，《中国农村统计年鉴1985》，北京：中国统计出版社）。

② 农牧渔业部农业机械化管理局，1988，《中国农业机械化重要文献资料汇编：1949—1987》，北京：北京农业大学出版社。

③ 中国农业机械年鉴编辑委员会，1992，《中国农业机械工业年鉴1992》，北京：机械工业出版社。

④ 1984年3月，《农牧渔业部和部党组关于开创社队企业新局面的报告》中建议将社队企业改称为“乡镇企业”（参见：《中共中央　国务院转发农牧渔业部和部党组〈关于开创社队企业新局面的报告〉的通知》，中国网 http：//www.china.com.cn/guoqing/2012-09/12/content_26747631.htm）。

⑤ 需要注意的是，乡镇企业不都属于农村集体经济。在统计中，农户自办、联办的企业也被纳入进来了。只有乡镇集体企业才属于农村集体经济，包括乡镇、村办的集体企业。

镇集体企业也得到较快发展（表 2）。到 1998 年，乡镇集体企业营业收入达到 38 284.1 亿元，利润总额达到 1 945.8 亿元，利税总额达到 3 150.9 亿元，资产总计 26 316.8 亿元，职工总数 4 828.6 万人；其中，乡镇集体工业企业有 70.5 万个，职工总数 3 534.5 万人，总产值 35 566.9 亿元，工业增加值 8 104.5 亿元[①]。乡镇集体企业在吸纳农村剩余劳动力、推动国民经济发展、带动农民增收等方面发挥了重要作用。20 世纪 90 年代中后期，中国经济由卖方市场转为买方市场，竞争日趋激烈，乡镇集体企业竞争力不足的弊端显现。为突破乡镇集体企业发展困局，很多地区开展了进一步改革。很多乡镇集体企业由此转为民营。

表 2　1978—1993 年中国乡镇集体企业发展情况

年份	乡镇企业数量（万个）	乡镇集体企业				
		数量（万个）	从业人数（万人）	总收入（亿元）	利润（亿元）	税金（亿元）
1978	152.4	152.4	2 826.6	—	—	—
1980	142.5	142.5	2 999.7	596.1	88.1	25.6
1985	1 222.5	156.9	4 152.1	1 827.4	171.3	108.6
1988	1 888.2	159.0	4 893.9	4 232.2	259.2	236.5
1990	1 850.4	145.4	4 592.4	5 218.6	232.7	275.5
1991	1 907.9	144.2	4 767.0	6 556.0	284.7	333.8
1992	2 079.2	152.0	5 148.8	10 040.9	477.6	470.2
1993	2 452.9	168.5	5 767.7	17 422.1	717.9	648.5

数据来源：《中国农业统计资料》。

注：统计指标为乡镇、村两级企业，指由乡镇政府、村集体办的企业，即前文所指的乡镇集体企业。

（四）探索集体经济新型组织形式

为了适应不断变化的农村经济发展形势，国家也在探索农村集体经济的有效组织形式。其中，具有代表性的包括三类：①地区性合作经济组织，也被称作社区合作经济组织。1984 年中央一号文件提出，为完善统一经营和分散经营相结合的体制，应设置以土地公有为基础的地区性合作经济组织，“可以叫农业合作社、经济联合社或群众选定的其他名称；可以以村（大队或联队）为范围设置，也可以以生产队为单位设置；可以同村民委员会分立，也可以一套班子两块牌子”，“首先要做好土地管理和承包合同管理；其次要管好水利设施

① 中华人民共和国农业部，2000，《中国农业统计资料 1999》，北京：中国农业出版社。

和农业机械，组织植保、防疫，推广科学技术，兴办农田水利基本建设以及其他产前产后服务”。②农村新经济联合体。为了解决农产品流通难题，提高农业综合经营效益，在鼓励农工商综合经营的政策导向下，农村集体经济组织积极参与组建形式多样的经济联合组织。统计上将这些经济联合组织称为农村新经济联合体。1988 年，农村有新经济联合体 47.1 万个，从业人员 433.9 万人，总收入 272.14 亿元[①]。农村新经济联合体分布在农村各个产业领域。这主要是行政推动的结果，并未持续多长时间。③股份制或股份合作制企业。部分乡镇集体企业在产权改革过程中，引入了股份制或股份合作制，形成了一批股份制或股份合作制企业，对提高乡镇集体企业的经营活力发挥了一定作用。1998 年，全国乡镇股份制及股份合作制企业有 18.98 万个，职工人数 903.61 万人，营业收入 7 959.65 亿元，利润总额 464.34 亿元[②]。

尽管从农村改革开始到 20 世纪 90 年代末，国家在推动农村集体经济发展方面做出了很大努力，但并未扭转集体经济在农村经济中不断弱化和边缘化的趋势。农村集体经济的农业生产性服务职能让位于各类市场主体和农民专业合作组织，导致统一经营职能不断弱化。虽然乡镇集体企业获得了较大发展，但是相比迅速发展的个体经济、民营经济以及其他乡镇企业，乡镇集体企业的发展仍显滞后，在乡镇企业中的地位也不断下降，跟城市企业的差距更是越拉越大。由于在市场竞争力上的“先天不足”，很多乡镇集体企业处于停顿状态甚至破产倒闭，有些则改制为民营企业，使得不少农村集体经济组织失去了收入来源，出现了大量的集体经济“空壳村”。

三、21 世纪初到 2012 年：探索多元化实现形式的转型期

进入 21 世纪，农村集体经济的外部环境再次发生深刻变化。一是主要农产品由长期短缺转入总量大体平衡、丰年有余，加之成功加入世界贸易组织（WTO）后对外开放程度迅速提高、对内市场化改革持续深化，市场决定资源配置的基础性作用得到增强，多元化市场主体迅速发展起来，使农村集体经济组织面临更大的市场竞争压力。二是工业化、城镇化提速，农村劳动力大量流向城市，人口老龄化、农村空心化问题显现出来，需要农村集体经济组织在公共服务和农村经济社会发展中发挥更大的作用。三是为扭转城乡发展差距拉大的趋势，中央作出“工业反哺农业、城市支持农村”的决策部署，取消农业税和“三提五统”，开始出台农业支持保护政策，加大农村建设和公共服务投入

---

① 国家统计局农业统计司，1987，《中国农村统计年鉴 1987》，北京：中国统计出版社。根据对当时相关调研报告和研究文献的梳理，绝大多数农村新经济联合体有村集体经济组织参与。

② 中华人民共和国农业部，2000，《中国农业统计资料 1999》，北京：中国农业出版社。

力度，为增强农村集体经济组织的作用提供了支撑。在机遇大于挑战的背景下，一些地方逐步扭转了农村集体经济弱化、边缘化的趋势，不少“空壳村”集体经济重新发展起来，并探索了多元化的实现形式。

（一）继续退出市场竞争激烈的领域

直接从事生产经营活动的农村集体经济组织受规模小、市场范围窄、技术水平低、经营能力弱等限制，市场竞争力不足的问题突显，在进一步的市场化改革中，或因经营不善，或因改制为民营企业，继续退出市场竞争较强的领域。仅有少数村庄一直坚持集体化道路，发展集体工业，如华西村、南街村等，并得益于政策优势继续发展壮大。但从全国层面看，农村集体经济持续弱化和边缘化的趋势没有改变，农村集体经济从事的生产经营领域逐步缩小。尤其是乡镇集体企业的减少，导致农村集体收入迅速减少，集体经济“空壳村”、薄弱村迅速增多。1996 年，在全国 72.6 万个行政村中，集体经济经营收益在 5 万元以下的村占 42.9%，其中，集体经济经营收益为零的行政村占行政村总数的 30.8%[11]；2011 年，在全国 58.9 万个行政村中，集体经济经营收益在 5 万元以下的村占 79.6%，其中，集体经济经营收益为零的行政村占行政村总数的 52.6%①。这加剧了村庄债务的积累，使得清理债务成为农村集体经济组织的一项重要工作②。

（二）开始增强农业生产和农村公共服务职能

由于农村税费的取消，农村集体经济组织进一步失去了增强“统”的职能的手段。但随着国家开展新农村建设，出台农业补贴和各类惠农政策，增加农业农村基础设施和公共服务投入，部分农村集体经济组织的实力和影响力开始“起底回升”。一是农村劳动力大量外流后，土地流转迅速增多，涉及集中连片的土地流转多需要借助或通过村集体进行，村集体以此获得了一定收入。一些村集体还组织农民以土地承包权入股，进行土地整理或集中开发农业项目，或为农民提供农业生产性服务。二是村集体经济组织作为财政支农项目的承接主体之一，成为农业农村基础设施建设和公共服务的组织者、参与者以及运营管护主体。这样既增加了集体经济收入，又找到了发挥作用的新领域。三是农村集体建设用地的经济价值不断增值，部分村集体探索盘活集体建设用地的方式方法，如建立园区、租赁土地、发展企业等，也使一部分农村集体经济重新发展起来，出现了一批新的强村强镇。前述这三方面也都是政策支持的重要方向（表 3）。

---

① 中华人民共和国农业部，2013，《中国农业统计资料 2012》，北京：中国农业出版社。

② 在 1999 年 5 月国务院办公厅发布《关于彻底清理乡村两级不良债务的通知》后，2006 年 10 月国务院办公厅又发布了《关于做好清理化解乡村债务工作的意见》。

表 3　21 世纪初到 2012 年中央出台的关于支持农村集体经济发展的政策

时间	文件名称	主要内容
2000	《中共中央　国务院关于做好2000年农业和农村工作的意见》	鼓励集体以多种方式建设和经营小型水利设施；做好农村集体资产清理工作，建立资产登记台账，严格执行财务制度，杜绝并逐步化解乡村两级不良债务
2003	《中共中央　国务院关于做好农业和农村工作的意见》	通过集体建设用地流转，合理解决企业进镇的用地问题；鼓励集体多渠道投资建设农村中小型基础设施，实行企业化管理和商业化运作，实现有效维护和运营
2004	《中共中央　国务院关于促进农民增加收入若干政策的意见》	引导农村集体企业改制成股份制和股份合作制等混合所有制企业，探索集体非农建设用地进入市场的途径和办法
2005	《中共中央　国务院关于进一步加强农村工作提高农业综合生产能力若干政策的意见》	集体经济组织要同其他专业合作组织一起发挥联结龙头企业和农户的桥梁和纽带作用
2006	《中共中央　国务院关于推进社会主义新农村建设的若干意见》	加快集体林权制度改革，继续增强农村集体组织经济实力和服务功能
2007	《中共中央　国务院关于积极发展现代农业扎实推进社会主义新农村建设的若干意见》	积极发展种养专业大户、农民专业合作组织、龙头企业和集体经济组织等各类适应现代农业发展要求的经营主体
2008	《中共中央关于推进农村改革发展若干重大问题的决定》	发展集体经济、增强集体组织服务功能，全面推进集体林权制度改革，逐步建立城乡统一的建设用地市场，健全农村集体资金、资产、资源管理制度
2008	《中共中央　国务院关于切实加强农业基础建设进一步促进农业发展农民增收的若干意见》	保障农民对集体财产的收益权；严格农村集体建设用地管理，严禁通过“以租代征”等方式提供建设用地
2009	《中共中央　国务院关于2009年促进农业稳定发展农民持续增收的若干意见》	做好集体土地所有权确权登记颁证工作，将权属落实到法定行使所有权的集体组织
2010	《中共中央　国务院关于加大统筹城乡发展力度进一步夯实农业农村发展基础的若干意见》	鼓励有条件的地方开展农村集体产权制度改革试点；加快农村集体土地所有权、宅基地使用权、集体建设用地使用权等确权登记颁证工作，力争用 3 年时间把农村集体土地所有权证确认到每个具有所有权的农民集体经济组织
2012	《中共中央　国务院关于加快推进农业科技创新持续增强农产品供给保障能力的若干意见》	加快修改土地管理法，完善农村集体土地征收有关条款；壮大农村集体经济，探索有效实现形式，增强集体组织对农户生产经营的服务能力

（三）城郊农村或城中村集体经济迅速发展

进入21世纪，城市经济的迅速发展带动了城郊农村或城中村的发展。这些区域借助区位优势，迅速壮大了集体经济。尤其是通过征地和拆迁补偿，一批城郊农村和城中村实现了“暴富”。这部分村集体在集体建设用地上建厂房、仓储、物流、商铺等，发展物业经济、园区经济和商业经济，探索了集体资产保值增值和集体经济壮大的发展模式。这类村集体经济迅速发展的地区，从大城市、东部地区向中小城市、中西部地区拓展，已深入到县域经济层面。但值得注意的是，随着城市的迅速扩张，城郊农村或城中村往往被城市化，进而转为城市社区，其集体经济也就不再属于农村集体经济的范畴。

可见，进入21世纪到2012年，农村集体经济获得了一定发展，但发展仍相对滞后于其他经济成分。根据表4中的数据可计算得出，2000—2009年，农村集体经济收入（乡镇办企业经营收入与村组集体经营收入之和）从4.06万亿元增加到9.73万亿元，占农村经济总收入比重从38.29%下降到30.90%。虽然农村集体经济相对弱化的趋势在总体上未得到扭转，但值得注意的有两点：一是国家推动农村集体清产核资、健全集体资产管理制度，推动农村集体产权制度改革试点、探索集体建设用地直接入市等，并把增强服务职能作为壮大集体经济、探索实现形式的支持方向；二是部分地区积极探索集体经济的实现形式，形成了一些先行先试经验和适应市场经济的发展模式，为新时期农村集体经济的创新发展奠定了坚实的基础。

表4　2000—2009年农村经济总收入及其各部分构成

年份	农村经济总收入及其各经营收入组成（亿元）						农村经济总收入中各组成部分的占比（%）				
	总收入	乡镇办企业	村组集体[a]	村办企业	农户	其他	乡镇办企业	村组集体[a]	村办企业	农户	其他
2000	106 088	26 142	14 479	10 017	55 974	9 492	24.64	13.65	9.44	52.76	8.95
2001	116 630	29 495	13 988	9 684	59 992	13 156	25.29	11.99	8.30	51.44	11.28
2002	131 719	34 560	15 226	10 220	64 909	17 025	26.24	11.56	7.76	49.28	12.92
2003	151 173	41 434	15 547	10 327	72 828	21 364	27.41	10.28	6.83	48.17	14.13
2004	175 289	48 518	16 565	11 061	81 052	29 154	27.68	9.45	6.31	46.24	16.63
2005	200 239	56 210	18 309	12 489	90 451	35 269	28.07	9.14	6.24	45.17	17.61
2006	231 466	66 099	18 591	11 501	103 723	43 053	28.56	8.03	4.97	44.81	18.60
2007	259 403	71 995	20 660	12 694	115 107	51 641	27.75	7.96	4.89	44.37	19.91
2008	281 187	70 468	18 355	11 278	134 177	58 188	25.06	6.53	4.01	47.72	20.69
2009	314 876	77 425	19 886	12 139	149 361	68 204	24.59	6.32	3.86	47.43	21.66

数据来源：根据《中国农业统计资料》整理所得。

注：a村组集体包括村办企业。

四、党的十八大以来：推进集体产权制度改革的激活期

党的十八大以来，中央围绕使市场在资源配置中起决定性作用和更好发挥政府作用推进全面深化改革，其中推进农村土地制度、产权制度等方面的改革措施，为激发农村集体经济活力创造了良好的外部环境。2016 年 12 月，中共中央、国务院出台了《关于稳步推进农村集体产权制度改革的意见》，明确要加大政策支持力度，清理废除各种阻碍农村集体经济发展的不合理规定。党的十九大作出实施乡村振兴战略的重大决策部署，更使农村集体经济迎来了发展机遇。形势的好转，政策的出台（表 5），推动农村集体经济进入了增强活力的创新发展时期。

（一）农村集体产权制度改革取得实质进展

建立归属清晰、权能完整、流转顺畅、保护严格的农村集体产权制度，是激发农村集体经济发展活力的必然举措。2010 年中央一号文件明确提出，鼓励有条件的地方开展农村集体产权制度改革试点。党的十八大以来，农村集体产权制度改革进程不断加快。党的十八届三中全会提出“保障农民集体经济组织成员权利，积极发展农民股份合作，赋予农民对集体资产股份占有、收益、有偿退出及抵押、担保、继承权”。随后，农村集体产权制度改革成为历年中央一号文件的重点内容（表 5）。2014 年 11 月，农业部、中央农办、国家林业局印发了经中共中央、国务院审议通过的《积极发展农民股份合作赋予农民对集体资产股份权能改革试点方案》，标志着农村集体产权制度改革试点工作全面启动。2016 年 12 月，中共中央、国务院出台了《关于稳步推进农村集体产权制度改革的意见》，把“明确农村集体经济组织市场主体地位，完善农民对集体资产股份权能”作为改革方向，力争用 3 年左右时间基本完成集体资产清产核资工作，用 5 年左右时间基本完成经营性资产股份合作制改革，把农村集体经营性资产以股份或份额形式量化到本集体成员，作为集体收益分配的基本依据。该文件发布后，在已有的 29 个县（市、区）的基础上，农业部、中央农办确定了 100 个县（市、区）为 2017 年度农村集体产权制度改革试点单位（第二批）；2018 年，农业农村部扩大了试点范围，并推进整省整市试点，确定 3 个省份、50 个地级市、150 个县（市、区）为 2018 年度农村集体产权制度改革试点单位（第三批）；2019 年，中央农办、农业农村部确定 12 个省份、39 个地级市、163 个县（市、区）为 2019 年度农村集体产权制度改革试点单位（第四批），要求全部试点任务到 2020 年 10 月底前基本完成。

目前，我国农村集体产权制度改革取得了阶段性重要成效，盘活了农村集体资产，构建了集体经济治理新体系，形成了既体现集体优越性又调动个人积极性的农村集体经济运行新机制，为全面打赢脱贫攻坚战和实施乡村振兴战略

提供了重要制度保障。一是基本摸清全国农村集体家底。截至2019年年底，全国共清查核实集体账面资产6.5万亿元，其中经营性资产3.1万亿元，资源性资产总面积65.5亿亩[①]。二是全面确认集体成员身份。各地通过民主协商方式，制定了本集体成员身份确认的具体标准，已确认集体成员6亿多人。三是逐步建立新型集体经济组织。全国共有53万个村完成集体产权制度改革，50万个村领到农村集体经济组织登记证，建立起符合市场经济要求的集体经济运行新机制。四是积极推动新型农村集体经济发展壮大。中共中央组织部、财政部、农业农村部计划到2022年扶持10万个左右的村发展壮大集体经济试点，目前已安排扶持资金289亿元。2019年，全国有集体经营收益的村为39.5万个，占总村数的71.21%，当年股金分红总额571.2亿元，累计股金分红总额3 420.0亿元。

表5　党的十八大以来中央支持农村集体经济发展的改革举措和政策措施

年份	文件名称	主要内容
2013	《中共中央　国务院关于加快发展现代农业进一步增强农村发展活力的若干意见》	改革农村集体产权制度，依法保障农民集体收益分配权，加强农村集体“三资”[②]管理，鼓励地方推进农村集体产权股份合作制改革；探索集体经济组织成员资格界定的具体办法
2013	《中共中央关于全面深化改革若干重大问题的决定》	建立城乡统一的建设用地市场，允许农村集体经营性建设用地出让、租赁、入股；保障农民集体经济组织成员权利，赋予农民对集体资产股份占有、收益、有偿退出及抵押、担保、继承权
2014	《中共中央　国务院关于全面深化农村改革加快推进农业现代化的若干意见》	加快建立农村集体经营性建设用地产权流转和增值收益分配制度；加快农村集体建设用地使用权确权登记颁证工作；推动农村集体产权股份合作制改革，建立农村产权流转交易市场，提高集体经济组织资产运营管理水平
2015	《中共中央　国务院关于加大改革创新力度加快农业现代化建设的若干意见》	创新农村集体经济运行机制，对非经营性资产重点是探索有利于提高公共服务能力的集体统一运营管理有效机制，对经营性资产重点是明晰产权归属，将资产折股量化到本集体经济组织成员，发展多种形式的股份合作；开展赋予农民对集体资产股份权能改革试点；实施农村集体经营性建设用地入市试点；研究起草农村集体经济组织条例

① 1亩=1/15公顷。

② “三资”指资金、资产和资源。

（续）

年份	文件名称	主要内容
2016	《中共中央　国务院关于落实发展新理念加快农业现代化实现全面小康目标的若干意见》	支持有条件的地方通过盘活农村集体建设用地发展休闲农业和乡村旅游；到2020年基本完成农村集体资源性资产确权登记颁证、经营性资产折股量化到本集体经济组织成员；探索将财政资金投入农业农村形成的经营性资产，通过股权量化到户，让集体组织成员长期分享资产收益；开展扶持村级集体经济发展试点
2016	《中共中央　国务院关于稳步推进农村集体产权制度改革的意见》	开展集体资产清产核资（力争3年时间完成），强化农村集体资产财务管理；由点及面开展集体经营性资产产权制度改革；发挥农村集体经济组织功能作用，维护农村集体经济组织合法权利，多种形式发展集体经济，引导农村产权规范流转和交易
2017	《中共中央　国务院关于深入推进农业供给侧结构性改革加快培育农业农村发展新动能的若干意见》	鼓励农村集体经济组织创办乡村旅游合作社，或与社会资本联办乡村旅游企业；对各级财政支持的各类小型项目，优先安排农村集体经济组织、农民合作组织等作为建设管护主体；探索农村集体组织以出租、合作等方式盘活利用空闲农房及宅基地；赋予农村集体经济组织法人资格；鼓励地方开展资源变资产、资金变股金、农民变股东等改革
2018	《中共中央　国务院关于实施乡村振兴战略的意见》	向集体经济薄弱村党组织派出第一书记；维护村民委员会、农村集体经济组织、农村合作经济组织的特别法人地位和权利；发挥村党组织对集体经济组织的领导核心作用，防止内部少数人控制和外部资本侵占集体资产；研究制定农村集体经济组织法
2018	《乡村振兴战略规划（2018—2022年）》	发展新型农村集体经济，鼓励经济实力强的农村集体组织辐射带动周边村庄共同发展；实施新型农村集体经济振兴计划，编制集体产权制度改革“菜单式”行动指引，分类施策、重点推进
2019	《中共中央　国务院关于坚持农业农村优先发展做好“三农”工作的若干意见》	全面推开农村集体经营性建设用地入市改革，加快农村集体资产监督管理平台建设，积极探索集体资产股权质押贷款办法，把发展壮大村级集体经济作为发挥农村基层党组织领导作用的重要举措，引导和支持村集体参与村庄基础设施建设和农村人居环境整治

（续）

年份	文件名称	主要内容
2019	《中共中央　国务院关于建立健全城乡融合发展体制机制和政策体系的意见》	允许农村集体经济组织探索人才加入机制；全面推行村党组织书记通过法定程序担任村委会主任和村级集体经济组织、合作经济组织负责人；创新农村集体经济运行机制，探索混合经营等多种实现形式

（二）农村集体经济实现形式呈现多元化创新

中央在推进农村集体产权制度改革的同时，出台了很多扶持农村集体经济发展的政策（表5）。各地区也积极探索建立符合市场经济要求的农村集体经济运营新机制。一是在集体经营性资产确权到户的基础上，通过土地入股、农民入社，解决土地细碎化和资产利用率低的问题，发展现代农业，推动农村产业融合发展。例如，贵州省六盘水地区开展的资源变资产、资金变股金、农民变股东的改革，对消除集体经济“空壳村”取得了显著成效，2017年起被列入中央一号文件，成为农村集体产权制度改革的重要内容。二是以集体资产、财政资金或形成的资产入股、租赁等形式，引入工商资本或其他优质要素，培育新型农业经营主体，发展混合所有制经济。农村集体经济参与的混合所有制经济，主要是近年来由农村集体经济组织参与发展起来的乡村休闲旅游、农产品加工、农村电商等。三是发挥基层党组织、村集体作用，做实统一经营职能，组织集体成员规模化、标准化种养，建立综合服务中心，为农户提供产供销全程服务，帮助农户对接金融、技术、信息等服务。四是将精准扶贫到户的财政补助资金、各级财政投入到村集体的建设项目资金作为村集体经济组织成员的股金，以此发挥村集体经济组织在产业扶贫中的作用。此外，国家还推动农村集体建设用地直接入市、利用集体建设用地建设租赁住房等改革，为进一步创新农村集体经济的实现形式、开拓壮大农村集体经济的路径提供了空间。

党的十八大以来，农村集体经济创新发展成效显著，集体经济“空壳村”数量和占比双增的趋势得到扭转。根据表6中的数据，2013年，无集体经济经营收入的村数达到32.3万个，占比为55.3%；随后村数和占比开始下降，到2018年，无集体经济经营收入的村数减少到19.5万个，占比降到35.8%。集体经济经营收入在5万元以上的村数一直保持增长态势，从2013年的13.5万个增加到2018年的19.9万个，增长了47.4%。2018年，全国村集体经济组织29.34万个，占总村数的50.3%；组集体经济组织73.56万个，占总村民小组数的15%；村集体经济组织资产总计4.24万亿元，其中，经营性资产

1.36 万亿元[①]。随着部分农村集体经济组织实力的增强、模式的创新，其市场竞争能力和在农村区域经济中的带动能力也明显增强。

表 6　2013—2018 年村集体经济组织的发展情况

年份	资产和收入情况（亿元）			统计的村数（万个）	集体经济经营收入在不同区间的村数（万个）					
	总资产	总收入	收益		无收益	5 万元以下	5 万(含)～10 万元	10 万(含)～50 万元	50 万(含)～100 万元	100 万元及以上
2013	26 137.7	4 005.8	1 319.4	58.4	32.3	12.7	5.3	5.2	1.3	1.7
2014	28 604.1	4 099.5	1 416.7	58.0	31.1	13.1	5.6	5.2	1.3	1.7
2015	31 020.8	4 256.8	1 457.9	55.9	28.7	13.1	5.7	5.2	1.4	1.8
2017	34 372.9	4 627.6	1 586.9	56.3	26.2	13.7	6.6	6.2	1.6	2.1
2018	42 442.9	4 912.0	1 691.5	54.5	19.5	15.2	8.3	7.6	1.8	2.2

资料来源：2013—2015 年的数据来自《中国农业统计资料》、2017 年和 2018 年的数据来自《中国农村经营管理统计年报》。

① 农业农村部农村合作经济指导司、农业农村部政策与改革司，2019，《中国农村经营管理统计年报（2018 年）》，北京：中国农业出版社。

农村集体经济发展的经验启示

新中国成立以来，农村集体经济经历了从形成到主导农村经济发展，再到在农村市场化改革中职能弱化、地位下降，经过不断地调整发展定位和探索实现形式，才初步显现出多元化创新路径的过程。农村集体经济发展的多元化路径创新，是不断探索、反复试错、屡经波折的结果。分析其中的经验启示对于在新时代继续发展壮大农村集体经济具有重要意义。

一、实现和维护农民利益是农村集体经济健康发展的根本前提

农村集体经济是在农民集体所有制基础上发展起来的经济形态。在国家、集体和农民的利益关系中，农民利益的实现程度和维护方式决定着农村集体经济在农村经济乃至国民经济中的发展轨迹。在农村社会主义改造过程中，农村集体经济的迅速形成和发展得益于在当时落后的农业生产技术水平下，集体生产比个体生产、集体经济比私人经济更具有优势，使得农民通过参与集体的生产经营活动获得了更多收益。然而，人民公社普遍建立起来后，在利益分配中国家和集体的地位得到强化，而农民的利益没有得到很好的维护，主要表现在农民收入增长停滞和收入分配机制缺乏激励性。家庭承包经营制普及后，中央一再要求农村集体经济组织增强统一经营职能，做好为农户服务工作，但仍不能避免其统一经营职能迅速弱化。这背后的原因主要是绝大多数村把集体所有的资产折价出让或承包给农户，从而失去了统一经营的经济基础，却并未及时建立起有效的农户利益联结机制。反观乡镇集体企业的意外崛起，则是当时在城乡劳动力市场尚未建立起来的情况下，为农业剩余劳动力转移提供了渠道，进而促进了农民收入的快速增长。再看近年来国家推进的农村集体产权制度改革，坚持把集体经营性资产确权到户，明晰集体成员的资产权利，实现农民对集体资产的占有、使用和收益分配的权利，以此激发集体经济的发展活力、推动集体经济实现形式的创新。其背后的逻辑正是以实现和维护农民利益为出发点。这才有了农村集体产权制度改革的顺利推进。

二、提高市场竞争力是增强集体经济组织创新形式可持续性的关键

在市场经济条件下，集体经济组织要与其他市场主体公平竞争，必须具备足够的市场竞争力，才能实现可持续发展。在市场化改革过程中，很多农村集体经济组织之所以日益弱化、边缘化，很大程度上是因为随着其他市场主体的兴起而被市场竞争所淘汰。例如，乡镇民营企业、城市大型企业的发展挤压了乡镇集体企业的生存空间；再如，村集体统一经营的具体内容被农民专业合作社、农业服务户和服务企业、农业产业化经营主体所替代。可见，农村集体经济日益弱化和边缘化的深层次原因就是农村集体经济组织在经营性领域的市场竞争力普遍不足。很多学者分析了农村集体经济发展中存在的问题（表7）。实际上，这些问题大都是集体经济组织市场竞争力不足的内在原因或外在表现，有些问题甚至是适应市场经济发展的需要。例如，广受质疑的村干部兼任集体经济负责人或者村企不分，以及由此引发的“少数人控制”问题，实际上是破解“集体行动困境”，降低决策成本、组织成本，增强集体经济组织灵活性的正常反应，只是需要通过有效的制度和监管防止少数人控股和侵害农民利益的问题。如果对此一概否定，反而不利于集体经济组织市场竞争力的形成。纵观农村集体经济探索实现形式的历程，成功的创新形式往往具有一些共同的特征：一是具有有开拓精神且精干高效的管理团队（企业家精神非常重要），二是有凝聚起集体成员共同奋斗的激励机制和管理制度，三是从事具有竞争优势或比较优势的生产经营领域。在市场竞争环境中，第三点常被忽视。近年来，农村集体经济的迅速发展，也是缘于发展环境变化引起的竞争优势领域的再生和拓展。因此，进一步推进农村集体经济改革的方向，尤其是发展经营性领域的农村集体经济，要把立足点放在增强农村集体经济组织的市场竞争力上，以及增强其对资源资产的经营能力上。

表7　相关研究中指出的农村集体经济发展中存在的主要问题

文献来源	农村集体经济发展中存在的主要问题
孔祥智、高强（2017）	集体经济主体缺位、农村集体经济组织的成员权不清晰、法人治理结构不完善、农村集体经济缺乏长效发展机制[12]
仝志辉、陈淑龙（2018）	经营性收入偏低、区域间差异较大，缺乏内生动力和激励机制，集体经济发展体制机制方面的问题主要表现在：缺乏法律地位、成员权不明晰、治理结构不完善、缺乏稳定发展机制[3]

（续）

文献来源	农村集体经济发展中存在的主要问题
徐秀英（2018）	发展困境：发展不平衡，部分村经济较为薄弱；经营性收入偏低，补助收入占比较高；部分村集体收不抵支，集体经济负债较重 原因：政府发展集体经济的思想认识不到位，集体经济发展路径比较窄，产权权能有待激活、“政”“经”不分、激励与监督约束机制不健全，经营管理人才缺乏，农村公共服务财政投入机制尚未建立、财政扶持方式有待改变、税收负担过重、土地落实及贷款难[13]
陆雷、崔红志（2018）	运行机制不完善（村干部直接负责经营活动、股份合作社法人治理结构的产生形式不规范），没有法人地位，税费负担重，集体建设用地改革滞后[11]
谭秋成（2018）	经营行为短期化、土地资源被浪费、农户权益难以保障、家庭经营规模狭小[14]
张旭、隋筱童（2018）	农地细碎化制约规模农业；“统”的作用发挥不足，公共服务体系滞后；“分”的成员资格和土地价值界定不清[4]

三、处理好与其他市场主体的关系是发挥农村集体经济应有作用的基础

农村集体经济担负着实现“第二次飞跃”的重要使命①。农村集体经济组织与农民专业合作组织、工商企业、农户个体等在业务经营领域存在很多交叉。在市场经济条件下，要承担起应有的职责，必须处理好与其他市场主体的关系。

（一）明晰农村集体经济和集体经济组织的边界，主要是明晰集体经济和合作经济、集体经济组织与合作经济组织的区别

在实践中，集体经济和合作经济②常被混淆。随着集体经济和合作经济的发展，二者存在融合发展的趋势，主要是通过要素融合出现相互交叉和渗透的现象。就提高农民在产业发展中的组织化程度而言，集体经济与合作经济可以

① 1990年，邓小平在谈论农业问题时指出，“中国社会主义农业的改革与发展，从长远的观点看，要有两个飞跃。第一个飞跃，是废除人民公社，实行家庭联产承包为主的责任制。这是一个很大的前进，要长期坚持不变。第二个飞跃，是适应科学种田和生产社会化的需要，发展适度规模经营，发展集体经济。这是又一个很大的前进，当然这是很长的过程”。参见《邓小平文选（第三卷）》，北京：人民出版社，2008年版，第355页。

② 合作经济是劳动者、市场主体或非市场主体自愿入股联合，实行民主管理，获得服务和利益的一种合作成员个体所有与合作成员共同所有相结合的经济形式。

取得同样的效果，但作为具有生产关系性质差别的经济形式而言，明晰二者的区别（表8）具有重要意义。纵观农村改革以来农村集体经济的发展历程，始终把农民自愿互利的多种形式的联合与合作，特别是农民专业合作组织作为创新集体经济的实现形式。实际上，不管是土地承包权入股还是劳动力、资金、资产等形式的合作，只要参加合作的成员范围不与村（组）集体完全重合，不实现从农民个人所有向集体所有的转变，都不能成为严格意义上的集体经济。这就使政策把支持农民合作组织和合作经济作为支持集体组织和集体经济，从而导致集体组织和集体经济的进一步弱化和边缘化。不管是增强支持农村集体经济发展政策的针对性，还是进一步推进农村集体经济发展的体制机制改革，都要明晰农村集体经济的范围，明确区分集体经济和合作经济。农村集体经济的主要内容就是村（组）集体开展或兴办的以村（组）成员集体所有制为基础的生产经营活动，以及目前存在的乡镇兴办的集体企业、基层供销社等集体所有制的经济形态。村集体组织兴办的综合性农民合作社属于新型农村集体经济，而以农民专业合作社为基础拓展业务形成的综合性合作社则仍属于合作经济范畴，至少在当前一个时期或未与村集体完全重合以及集体所有制占据主导地位之前，都不应算作集体经济。当然，这里未考虑农村集体经济组织参与形成的混合所有制经济。

表8　实践中集体经济与合作经济的区别

	集体经济	合作经济
所有制基础	劳动群众集体所有制	合作成员个人所有与共同所有相结合
成员构成	乡镇、村（组）户籍人员	村民、企业、集体经济组织、合作经济组织等市场主体以及政府相关部门、社会组织等非市场主体，不受行政边界限制
股权结构	按成员数量均等划分	自愿入股，股权形式和股权份额多样化
承担职能	发展经济、公共服务、乡村治理	为成员生产经营活动提供服务

（二）理性看待农村集体经济组织的特殊性，确定适宜从事的生产经营领域

一直以来，农村集体经济组织，尤其是村集体经济组织，并不是单纯的经济组织，也不单单承担经济职能，还要承担基层治理、组织建设、公共服务等多重职能。对于农村集体经济组织的特殊性，《中共中央　国务院关于稳步推进农村集体产权制度改革的意见》中强调“村集体经济组织是集体资产管理的主体，是特殊的经济组织”“农村集体经济组织承担大量农村社会公共服务支

出，不同于一般经济组织，其成员按资产量化份额从集体获得的收益，也不同于一般投资所得，要研究制定支持农村集体产权制度改革的税收政策”。这里需要注意到，优惠政策是农村集体经济发展所必需的，但也要看到其特殊性决定了其具有特定的比较优势领域。很多地区探索农村集体经济的实现形式之所以效果不明显，重要的原因就是没有注意到这一点，结果导致在不具有比较优势的领域被具有比较优势的市场主体所淘汰。农村集体经济组织的特殊性源于集体所有制所衍生的区域性、公共性、综合性的特点，由此在长期发展过程中，其形成和积累的资产中有很多是非经营性资产①。这使得农村集体经济组织的比较优势领域集中在区域性、公共性、综合性的公共服务和生产经营领域，即管理集体资产、开发集体资源、服务集体成员。

（三）建立农村集体经济组织与农民合作组织、农户及其他市场主体分工协作、网络联结的关系

在明晰边界、明确定位的基础上，要处理好集体经济与其他经济的关系，使集体经济组织成为农村经济体系的有机组成部分，共同为乡村振兴提供推力。在农村经济发展中“缺位”，或“挤占”其他市场主体的发展空间，都不利于农村集体经济的健康发展。一方面，如前述所言，农村集体经济组织的发展要注重区域性、公共性、综合性，瞄准区域经济发展的关键和薄弱环节；另一方面，农村集体经济组织要为区域内的农民合作组织、农户和其他市场主体提供服务支撑，为他们的充分发展、良性竞争提供环境。根据实践中成效显著的集体经济组织创新发展实例可以看出，为了提高农民的组织化程度，集体经济组织可以成立土地股份合作社、农民股份合作社、综合性合作社，而专业性或部分成员参加的综合性合作组织，则可由集体经济组织参办、领办，让农民自愿参与，集体经济组织不能“越位”；为了发展现代农业服务业，集体经济组织可以发展区域性、公共性的综合服务，搭建区域服务平台，对于具体的服务业务则应以农户、农民合作社和工商企业等市场主体为主，除非是市场主体发展不足，需要集体经济组织弥补服务缺口。发挥集体经济组织的服务支撑作用，要使其以多种形式参与其他市场主体的发展，而不影响它们正常有序地参与市场竞争。在实践中已经探索出的入股参股、联合合作，建园区、搭平台，以及发展混合所有制经济等方式，值得进一步总结。

四、跳出“改革—挂牌”的形式逻辑，实质性地推动集体经济实现形式和组织形式的创新

新中国成立以来，农村集体经济几经变迁，呈现出“不适应—调整—改

① 用于公共服务的教育、科技、文化、卫生、体育等方面的非经营性资产。

革—适应—不适应”循环往复的轨迹。在这期间，农村集体经济组织经历了几次大的调整，特别是农村改革以来，各地以行政手段推动农村集体经济组织的改革，发展出形式多样的农村集体经济组织形式。其中，有一些组织形式在很大程度上是一些地方“跟风”后“挂牌”的结果，并无实质性的内容创新，因而推动农村集体经济发展的效果也就显现不出来。例如，为了加强集体统一经营，在 20 世纪 80 年代中后期和 90 年代，中央鼓励发展地区性合作经济组织（表 1）。从表面上看，这是传统集体经济体制在农村改革后的一种新的实现形式，但实际上是人民公社制度解体后所形成的集体统一经营与农户分散经营相结合的双层经营体制的另一个称谓。当时，很多地方把建立地区性合作经济组织作为农村改革的重点来抓，有一些省份在村庄一级普遍建立了村合作经济社，但相当一部分村合作经济社只是在原有村集体的基础上“挂牌”而已[15]。在随后的改革中，为了增强集体经济组织的市场竞争力，一些乡镇集体企业和村集体经济组织按照企业化、公司式的方式建立法人治理结构，设置了股东会、董事会、监事会等机构，但其产生形式并不规范。普遍的做法是把原有的村级管理和组织结构移植到新的集体经济组织形式中，由党支部书记兼任董事长，村主要领导兼任董事会和监事会的负责人[11]。这种形式上的改革并未改变农村集体经济的管理和运行方式，也就无法使集体经济组织真正建立自主决策、自主经营、自负盈亏的现代企业制度，对解决农村集体经济组织管理不规范、经营不专业问题的效果也就不容易体现出来。当前，很多地方在农村集体产权制度改革的基础上，组建经济合作社或股份经济合作社，还成立了土地股份合作社、农民股份合作社、农民综合合作社等。这些新型集体经济组织的创新要取得成功，必须要避免以往那种“挂牌”的形式逻辑，应更注重实质内容的创新。

发展壮大农村集体经济的建议

壮大农村集体经济是巩固社会主义公有制、完善农村基本经营制度的必然要求。中共中央、国务院印发的《乡村振兴战略规划（2018—2022年）》明确提出要发展新型农村集体经济，实施新型农村集体经济振兴计划。《中共中央 国务院关于建立健全城乡融合发展体制机制和政策体系的意见》提出要“创新农村集体经济运行机制，探索混合经营等多种实现形式，确保集体资产保值增值和农民收益”。对此，笔者认为应从以下几个方面着手。

一、继续深入推进农村集体产权制度改革

这是探索农村集体所有制有效实现形式的重要前提。要以实现好、维护好农民利益作为前提，在落实集体土地所有权，建立集体经营性建设用地入市制度，完善农村集体经营性建设用地使用权、集体林权抵押融资以及集体资产股权担保融资权能，推动资源变资产、资金变股金、农民变股东改革，在赋予农民对集体资产股份占有、收益、有偿退出及担保、继承权等方面加大探索创新力度，为构建归属清晰、权能完整、流转顺畅、保护严格的中国特色社会主义农村集体产权制度提供基础。同时，还要尽快完成集体资产清产核资工作，强化农村集体资产财务管理，为顺利推进农村集体产权制度改革提供基础和前提。

二、加快探索农村集体经济组织特别法人实现形式

要基于实践经验，对什么是特别法人、拥有什么地位、享受什么权力进行明确[①]，并作为农村集体经济组织法的重要内容。对于农村集体经济组织来

① 2017年中央一号文件明确赋予农村集体经济组织法人资格后，2017年新修订的《民法总则》确认了农村集体经济组织的法人身份，在法律上赋予了农村集体经济组织市场主体地位。同时，还明确农村集体经济组织法人为特别法人。2018年中央一号文件提出“维护村民委员会、农村集体经济组织、农村合作经济组织的特别法人地位和权利”。

说，要明确哪些农村集体经济组织属于特别法人，初步考虑主要是村集体经济组织和其他承担公共服务、公益性服务职能的农村集体经济组织。特别法人地位和权利体现在从事特定领域的优先权和特惠政策待遇。在这方面，日本对农村特别法人的界定和相关做法值得参考。

三、多维度创新农村集体经济运行机制

要构建符合社会主义市场经济运行机制的集体经济治理体系，形成既能体现集体优越性又能调动个人积极性的农村集体经济运行新机制。这其中最受关注的是成员权资格的确认和退出，股份制改革中的股权设置以及股权流动、继承问题，要在农村集体经济组织法的制定中予以重点考虑，作出比较清晰和具有可操作性的法律规定。这也属于村民自治的内容，要给予村集体自行决定的权力，在法律上明确底线、原则和导向即可。为了增强集体经济组织的活力和竞争力，应探索建立开放性的集体成员权资格动态调整机制，如人才加入机制。目前，很多地方还是由村委会代行村集体经济组织的职能。国家也正全面推进村党组织书记通过法定程序担任村级集体经济组织负责人，以强化农村基层党组织的领导核心作用。完善村集体经济组织运行机制，需要重视建立基层党建、村务管理与现代企业制度的衔接机制，充分发挥村集体经济组织作为特别法人的市场主体地位。在经营性领域，要充分发挥现代企业制度和市场决定资源配置的作用，加大对职业经理人的引进、培养和使用，探索集体资源资产的资本运营方式，增强保值增值能力。这方面可以参考国有企业改革、国有资产管理和社保基金管理等的经验。在非经营性领域和公共服务、公益性服务领域，应探索发挥基层党组织和村集体经济组织的主导作用，提高非经营性资产的使用效率，建立经营性收益补偿非经营性成本的良性机制，增强农村集体经济在农村经济社会发展中的基础支撑作用。这些都是以防止内部少数人控制和外部资本侵占集体资产，以及杜绝侵害集体成员利益、弱化集体成员地位为前提。

四、加快消除集体经济“空壳村”、薄弱村

要探索有效手段，帮助集体经济“空壳村”、薄弱村积累、盘活集体资源资产，建立长效发展机制。深入推动资源变资产、资金变股金、农民变股东改革，发展多种形式的股份合作、联合，为外部优质要素资源进入创造平台和机会。政府财政扶持资金和各类扶持政策既要扩大村集体经济组织承接的范围，也要明确财政扶持资金及其形成的资产量化为村集体及其成员股份后，要以村集体经济组织为主导进行有效管理和使用。要充分发挥驻村第一书记在引资、引智、政策落实、项目落地中的作用，以此为手段重点向发展集体经济倾斜。

要建立强村带弱村机制，通过人才交流、项目扶持、经验推介等，推动“空壳村”、薄弱村创新集体经济发展模式。需要注意的是，要顺应村庄发展规律和演变趋势分类推进集体经济发展，根据不同村庄的发展现状、区位条件、资源禀赋等，按照集聚提升、融入城镇、特色保护、搬迁撤并思路进行策略性布局，避免因盲目投资建设形成新的无效、低效资产。

五、因地制宜推进农村集体经济振兴

要注重处理好集体经济组织与其他市场主体的关系，策略性选择集体经济组织的比较优势领域，把集体经济组织纳入新型农业经营体系，推动其成为现代化农村经济体系的有机构成。当前，要注重农村集体经济组织的“正本溯源”，增强其服务农业农村发展的能力，以村集体经济组织为载体，建设村域综合性服务平台，汇集区域性、公共性、公益性服务功能，如政策服务、信息服务、电商、信用互助等，形成平台经济效应，努力使其成为农民开展综合合作的组织载体、优质要素下乡和产业链下移的承接载体，以及小农户衔接现代农业的重要依托。同时，为了应对农村老龄化等社会问题、推进农村人居环境整治等，要引导农村集体经济组织加强在公共服务领域的作用。

六、营造有利于农村集体经济发展的政策环境

要进一步清理废除各种阻碍农村集体经济发展的不合理规定，制定符合农村集体经济发展实际需要的优惠特惠政策，完善财政引导、多元投入共同扶持集体经济发展的机制。要逐步增加政府对农村公共服务的支出，减少农村集体经济组织的相应负担，出台集体经营性收益分配向公共服务倾斜的激励政策，健全农村集体经济组织公共服务、公益服务成本分摊机制。在经营性领域，应给予农村集体经济组织完全市场主体地位，并通过税费优惠引导其向综合性、区域性服务和薄弱、急缺领域发展。加大力度培养农村集体经济组织的人才队伍，包括发展带头人、职业经理人以及财务、信息化、审计等管理人员，及早关注部分农村集体经济组织管理层“后继无人”问题。加大力度、创新方法，统筹解决农村集体经济发展的用地需求。完善金融机构对农村集体经济组织的融资、担保等政策，健全风险防范分担机制。探索在不同层面设立农村集体经济发展引导基金、风险基金、担保基金等。制定出台农村集体经济发展的规范性指导意见，推动农村集体经济组织管理系统、财务系统、审计系统、统计系统、监测系统、监督系统的信息化、标准化，编制典型案例集。尽快出台农村集体经济组织法，为农村集体经济发展提供法律保障。

参 考 文 献

[1] 王贵宸．中国农村合作经济史 [M]．太原：山西经济出版社，2006.
[2] 宋涛．积极改良农业生产技术对于进一步巩固农业合作社的作用 [J]．经济研究，1958 (2)：12-20.
[3] 仝志辉，陈淑龙．改革开放 40 年来农村集体经济的变迁和未来发展 [J]．中国农业大学学报（社会科学版），2018，35 (6)：15-23.
[4] 张旭，隋筱童．我国农村集体经济发展的理论逻辑、历史脉络与改革方向 [J]．当代经济研究，2018 (2)：26-36.
[5] 芦千文，吕之望．中国农机作业服务体系的形成、演变与影响研究 [J]．中国经济史研究，2019 (2)：124-135.
[6] 农业经济丛刊．1979 年全国社队企业发展情况 [J]．农业经济丛刊，1980 (5)：42-50.
[7] 王贵宸，魏道南．论包产到户 [J]．经济研究，1981 (1)：64-67.
[8] 杨勋．怎样看待包干到户：安徽滁县地区农村调查 [J]．农业经济丛刊，1981 (6)：8-11.
[9] 陆学艺．包产到户的动向和应明确的一个问题 [J]．农业经济丛刊，1981 (5)：8-13.
[10] 张路雄，朱麦林，刘雪生，等．双层经营是农业联产承包制的发展方向：河北省玉田县农村双层经营体制调查 [J]．中国社会科学，1989 (1)：33-46.
[11] 陆雷，崔红志．农村集体经济发展的现状、问题与政策建议 [J]．中国发展观察，2018 (11)：36-38.
[12] 孔祥智，高强．改革开放以来我国农村集体经济的变迁与当前亟须解决的问题 [J]．理论探索，2017 (1)：116-112.
[13] 徐秀英．村级集体经济发展面临的困境、路径及对策建议：以浙江省杭州市为例[J]．财政科学，2018 (3)：145-152.
[14] 谭秋成．农村集体经济的特征、存在的问题及改革 [J]．北京大学学报（哲学社会科学版），2018，55 (3)：94-103.
[15] 韩俊．关于农村集体经济与合作经济的若干理论与政策问题 [J]．中国农村经济，1998 (12)：11-19.

专题报告

农村集体产权制度改革

江苏省农村集体产权制度改革的实践与经验

农村集体产权制度改革是我国全面深化农村改革的关键所在，是实施乡村振兴战略的重要任务，是带领农民走上共同富裕道路的基础保障。2018 年，江苏省被农业农村部确定为全国首批三个农村集体产权制度改革整省推进试点省份之一，省委、省政府高度重视，各地细化方案举措，狠抓工作落实，农村集体产权制度改革取得了阶段性成果，走在全国前列。为了更好地了解江苏省集体产权制度改革经验，为其他地区顺利开展集体产权制度改革提供参考，农业农村部农村经济研究中心课题组于 2019 年 12 月 27—31 日赴江苏省南京市、扬州市和苏州市展开调研。

一、改革进展及成效

江苏省委、省政府始终把农村集体产权制度改革作为全面深化农村改革的重要任务，积极探索，稳步推进。2017 年，省委、省政府印发《关于深化农村集体产权制度改革的实施意见》，对改革工作进行安排部署。江苏省农业农村厅认真贯彻中央和省委、省政府要求，制定整省试点方案，明确“两步走”总体安排，有力有序推进改革。截至 2019 年，全省 70%左右的村（居）基本完成改革，7 个国家级改革试点县（市、区）和 14 个省级试点县（市、区）基本完成改革任务，具体情况如下。

清产核资工作情况。截至 2018 年年底，江苏省基本完成清产核资工作，初步核实农村集体资产 3 300 亿元，其中集体经营性资产 1 800 亿元。目前，各地正在对照农业农村部要求，组织开展“回头看”和检查验收，做好最终的数据审核和校验工作。

成员界定工作情况。按照因地制宜、分类施策的原则，在总结乡村经验的基础上，全省共制定出台县级以上指导性文件 106 件，为各地科学合理确认集体成员身份提供了政策指引。目前江苏省共确认集体经济组织成员 3 750 万人。

股权量化工作情况。综合考虑历史、自然、经济、社会情况，因地制宜设置人口基本股、家庭股、农龄股、土地股等多种股份形式，并且逐步从单一人口股完善为“人口股＋家庭股”“基本股＋享受股”等多种配股形式，股权管理从动态逐步走向固化。目前江苏省完成股份量化的村（居）12 849 个，改革试点量化资产总额 1 047 亿元，累计股金分红 149 亿元。

成立集体经济组织工作情况。依照《江苏省农村集体经济组织登记赋码工作实施方案》，依法确立集体经济组织特别法人地位，将全省集体经济组织名称统一为“股份经济合作社”，统一赋 18 位社会信用代码。目前江苏省 1 696 家集体经济组织已在全国系统内登记赋码，其中沛县、睢宁县、南通市海门区、金湖县等县（区）登记率超过 95％。

二、创新经验及做法

江苏省在农村集体产权制度改革中取得的良好效果与其大胆尝试、积极探索有着密不可分的关系，通过考察，将改革重点环节中的主要创新经验及做法汇总如下。

（一）多措并举清核资产，探索“三资”监管新模式

一是全面摸清集体资产家底。农村集体产权制度改革，摸清家底是基础，江苏省先行先试，形成各具特色的清产核资工作法。如“5432”工作法、“三全八步九统一、实测实查清资产”工作法等。二是建立科学规范资产管理制度。江苏省构建集体资产财务管理新制度框架，各地积极贯彻落实科学管理。2017 年 3 月，江苏省农委印发了《全省农村集体“三资”管理专项治理方案》，2018 年 5 月，江苏省人民代表大会常务委员会通过了《江苏省农村集体资产管理条例》，在文件指导下，如南京建立农村集体资产登记、保管、使用、处置和报告制度，健全集体资产产权登记簿，初步实现了农村集体资产由“模糊管理”向“精准管理”的转变；泰州统一农村集体经济组织会计科目体系，做到账表、账账、账证、账据、账实五相符，并聘请会计师事务所、测绘公司参与清核，做到专业可信。三是全面提升集体资产管理信息化水平。江苏省积极探索“互联网＋‘三资’”管理模式，以“三资”监管信息化带动“三资”监管制度化、公开化。例如，徐州统一建立以农村集体“三资”管理为重要内容的“阳光扶贫＋”监管服务平台，同时，全市村级财务全部通过平台处理，所有乡镇、村设立终端，并通过“村务卡”结算，而“村务卡”开支信息与村级账务、涉农资金、集体“三资”、干部亲属信息相关联，能够有效降低管理风险；扬州利用“e 阳光”手机 App 与信息系统融合，及时推送“三资”、集

体财务和农户惠农补贴发放等情况。

（二）灵活严谨界定身份，扎实保障农民财产权益

一是统筹兼顾综合界定身份。江苏省坚持因地制宜、分类施策的原则，从“一村一策”甚至“一组一策”的基层探索起步，创造出“人口系数法”“五核对、三公示、一签字”等身份界定典型经验，力争综合考量户籍、参加第一轮或第二轮土地承包经营、正常嫁娶生育、合法收养、政府组织移民、在读大中专学生和现役士兵等多种情况，寻求农民群众公认的“最大公约数”。二是注重民主协商讨论。民主协商是适应我国农村实际的重要民主形式，既要有事多商量，更要有事好商量，对集体经济组织成员身份确认更应如此。江苏省充分尊重农民群众意愿，鼓励重大事项由农民群众民主讨论决定。例如，盐城坚持民主协商，对法律法规或上级政策没有明文规定的事项，实行“一县一策”“一镇一策”“一村一策”，特别是村一级，交由农民民主协商，由村民会议或村民代表会议讨论决定，并实行“三榜”公开定案。三是注重保护弱势群体。对少数弱势群体的帮扶既是社会进步的体现，更是社会主义制度的根本要求。江苏省在成员身份界定时，按照“尊重历史、兼顾现实、程序规范、群众认可、民主协商”的原则，注重保护妇女儿童等弱势群体的权益，对特殊群体，如征地代劳、就地农转非、外出经商务工户口迁出、小城镇建设户口迁出等特殊情形人员也予以考虑，注重成员界定宽容性，差异化确定股权比例，尽可能扩大覆盖面，防止以简单的民主形式侵害少数对象的合法利益。

（三）合理设置股份权能，探索收益分配新格局

一是明确股权设置。在农村集体产权制度改革中股权设置是关键环节，是将农村集体经济收益有效赋予农民的基础。江苏省结合实际，按照“尊重历史、照顾现实”等原则，综合考虑承包地面积、家庭人口、劳动积累贡献等因素，因地制宜设置人口基本股、家庭股、农龄股、土地股等多种股份形式，既保证了公正公平，又适度体现出贡献差距，最大限度地平衡和化解矛盾，切实保障每一位农民群众的集体资产收益权。例如，南京集体资产股权设置以人口股为主，对成员、资产情况复杂的村，还设立土地股、集体股等，但集体股比重一般不超过20%，江北新区还对跨村担任村党组织书记、社区会计等村干部赋予成员身份，每岗一股，“人在股在、人走股消”，有效解决身份问题。二是稳定股权管理。股权静态管理有利于稳定农民对其所持股权的预期。江苏省股权管理以静态模式为主，但允许结合当地实际情况由动态向静态过渡，兼顾公平和效率，得到了农民的拥护和支持。例如，常州在股权管理上，对城中村、城郊村、园区村等一般城市化地区，实行“量化到人、固化到户”的管理，对农业地区或净资产较少的村，采用动态管理，条件成熟后再固化。三是明确股份权能责任。江苏省股份权能责任明晰，强化了农民的获得感和责任

感。例如，南京在全面建立股权登记制度，健全收益分配机制，赋予农民对集体资产股份的占有、收益、有偿退出及抵押、担保、继承等权能的同时，也规定了依法依规缴纳物业费、协助维护社会治安等应遵守的责任义务。

（四）提高集体增收能力，推动集体资产规范流转

一是盘活“沉睡”资产。成立股份经济合作社、将股权量化到每一位成员是第一步，想方设法盘活“沉睡”资产是激发集体经济活力的现实路径。江苏省鼓励各地区根据地理区位、资源禀赋以及当地经济社会发展状况，通过多元化手段，积极发展以资产租赁型、企业股份型、农业开发型为主的新型村级集体经济，不断壮大集体经济发展实力。例如，南京通过货币化补偿、留地安置、置换经营性物业（股权）等方式，加快推进利用集体建设用地建设租赁住房试点，鼓励通过入股、联营等方式与社会资本合作开发建设集体租赁住房，南京市高淳区在改革试点中，支持集镇所在村积极盘活闲置厂房、学校、工厂等建设用地，新建物业用房、仓储物流用房；无锡引导村集体立足资源禀赋、生态条件和产业基础，通过资产租赁、农业开发、参股运营、异地发展等方式，积极拓展转型提升、长效增收新途径。二是支持抱团发展。滴水不成海，独木难成林，江苏省鼓励整合资源抱团发展村集体经济。以无锡为代表的部分地区，引导各村（社区）联合建立集体经济发展平台，通过创办合作联社的方式加强联合经营、抱团发展，实现“村村有载体、镇镇有平台”。三是规范产权流转。江苏省建设了全省统一的农村产权交易信息服务平台，在规范产权流转方面走在前列，各地区也严格做好集体资产交易、监督管理工作，如探索建立市、县、乡镇多层次产权交易市场；建立健全农村集体资产资源交易管理制度，强化监督管理，全面做到应进必进、杜绝场外交易；积极公开信息，涵盖产权供求信息、土地权属管理、新型农业经营主体培育、农村集体“三资”管理等内容。淮安还注重主体能力评估，依托县、乡镇两级农村产权交易市场，实行分级审查制度，依法对资产资源流入主体的经营能力、履约能力等状况进行前置审核评估，切实保护好流入主体、农村集体经济组织和农民群众的合法权益。

三、存在的主要问题

从整体上看，江苏省农村集体产权制度改革聚焦重点任务、统筹时序进度，改革推进顺利、成效突出，但也存在着一些困难和问题。

（一）区域经济发展不平衡

江苏省内区域经济发展不平衡问题突出，南北差异较大。在江苏省，农村除了有土地资源，苏南地区普遍有资产、资金；苏中地区较多的有资产，部分村有资金；苏北地区，普遍没有资产，较少村有资金。因此，江苏省改革完成度较高的行政村（居委会）主要集中在苏南、苏中地区，并形成了苏南地区深

化改革、创新发展；苏中地区巩固改革成果、扩大覆盖范围；苏北地开展试点、探索路径的不平衡发展格局。

（二）群众参与积极性有差异

部分地区在盘活资产时消极应对。充分利用土地资源优势，是激发村集体经济活力的有效途径之一，部分地区农民由于担心权益得不到有效保障而拒绝将土地承包经营权和宅基地使用权流转置换或入股。究其原因，一方面是当地对农村集体产权制度改革的宣传工作不到位，改革红利并未形成，农民存在观望情绪；另一方面是当地农业资源禀赋较好，在规模经营方面具有优势，加之农业收入是当地农民收入的主要来源之一，耕地和宅基地是其基本生存保障，因此，农民参与改革积极性不高。

（三）农村集体经济组织定位模糊

村委与集体经济组织无法做到“政经分离”仍是当前存在的普遍问题。一方面，集体经济和公共事务交叉捆绑，农村集体经济组织除担负资产管理、带动农民增收的任务外，还承担着村公益事业和社会管理，影响运营效率；另一方面，“政经合一”的管理方式也与要素流动加深的现实环境相违背，给广大农民离土、外来人融入造成阻碍。因此，亟待推行基层党建、行政服务、经济发展“三事分设”，释放集体经济组织内在活力。

四、进一步推进产权制度改革的对策建议

针对江苏省农村集体产权制度改革中存在的问题，课题组提出相关对策建议，旨在为高质量发展建言献策。

（一）高质量深化推进改革

一是贯彻落实国家、江苏省关于深化农村集体产权制度改革的各项部署。继续贯彻落实《中共中央　国务院关于稳步推进农村集体产权制度改革的意见》《关于深化农村集体产权制度改革的实施意见》，对标对表，高质量完成农村集体产权制度改革整省试点任务，确保到2020年完成经营性资产股份合作制改革。二是吸收多方力量高水平发展农村集体经济，为改革发展持续供能。一方面，广泛吸引社会资本进入农村，推进“精英回流”，形成示范效应，并帮扶传统农民转型，增强农村集体经济发展活力；另一方面，强化政府支持，特别是对经济薄弱村、欠发达村，依托项目帮扶、部门结对、领导挂钩、财政托底等多种方式，激发内生动力。

（二）因地制宜盘活资产

一是释放宅基地红利。随着城镇化的快速推进，有效利用闲置宅基地，挖掘商业潜力，是农民致富增收的重要途径。具有区位交通、自然禀赋、人文资源等优势的村庄可以适当探索成立农房合作社、打造田园综合体等多元化形

式，将宅基地转用于休闲农业和文化旅游。但要注意符合市场规律、尊重农民意愿，秉承自愿有偿原则，不搞“一刀切”。二是因地制宜发展农业产业。务农收入仍然是农民收入的主要来源之一，应在政策导向下，结合资源禀赋，充分发挥比较优势，在推动适度规模经营、发展绿色农业、培育农村电商、壮大农业“新六产”等方面展开大胆尝试。

（三）有序推进“政经分离”

一是调整思路明确要素流动新常态。在家庭承包经营制实施与户籍制度改革的共同推动下，农民生产生活方式与地点发生了明显变化，农民工、外嫁女、新户籍人口等新情况对传统治理模式形成冲击。因此，应创新发展思路，以更好地服务农民为核心，扎实推进改革。二是结合实际情况稳妥推进“政经分离”。“政经分离”受干部群众对改革的认知、集体经济发展水平，以及政府提供公共服务的能力等多方面因素影响，应注重结合当地社会经济发展水平，不搞“齐步走”“一刀切”，把选择权交给集体。

（四）强化基层管理队伍建设

一是完善基层管理体系建设。农村集体产权制度改革工作量大、涉及面广，当前基层农经队伍普遍存在人员数量偏少、骨干力量不足、在职不在编等问题，影响了人才队伍的积极性和稳定性。因此，应在技能培训、岗位设定、工资收入上加以综合支持。二是加强队伍考核管理。农村集体产权制度改革涉及农民根本利益，应建立健全岗位责任追究制度，对以权谋私、徇私舞弊、滥用职权，或者玩忽职守、弄虚作假、监管不力，造成集体资产损失的，应按照相关规定严肃处理，情节严重构成犯罪的，移送司法机关追究刑事责任。

河北省农村集体产权制度改革试点报告

按照党中央、国务院决策部署，经中央农办、农业农村部批复，河北省在先期部分市、县试点基础上，于2019年5月启动农村集体产权制度改革整省试点工作。经全省上下共同努力，圆满完成各项改革任务，探索形成了一批成功经验和重要成果。全国农村集体资产清产核资工作推进会议在河北省正定县召开，学习推广河北省有关经验。根据农业农村部办公厅《关于开展农村集体产权制度改革整省试点总结工作的函》（农办政改函〔2020〕10号）要求，现将整省试点工作情况报告如下。

一、试点任务完成情况、主要举措及成效

全省共涉及改革村49 070个，目前已有49 034个村完成农村集体产权制度改革任务，占比99.93%（剩余36个村主要集中在张家口冬奥会沿线，因规划建设等因素暂缓集体资产量化，待条件成熟后进行），超过了中央农办、农业农村部的目标要求，在全国名列前茅，经普遍民意测验，得到广大农民群众高度认可。

（一）各项试点任务完成情况

1. 全面加强集体资产管理。在2018年年底完成对村集体资产全部清产核资基础上，全省49 070个村全部分类建立集体资源性、经营性、非经营性资产台账，特别是对多年来捐赠、援建等形成的非经营性资产，纳入台账管理。同时，建立健全集体资产登记、保管、使用和处置等制度，健全完善村党组织书记经济责任审计、村级小微权力清单制度，全面实行村级重大事项“四议两公开”。

2. 精准确认集体成员。以县为单位制定符合实际的成员身份确认指导意见，明确政策底线，规范工作程序，建立成员登记备案机制。本着“依法定条件、民主定成员、酌情定身份”原则，由各村制定本集体经济组织成员身份确认的具体标准，精准识别确认成员身份，将成员身份确认纳入村务公开范围。针对外嫁女、入赘男等特殊群体，采取开证明信、发确认函等方式，民主协商确认，避免“两头占”或“两头空”。全省参与改革的49 070个村共确认集体经济组织成员5 683.1万人，做到了不漏一户、不落一人。

3. 股份量化集体资产。除张家口冬奥会沿线等36个村外，全省49 034个村的全部集体经营性资产，以股份或份额形式进行量化。在股权设置上，不设集体股，以成员股为基本股，各地综合考虑承包地面积、劳动积累贡献、美丽

乡村建设、脱贫攻坚、计划生育等因素，因村而异增设土地股、村龄股、劳龄股、贡献股、美丽股、扶贫股等多种配股方式。按照“确权到人、发证到户，户内共享、社内流转”原则，建立健全集体资产股权登记制度，详细记载集体经济组织成员股份信息，向每个农户颁发股权证书，实行长久不变、静态管理。健全集体收益分配制度，赋予农民集体资产股份权能，让农民真正享受改革红利。

4. 健全农村集体经济组织。在登记赋码基础上，赋予集体经济组织管理集体资产、开发集体资源、发展集体经济、服务集体成员的功能。通过民主程序，选举产生成员代表大会、理事会、监事会“三会”，建立健全民主决策、民主管理运行机制。全面推行农业农村部农村集体经济组织示范章程，规范农村集体经济组织运行。大力推行村党组织书记通过法定程序，担任集体经济组织负责人，全省村党组织书记兼任村集体经济组织负责人比例达72.8%，高出全国平均水平28.6个百分点。

5. 全面加强档案管理。河北省印发《关于加强农村集体产权制度改革档案管理工作的通知》，严格按照国家档案局有关规定，对县、乡镇、村农村集体产权制度改革形成的档案资料进行分类整理、归档，对重要文件、会议决议、资产信息、股权信息、成员信息等，实行集中存放、永久保管。

（二）主要工作举措

1. 强化组织领导。省委、省政府认真贯彻习近平总书记关于农村改革的重要指示精神，坚决贯彻落实党中央、国务院决策部署，坚持把农村集体产权制度改革纳入重要议事日程，省委常委会会议、省政府常务会议多次进行专题研究，省委书记王东峰、省长许勤多次作出批示。省级层面由省委农村工作领导小组牵头推进，市、县两级均成立由党委书记任组长的农村集体产权制度改革领导小组，形成省级全面负责、市县组织实施、乡村具体落实、部门协调推进的领导体制和工作机制，确保规范运行、有序推进。省委、省政府先后制发《关于稳步推进农村集体产权制度改革的实施意见》《关于整省推进农村集体产权制度改革的指导意见》，召开全省动员大会，周密安排部署。省级连续3年共安排专项经费1.87亿元，市、县两级共安排专项经费1.6亿元，为试点工作提供了有力保障。

2. 强化政策指导。开展农村集体产权制度改革政策宣传，组织层层培训，省负责培训到县、市负责培训到乡镇、县负责培训到村，共培训20万人次。抽调先期试点12名骨干力量组成宣讲团，进行政策宣讲、问题答疑、热线辅导，组织高等学校和科研院所专家，组成专家组对各地进行跟踪指导。深入开展自查提升，梳理问题清单，建立台账，限期整改。制定并印发《河北省农村集体产权制度改革工作手册》《河北省农村集体产权制度改革操作指南》，发放到每个村。各地通过明白纸、广播电视、村务公开栏及微信等多种形式进行宣传发动，让广大基层干部群众充分了解改革、支持改革、参与改革。

3. 强化督导考核。将农村集体产权制度改革列入全省乡村振兴考核重要内容，纳入贯彻落实中央一号文件、省委一号文件督导内容。省委全面深化改革委员会列为重点改革推进事项，实行台账管理。建立月通报制度，对落后地方，实行省约谈市、市约谈县、县约谈乡村机制，有效保障改革顺利进行。

（三）主要成效

1. 摸清了集体家底。全省共清查资产原有账面数 1 860.8 亿元，实际核实数达到 2 522.7 亿元，增长 35.57%；清查核实农村集体土地总面积 23 886.8 万亩。一大批农村集体长期损毁、报废或无法使用的集体资产得到处置，一大批没有入账但实际存在的集体资产得到如实登记，一大批政府采购但没有移交所有权的集体资产予以确认。

2. 注入了农业农村发展新活力。将多年荒芜、闲置、被侵占、被遗忘等资源进行了全面核实、评估，在明晰产权归属后，通过荒山荒滩开发利用、土地流转、入股经营等多种方式，全面激发农村资源活力，增加了农民财产性收入。改革前各地几乎无分红，改革后分红越来越多。2020 年全省农村集体股金分红预计达 6 亿元，是 2019 年的 2.3 倍。

3. 提升了乡村治理水平。各地普遍成立集体经济组织，健全成员代表大会、理事会和监事会，实行法人治理新机制，村民变股东、“主人翁”意识和集体观念得到明显增强。通过加强集体资产运营的阳光化、制度化、规范化管理，有效遏制了监督缺位、集体资产流失、收益分配不合理、基层“微腐败”等问题。强化民主决策、民主管理、民主监督，形成了以党组织为核心、集体经济组织和村民自治组织共同发挥作用的乡村治理框架，有效维护了农村社会和谐稳定。2020 年 6—11 月，农业农村领域省级接访量 59 件，较 2019 年同期 356 件下降 83%。

4. 巩固了农村基本经营制度。推进农村集体产权制度改革，明晰了农村集体所有产权关系，强化了农村集体经济组织功能定位，提升了集体“统”的职能作用，构建起了既体现集体优越性又充分调动个人积极性的新的农村集体经济运行机制，提升了农村经济发展水平。

二、推进试点的创新经验做法

（一）探索推行资源性资产股份制改革

河北省农村集体经营性资产较少，资源性资产相对较丰富，为盘活集体资源，增强农民获得感，总结承德市双滦区改革试点经验，在全省推行资源性资产特别是未承包到户的土地资源，采取虚拟股份或份额形式明确到每位成员，成立股份经济合作社，有效扩大了集体成员股份总量，增加了农民财产性收入。全省有 38 209 个村成立股份经济合作社，占比 77.9%，在全国属较高水平。

（二）探索推行集体经济合同清理规范管理有效机制

针对清产核资中发现的集体经济合同不规范等问题，总结推广石家庄市改革试点经验，在全国率先开展清理规范农村集体经济合同专项行动，与产权制度改革同步进行。全省共摸排农村集体经济合同 53.8 万份，清理不规范合同 20.4 万份，涉及金额 36 亿元，清欠补缴总额达 4.9 亿元，仅此一项全省平均每村增收近 1 万元。

（三）探索建立集体资产监督管理有效机制

总结各地试点经验做法，出台《关于加强和规范农村集体资产监督管理的意见》，重点就财务管理、资产管理、收益分配等作出制度性安排，切实加强集体资产监督管理。

（四）探索搭建集体产权制度改革管理平台

结合各地探索实践，在全国率先开发了农村集体产权制度改革综合管理平台，将集体资产、财务、成员、股权、合同管理以及项目审批、信贷对接等纳入信息化管理，提高管理与服务的精准性和时效性。

（五）规范提升农村集体产权流转交易管理

在全面完成全省农村产权流转交易平台的基础上，充分运用集体产权制度改革成果，在全国率先制定《河北省农村产权流转交易管理办法》，规范 12 种农村产权流转交易行为，进一步加强农村集体产权流转、交易的管理和服务，构建流转顺畅、交易便捷、管理规范的农村集体产权流转交易机制。

（六）探索发展壮大集体经济有效实现形式

2020 年年初，部署 13 个县、128 个村开展了“统分结合完善双层经营”试点，在总结提炼试点经验基础上，形成了 8 种发展壮大集体经济典型模式，制定并印发了《关于充分发挥农村集体经济组织功能推动农村集体经济发展的实施意见》，引导各地充分利用和盘活集体资产资源，通过联合与合作方式，发展壮大集体经济。2019 年全省农村集体收入达 206.5 亿元（不含原改制村），较 2018 年增长 7.8%，全省基本消除了集体经济收入“空白村”。

（七）探索推动改革向纵深发展

围绕拓展集体资产权能，组织张家口市开展集体资产产权抵押贷款探索；围绕激活成员股份权能，组织正定等县开展股权抵押、担保等探索，组织馆陶等县开展集体资产股份有偿退出、继承等探索；围绕“政经分离”，组织石家庄市和邢台市信都区等地开展明晰村民自治组织与村集体经济组织关系、账务分设，探索解决改革中遇到的一些难题。

三、存在的主要问题及建议

（一）发展壮大集体经济还面临诸多困难

一些“无资金、无资产、无资源、无区位优势”的村，村集体经济缺乏可持续收入，特别是尚未形成支持集体经济发展的政策合力，改革后农村集体经济组织按现有政策规定，需要缴纳增值税、企业所得税等税费，负担增重，发展集体经济尤为艰巨。建议研究制定适合农村集体经济组织发展的具体税收等优惠政策，加快形成支持农村集体经济发展的政策合力。

（二）集体经济组织运行机制尚未理顺

集体经济组织虽有统一的社会信用代码，但未纳入国家信用信息系统平台，影响项目申报、信用公示、利息免征增值税优惠等。建议国家有关部委尽快完善社会信用信息系统，制定加强农村集体经济合同管理指导意见。

（三）有关法律制度还不够健全

考虑到《中华人民共和国民法典》虽已明确了农村集体经济组织的特别法人地位，但实施层面尚无具体法律规范，特别是对集体经济组织的设立、变更、终止等还没有明确的法律依据。建议围绕农村集体经济组织的基本特征、法人属性、功能作用、内部运行机制等重大问题，作出法律规定。

农村集体产权制度改革整省试点任务已基本完成，但还需要进一步深化。河北省将以习近平总书记关于深化农村集体产权制度改革的重要论述为指导，认真贯彻落实党中央、国务院决策部署，巩固整省试点改革成果，进一步完善配套改革制度，发展壮大集体经济，不断增强农业农村发展活力，为全面推进乡村振兴提供有力的制度保障。

河南省农村集体产权制度改革试点报告

河南省积极落实中央改革部署，推进农村集体产权制度改革工作。2015年以来，该省先后有济源市、获嘉县、濮阳市华龙区、新县等18个县（市、区）承担国家试点任务，每个省辖市还有1个县承担省级试点任务。2019年5月，河南省被确认为全国12个农村集体产权制度改革整省试点之一，要求改革任务到2020年10月底前基本完成。为了解河南省农村集体产权制度改革情况，及时总结经验和成果，2019年11月10—14日，农业农村部农村经济研究中心宋洪远主任一行4人抽选河南省1个整市试点单位（鹤壁市）、2个整县（市）试点单位（巩义市、安阳县）进行调研。总体来看，河南省的农村集体产权制度改革工作做得非常扎实，改革工作按步骤、按程序逐项开展，宣传动员到位，群众知晓度较高，改革成果深得干部群众认可，且档案资料管理非常规范。

一、调研基本情况

课题组通过座谈交流、查阅档案、进村走访、群众交流等方式开展具体工作，分别在河南省农业农村厅、鹤壁市、县、乡镇、村5个层级召开座谈会，与各级干部深入交流改革试点情况，并查阅相关资料。在听取汇报和查阅资料的基础上，课题组随机抽选1个整市、2个整县单位进行实地调研，抽选了鹤壁市作为整市试点单位调研对象，并实地调研鹤壁市的淇县和浚县；抽选巩义市、安阳县作为整县（市）试点单位调研对象。每个县又选择1～2个乡（镇），每个乡（镇）再随机抽查2个行政村（社区）进行实地调研，共实地走访了4县（市）6乡（镇）7村（社区）（表1）。

表1 调研的样本情况

<table>
<tr><th>省份</th><th>市</th><th>县（市）</th><th>乡（镇）</th><th>村（社区）</th></tr>
<tr><td rowspan="8">河南省</td><td rowspan="4">鹤壁市
（整市试点）</td><td rowspan="2">淇县</td><td rowspan="2">庙口镇</td><td>东场村</td></tr>
<tr><td>庙口村</td></tr>
<tr><td rowspan="2">浚县</td><td>白寺乡</td><td>白寺村</td></tr>
<tr><td>小河镇</td><td>小河村</td></tr>
<tr><td>郑州市</td><td>巩义市
（整县试点）</td><td>竹林镇</td><td>镇东街社区</td></tr>
<tr><td rowspan="2">安阳市</td><td rowspan="2">安阳县
（整县试点）</td><td>崔家桥镇</td><td>双塔村</td></tr>
<tr><td>白璧镇</td><td>南街村</td></tr>
</table>

二、改革进展及成效

（一）有序推进改革试点工作

河南省采取“总体部署、试点推进、先行试点、全面展开”的实施路径推进工作，从 2015 年开始分三批在济源市、获嘉县等 18 个县（市）开展农村集体产权制度改革试点工作，目前这三批试点地区的改革任务已完成。2018 年在全省范围内开展农村集体资产清产核资工作，2019 年 5 月开展农村集体产权制度改革整省试点，目前在稳步实施，进展顺利。

（二）基本完成清产核资工作

2018 年以来，河南省在全省范围内开展了农村集体资产清产核资工作，截至 2019 年 5 月底基本完成，涉及 378 979 个集体经济组织单位，其中乡镇级 1 223 个，村级 49 184 个，组级 328 572 个。全省共清查核实农村集体资产 2 786 亿元，其中乡镇级 18 亿元，占 0.6%；村级 2 319 亿元，占 83%；组级 418 亿元，占 15%，村均资产 566 万元。其中，经营性资产 879.7 亿元，占总资产的 31.6%，村均经营性资产 178.9 万元，有经营性资产的村占总村数的 31.4%。共核实农村集体经济组织负债总额 532 亿元，村均负债 108 万元，村集体资产负债率 19%。河南省全省范围内的清产核资工作基本完成并通过省级验收。

（三）农村集体产权制度改革完成近半

2019 年 5 月，河南省获批国家农村集体产权制度改革整省试点，改革工作力度不断加大，改革进度加快，截至 2019 年 9 月底，集体经济组织成员身份确认、股份合作制改革、村级集体经济组织成立完成比例分别达到 61.7%、47.2%和 47.8%，完成农村集体产权制度改革的村（居）30 373 个。全省农村集体产权制度改革任务计划于 2020 年 10 月底全面完成。

三、创新经验及做法

结合座谈汇报和样本市县调研情况，河南省推进农村集体产权制度改革的做法归纳如下：

（一）不断强化责任落实

河南省将农村集体产权制度改革工作列入省委全面深化改革领导小组（委员会）年度工作要点，明确了由省委农村工作领导小组领导全省改革工作，市、县、乡镇全部按照要求建立了改革工作机制，成立了农村集体产权制度改革领导小组，坚持高位推动工作。2019 年 7 月 15 日，河南省委农村工作领导小组在济源示范区管委会召开全省深化农村改革工作现场会，各省辖市、县（市、区）政府分管负责同志，各省辖市农业农村部门主要负责同志，以及省委农村工作领导小组有关成员单位负责同志参加会议，会上交流经验、明确任务、压实责任、提振信心、传导压力、突出工作重点。

（二）认真开展清产核资

一是强化工作规范。制定了《河南省农村集体资产清产核资实施方案》，印发了《关于进一步规范农村集体资产清产核资工作的通知》《河南省农村集体资产清产核资工作验收实施方案》《关于开展农村集体资产清产核资工作质量核查的通知》等，对清产核资的程序、公示时间等作出规定，规范操作。二是广泛宣传发动。利用广播、电视、网络、报纸等新闻媒介全方位宣传清产核资工作。例如，安阳县搭建“七个一”（一网、一栏、一榜、一册、一书、一信、一问）宣传平台，强化宣传“五有”（有条幅、有广播、有版面、有公开栏、有明白卡），做到家喻户晓，人人明白。三是创新工作方法。濮阳市创新“十步五查六统一”工作法，将清产核资工作细分为资产清理、登记核实、公示确认、全面检查等 10 个步骤；新乡市针对低价合同、不兑现合同、私自发包合同等，共清理规范各类合同 1.3 万份，增加集体收入 4 053 万元；开封市将清产核资与扫黑除恶专项行动相结合，整治农村非法侵占集体资产资源行为。四是认真开展验收。通过县级自查、省辖市验收、省级抽查的方式进行。省级验收抽调专人，按照每个省辖市抽取不少于 2 个县（市、区），每个县（市、区）不少于 2 个村的标准，共抽查 55 个乡镇、70 个行政村，走访座谈 300 名农民群众，以此为基础对各市打分评价。五是加强资产管理。鼓励各地因地制宜开展农村集体资产管理，如濮阳市华龙区建立农村“三资”监管平台，农民通过一体机信息管理和手机 App 随时查询本村财务收支和“三资”管理情况；巩义市建立了农村集体资产管理平台；信阳市新县投资 100 余万元实现县对乡镇、乡镇对村农村集体资产的使用、变动等信息全程监督指导。六是落实经费保障。河南省财政分两年共安排清产核资工资补助经费 13 828 万元，各市、县安排清产核资工作专项资金 9 500 多万元。

（三）科学确认成员身份

各试点单位结合当地实际情况，分别出台了成员身份认定工作指导意见，既出台了农村集体经济组织成员身份确认标准，又充分尊重农村和农民的民主决策，农村集体的事由群众自己商量、自己解决。例如，鹤壁市突出群众认可的标准，以户籍登记为基础、法律法规为依据、村规民约为参考、外地经验为借鉴、民主评议为结果的原则，结合村情实际，由各村提出成员身份认定办法，经村民大会表决通过。安阳县在集体成员身份确认上实行三榜公示、红蓝本造册，重点对进城落户农民、外嫁女、再婚成员等实行政策现行、法规为据、民主表决、乡镇把关。同时，对成员名册实行红蓝本管理，红本为已确定成员，蓝本为资格保留成员，为下一步股权证发放和管理奠定基础。巩义市集体成员身份确认前的人口摸底工作中，为确保信息的真实准确性，要求除了户主签字、按手印外，两个入户调查人员也要在户口复印件上签字确认，并与当事人合影备案，最终形成成员清册，并实行三榜定案，接受群众的监督。

（四）大力推进整省试点

一是明确全省总体要求。省委农村工作领导小组文件印发了《河南省农村集体产权制度改革整省试点方案》，明确了重点任务、时间节点和推进措施。二是具体安排专题试点。2019年7月15日河南省召开深化农村改革工作推进会议，通过现场观摩和交流，对整省试点工作进行了具体安排。三是建立月通报制度。整省试点期间，对清产核资、成员身份确认、股份合作制改革、农村集体经济组织建立、登记证书发放等重点环节，按月通报各省辖市、省直管县（市、区）的改革进度、完成比例和排名情况。四是加大财政支持力度。河南省各级财政累计安排改革工作经费3.96亿元，且省级财政采取财政资金引导的办法累计投入40多亿元扶持集体经济发展试点。

（五）注重宣传培训工作

一是强化政策宣传。通过新闻媒体、网络微信、乡村广播、张贴标语、悬挂横幅等形式向群众广泛宣传农村集体产权制度改革政策精神，营造浓厚改革氛围。各地通过制定宣传片、《致农民一封信》、发放农村集体产权制度改革学习手册、印发农村集体产权制度改革资料汇编，让基层干部群众更好地理解政策、主动参与改革。二是开展政策培训。全省范围内举办农村集体产权制度改革专题培训班3 300余场次，累计培训28万余人次。为了更好地开展整省试点，省级层面的培训力度进一步加大，分东、南、西、北4个片区，连续举办了4期培训班，直接培训到县级，部分乡镇党委书记也参加培训，每期培训班300多人，共计培训1 200余人。三是及时宣传改革成果。2019年11月中旬，河南省农业农村厅专门举办“壮丽70年奋进新时代”新闻发布会，面向河南省各类媒体，专题宣传农村集体产权制度改革成果，让老百姓知晓改革进展情况和成效。

（六）切实强化督导检查

将农村集体产权制度改革列入督查计划，组织开展专项督查活动。例如，鹤壁市建立了市、县、乡镇三级工作督导组，对工作进行督导检查，督导结果上报党委、政府主要领导及分管领导，对工作进展缓慢的及时予以批评并督促整改。驻马店市强化督导问责和跟踪问效，实行进度排名，向县区派驻特派员，对先进县区通报表扬，对落后县区约谈曝光。

四、存在的主要问题

从整体上看，河南省农村集体产权制度改革进展顺利，但在工作层面和制度层面仍存在以下一些突出问题。

（一）工作层面存在的问题

一是改革进展不平衡。试点地区的工作进展顺利，非试点地区进展较慢。主要原因是个别地方领导认识不到位，再加上扶贫攻坚、村“两委”换届等客观因素，影响了改革工作推进。

二是个别地方改革不够彻底。有些地方没有把政府拨款形成的资产确权到农村集体经济组织名下；有些地方的不合理经济合同清理不够彻底；个别地方农业农村部门与自然资源部门的衔接不够到位，在集体建设用地和未利用地数据统计方面，与即将发布的第三次全国土地调查（以下简称国土三调）数据和第二次全国土地调查（以下简称国土二调）数据存在差别，需进一步比较确认。

三是集体经济组织专业人才缺乏。农村集体产权制度改革政策性强，情况复杂，县一级层面农经力量薄弱，指导跟不上。乡镇、村缺乏专业财务人员，清产核资后期报表填报比较专业，工作难度大，对后续农村集体资产管理不够规范。复合型人才的乡村干部较少，对改革工作缺乏主动，一定程度上影响了工作进度和工作质量。

（二）制度层面存在的问题

一是农村集体经济组织配套政策缺乏。发展集体经济缺少相关政策引导和金融信贷支持。集体资产抵押贷款缺乏相应的管理办法，在人民银行征信系统内，没有农村集体经济组织这一科目，贷款实际操作很困难。农村集体经济组织成立以后，虽然被赋予了统一的社会信用代码，确认其特殊法人资格，但国家层面的法律还没有跟进，有关发展农村集体经济的金融、用地、税费、财务管理等相关配套政策不完善、不到位。例如，税务登记问题如何解决等尚未有明确的法律政策条款规定。

二是基层经营管理体系建设不完善。农村集体产权制度改革的政策性强、工作量大、涉及面广，需要有稳定的人才队伍和充足的资金支持，但从调研市县的农村经管体系建设情况看，县、乡镇两级存在机构不健全、办公设施不完善、人员不固定和经费不足等问题，特别是县、乡镇农村经管队伍有名无实或有实无名。人员少、改革任务紧张，奋战在一线的相关工作人员经常处于超负荷工作状态，严重影响身心健康。

五、完善法律法规政策的建议

（一）加强农村集体产权制度改革常态化管理

针对农村集体产权制度改革不平衡、不彻底的问题，一是要开展清产核资工作“回头看”，进一步查找具体问题，研究整改措施，查漏补缺。二是加快省级农村集体资产监督管理平台建设，将农村集体资产清产核资结果、农村集体经济组织登记赋码、财务会计核算、农村产权交易等内容纳入平台进行管理，利用平台推进农村集体产权制度改革后续工作。

（二）创新农村集体经济组织选人用人机制

一是要进一步加强农村集体经济组织中党的基层执政能力建设，迫切需要把好选人用人关。进一步拓宽选人视野和渠道，创新选任方式，大胆探索和实践以竞争上岗为核心的公开选拔方式。二是要创新集体经济组织人员教育培训机制。加强农村经济、企业管理等专业知识培训，增强工作能力。三是探索农村财务人才引进新模式。例如，借鉴“三支一扶”模式，定向招考村集体经济组织财会人员，或者采用第三方代理记账的方式，为村集体经济组织选配合格的财会人才，保证村集体经济组织正常运转。

（三）加快完善农村集体经济组织发展配套政策

一是建议加快从顶层设计上研究制定农村集体经济组织税务登记、税费减免及农村集体资产股权抵押贷款等相关政策，便于基层实际操作有据可依。二是建议从国家层面研究制定农村集体资产管理条例，通过法律手段来管好用好集体资产，实现集体资产保值增值，维护农村集体经济组织及其成员合法权益。三是建议出台支持、激励发展农村集体经济的配套政策，从资金、技术、税收等方面加大扶持力度，强化内生动力，激活闲置资源资产，发展壮大新型农村集体经济。

（四）尽快完善乡村经营管理体系建设

完善县、乡镇两级农村经济管理体制、机制，增加县、乡镇两级人员编制，配备相应的办公场所及设施。强化县、乡镇和村级的农经管理队伍建设，注重人才培养，提高各级干部群众发展村级集体经济的能力。分层分级组织培训，对县、乡镇级有关人员重点培训农村集体经济发展的政策措施和工作要求，对乡镇、村有关人员重点培训发展路径、项目管理、经营管理实务操作等内容。建设县、乡镇、村三级联网的管理、监管平台，为农村集体经济长期发展奠定基础。

内蒙古自治区农村集体产权制度改革试点报告

2018 年 6 月，内蒙古自治区巴彦淖尔市和包头市被农业农村部确定为农村集体产权制度改革试点（第三批）整市试点，呼和浩特市和林格尔县和赤峰市巴林左旗被确定为整县试点。经过一年多的时间，试点地区围绕构建“归属清晰、权能完整、流转顺畅、保护严格”的农村牧区集体产权制度，在组织领导、政策宣传、制度创设、工作程序等方面统筹安排，精心组织，扎实推进，试点任务已基本完成。为了解内蒙古自治区农村集体产权制度改革试点情况，及时总结经验和成果，2019 年 11 月 24—28 日，农业农村部农村经济研究中心宋洪远主任一行 5 人到内蒙古自治区赤峰市巴林左旗、呼和浩特市和林格尔县、包头市开展调研。总体来看，内蒙古自治区农村集体产权制度改革试点工作结合了农区和牧区的实际情况，按步骤、按程序逐项开展，宣传动员到位，群众知晓度较高，改革成果得到干部群众认可。

一、调研基本情况

为较全面了解内蒙古自治区农村集体产权制度改革试点情况，课题组通过座谈交流、查阅档案、进村走访、群众交流等方式开展具体工作，先后在赤峰市巴林左旗、呼和浩特市和林格尔县、包头市的农业农村局召开旗县级或地市级座谈会，然后深入乡（镇、苏木、街道）、嘎查村实地调研并座谈，与各级干部深入交流改革试点情况。课题组抽选包头市作为整市试点单位调研对象，并实地调研该市九原区；抽选赤峰市巴林左旗、呼和浩特市和林格尔县作为整县试点单位调研对象。每个旗（县、区）原则上选择 1～2 个乡（镇、苏木、街道），每个乡（镇、苏木、街道）再随机抽查 2 个嘎查村进行实地调研，共实地走访了 3 旗（县、区）6 乡（镇、苏木、街道）、7 嘎查村（表 1）。

表 1　调研样本情况

<table>
<tr><th>省（自治区）</th><th>市</th><th>旗（县、区）</th><th>乡（镇、苏木、街道）</th><th>嘎查村</th></tr>
<tr><td rowspan="7">内蒙古自治区</td><td rowspan="3">包头市（整市试点）</td><td rowspan="3">九原区</td><td>阿嘎如泰苏木</td><td>阿嘎如泰嘎查</td></tr>
<tr><td>哈业胡同镇</td><td>乌兰计六村</td></tr>
<tr><td>白音席勒街道</td><td>二道沙河西村</td></tr>
<tr><td rowspan="2">赤峰市</td><td rowspan="2">巴林左旗（整县试点）</td><td>林东镇</td><td>柴达木村</td></tr>
<tr><td>查干哈达苏木</td><td>阿鲁召嘎查</td></tr>
<tr><td rowspan="2">呼和浩特市</td><td rowspan="2">和林格尔县（整县试点）</td><td rowspan="2">舍必崖乡</td><td>厂圪洞村</td></tr>
<tr><td>小甲赖村</td></tr>
</table>

二、试点任务完成情况及成效

（一）试点任务完成情况

改革试点启动以来，各试点市县在坚持以农牧民为主体、尊重农牧民意愿的前提下，突出抓好改革关键环节，注重发挥试点示范引领作用，以务实的工作作风，按国家时间节点压茬精确推进改革。截至 2019 年 10 月底，巴彦淖尔市、包头市、呼和浩特市和林格尔县、赤峰市巴林左旗全部完成了清产核资和成员身份确认工作，核实账面资产总额 114.99 亿元，其中经营性资产总额 23.09 亿元，非经营性资产总额 91.899 亿元；清产核资后集体土地总面积 14 506.664 2万亩，其中农用地 13 893.034 4 万亩，99%的试点嘎查村完成了资产量化、股权设置，并建立了集体经济组织，共 1 568 个试点嘎查村成立了经济合作社，各项改革任务基本完成。

（二）取得的主要成效

一是全面摸清了嘎查村集体家底。通过在农牧区开展清产核资，试点地区嘎查村集体对其所有的经营性资产、非经营性资产、资源性资产进行了全面清查，特别是对近年来政府投资形成的用于教育、文化、卫生、体育等公益性资产及其他账外资产进行了逐项盘点核实，全面摸清了集体资产的家底及使用情况，并进行分类登记、分册管理，进一步明确了各类资产的产权归属，理顺了产权关系。

二是进一步壮大了嘎查村集体经济。通过农村牧区集体产权制度改革，试点地区围绕“集体产权制度改革＋”战略，下功夫、做文章，依托资源禀赋，通过土地流转、乡村旅游、休闲农牧业、招商引资、现代综合服务等多种途径发展壮大集体经济，集体资产量化到成员，资产变成了股金，农牧民变成了股东，有的地方已经进行了股份分红。赤峰市巴林左旗 166 个嘎查村年集体经济收入平均增加 1.3 万元。其中，87 个贫困嘎查村集体经济收入均突破 2 万元。包头市达茂旗 29 个嘎查村集体资金、资源入股小尾羊公司、丰域合作社，实现集体经济收益放大增值。改革让农牧民与集体的利益联结更加紧密，极大地激发了干部群众参与集体经济发展的积极性。

三是农村牧区社会运行更加平稳有序。通过农村牧区集体产权制度改革，试点地区坚持全过程公开公示、阳光透明，把集体的“家底”原原本本地亮给群众、交给群众。通过开展成员身份确认、资产量化、股权设置、股权管理等工作，实行集体成员股权静态管理，减少了产权纠纷。在土地征占补偿、集体不动产收益分配等方面，起到定分止争的作用，避免了矛盾纠纷。新成立的集体（股份）经济合作社建立起成员大会、理事会、监事会的“三会”制度，形成了所有权、决策权、经营权、监督权“四权”统一协调的经营管理和制衡新机制，有力地促进了农村牧区社会稳定。

四是农牧民财产性收入明显增加。集体股份经济合作社成为盘活农牧区各类闲置资产资源，整合利用集体积累资金和政府帮扶资金等的有效载体。农牧民看到了发展壮大集体经济的希望，有的甚至已经分享到集体经济发展成果，切实感受到集体产权制度改革带来的红利。例如，巴林左旗林东镇柴达木村将集体土地资源、闲置资金和农户承包地，通过“反租倒包”等方式入股红格尔股份经济联合社，预计2019年分红21万元，股民分红220元/人。和林格尔县新店子镇胶泥湾村依托塞外桃园公司，流转、出租土地共2万多亩，建设田园综合体，发展都市现代农业游，有效增加了农牧民财产性收入。

五是嘎查村“三资”管理水平不断提升。试点地区通过清产核资摸清了家底、明晰了产权，科学界定资产所有权，并按照产权归属进行了折股量化，充分保障了农牧民合法权益。各嘎查村基本都成立了村级（股份）经济合作社，配套组建经营管理和监督管理机构，集体“三资”依法治理水平不断提升。

三、创新经验及做法

结合座谈汇报和样本市县调研情况，内蒙古自治区各试点地区推进农村集体产权制度改革的做法归纳如下。

（一）建立工作机制，制定工作方案

一是建立五级组织领导机制。自治区政府成立由分管副主席任组长，自治区党委农牧办、自治区农牧厅、自然资源厅、财政厅等23个部门组成的农村牧区集体产权制度改革工作领导专项小组，负责指导督促；各试点市、旗（县、区）再成立以党政主要领导为组长、相关单位和下级政府为成员的领导小组，统一部署和组织实施改革工作；乡镇、行政村均成立了相应的领导小组和具体工作组，实行领导包片、干部包村制，具体抓改革工作。二是编制工作方案。自治区党委农牧办、农牧厅及相关部门联合下发了《内蒙古自治区农村牧区集体产权制度改革试点工作方案》《内蒙古自治区农村牧区集体产权制度改革档案管理办法（试行）》等文件，依此为指导性文件，市、旗县、乡镇、村各级又相继结合地区实际情况，制定了具体的改革试点方案和实施办法，明确了改革总体要求、路线图和时间表，确保工作有章可循，有序开展。

（二）先行试点示范，以点带面推开

将试点先行示范作为推动改革工作的重要抓手，形成以点带面、全面推进的局面。在2个试点旗县召开了全区现场推进会，现场进行经验交流和工作指导，有效推进了自治区农村集体产权制度改革进程。各试点地区按照资源条件和农区、牧区类型选择具有典型示范作用的试点先行先试，总结经验做法和教训，形成可复制、可推广的制度体系和工作模式。例如，和林格尔县按照城郊

型、旅游资源型、产业突出型等不同资产资源条件，在农区和牧区共选择了5个集体经济发展不同类型嘎查村作为旗县级试点；然后在每个乡（镇、苏木、街道）选择1个嘎查村作为乡镇级试点，采取手把手教学、现场演示等方式指导示范、以点带面，推动全旗（县）农村牧区集体产权制度改革工作扎实有序开展。

（三）抓好关键环节，推进程序规范

各试点地区在工作推进过程中，坚持依法依规，尊重农牧民意愿，重点抓好清产核资、成员确认、股权设置、折股量化、建立组织等关键环节，依法规范操作。例如，清产核资严格按照“清查登记、价值评估、权属界定、公示确认、账目调整、建立台账、审核备案、逐级汇总、纳入平台”的九步工作程序开展，并多次派专人赴试点地区进行实地指导，将数据资料进行反复审核，录入资产管理系统，确保每个嘎查村集体资产清查全面、数据衔接。集体经济组织成员身份确认坚持“尊重历史、兼顾现实、程序规范、群众认可”原则，按照初步认定、成员信息公示、听取群众意见并商议修订、经嘎查村民大会或代表大会确认、公布结果等程序，稳妥做好集体经济组织成员身份确认工作，做到全面、准确、不遗漏。在改革程序方面，各地结合实际情况进行了积极探索，使程序更加规范严谨，有效保证了改革质量。例如，巴林左旗制定了集体资产管理制度、集体资产登记制度等6项制度，以及合作社股份转让、继承、退出办法；巴彦淖尔市五原县制定了“成立组织、宣传发动、制定方案、身份界定、清产核资、股权设置、折股量化、股权管理、登记运营”的九步工作程序。

（四）强化培训宣传，夯实改革基础

一是采取“走出去，请进来”相结合的方式开展业务学习培训。把干部培训作为改革的重要工作来抓，通过举办培训班等形式，对干部进行专题培训，重点在明确工作内容、规范操作程序上下功夫，有效提升了基层干部推进改革的执行力和业务能力。二是组织开展多种形式的政策宣传。通过电视、广播、政府门户网、微博、微信等媒体宣传，印发集体产权制度改革资料汇编，邀请专家到旗县举办专题讲座，既为基层干部和农牧民群众答疑解惑，又提高了群众对改革政策的知晓率，赢得了群众的支持和配合，保障了群众的知情权、参与权、决策权，营造了深厚的改革工作氛围。

（五）加强督查指导，规范档案管理

一是抓调度。切实推行集体产权制度改革周调度、月通报、季总结的工作制度，每周调度重点环节进展，每月调度改革整体进展，每季度总结工作进展，对推动不力、进展缓慢地区进行通报，推动各地按时间节点推进改革。二是抓“短板”。在定期调度的基础上，派督导组深入工作进展缓慢、存在问题

较多的试点盟市、旗县，实行重点督导，并将改革进展情况通报上一级党委、政府，要求这些地区在限定时间内进行整改，落后地区改革工作进程明显加快。三是抓督查。组成督查组，深入试点地区开展专题督查和指导。四是抓档案。规范设置宣传动员、学习培训、基础资料、制度建设、影像资料、成果资料等类别档案，同步收集、及时整理、分类归档，便于查阅。

四、存在的主要问题

从整体上看，内蒙古自治区农村集体产权制度改革进展顺利，但在工作层面和制度层面仍存在以下一些突出问题。

（一）集体组织成员资格确认难度大

在集体经济组织成员排查过程中出现“空挂户”、入赘、改嫁（娶）、收养子女、“户在人不在”等复杂情况，成员身份确认工作难度较大。

（二）集体经济发展基础比较薄弱

在落实家庭承包经营制过程中，大多数农村把适宜集体统一经营的土地和资产全部平均分包到户，集体经济资源有限，多数嘎查村集体经营性资产较少，集体经济发展基础较为薄弱。

（三）集体经济组织发展动能不足

新成立的集体股份经济合作社基本由农民组成，受文化知识、传统生产经营习惯、阅历视野等限制，经营思路不清晰，投资方向不明确。多数集体经济发展方式单一、动力不足，集体资产保值增值的办法不多。部分村干部由于害怕承担亏损责任，对发展壮大集体经济的积极性不高。为了规避经营风险，各嘎查村往往采取租赁方式，生产加工型集体经济项目难以落地。

（四）农村财会人员和经管队伍匮乏

嘎查村把会计核算和记账放在了乡（镇、苏木、街道），嘎查村会计变成了单纯的报账员，职能弱化，业务知识不能及时更新，也缺乏懂政策、业务熟的财务人员，不能适应发展壮大村集体经济的需要。基层农牧经管队伍不健全，尤其是乡（镇、苏木、街道）没有单独设置经管机构，大部分经管人员为兼职，人员力量不足，专业技术人员缺乏，给推动工作开展带来了一定难度。

（五）集体经济组织管理缺少配套政策

农村集体产权制度改革关系到农牧民切身利益，集体经济组织成员身份确认、股权设置与管理、集体经济组织市场主体地位等方面，涉及面广、政策性强，相关配套政策制度还存在短板，需进一步健全完善。与集体经济组织发展关系密切的税收、金融等相关配套政策、法规等尚未明确，集体经济组织发展面临隐忧。

五、完善法律法规政策的建议

（一）指导基层制定成员确认标准

建议制定和出台集体经济组织成员身份认定标准，规范成员资格认定、取消、登记、变更等程序，并指导各地结合实际出台地方性实施意见。

（二）加大政策支持力度，壮大集体经济

建议加大对集体经济的扶持力度，从国家层面制定出台更多壮大农村集体经济发展的扶持政策。继续以放活土地经营权为重点深化农业农村改革，促进要素更多流向农业农村。推行农村牧区集体经营性建设用地入市，采取多种方式盘活闲置房屋和宅基地，增加农民财产性收入，壮大发展集体经济。从土地、财政、税费、金融、人才等方面对集体经济组织予以扶持激励，形成财政带动、多元投入、多方共同扶持集体经济发展的长效机制。

（三）加强对农村牧区改革人才保障

建议从顶层设计上加强农村牧区经营管理体系建设，确保农村牧区改革有专门的机构，确保事有人干，责有人负。创新村集体经济组织人员教育培训机制，加强农村经济、企业管理等专业知识培训，探索农村财务人才引进新模式。

（四）加快完善相关法律法规配套政策

从顶层设计上研究制定农村集体经济组织税务登记、税费减免及农村集体资产股权抵押贷款等相关政策，便于基层实际操作有据可依。建议从国家层面研究制定农村集体资产管理条例，通过法律手段来管好用好集体资产，实现集体资产保值增值，维护农村集体经济组织及其成员合法权益。尽快从土地利用、税收减免、金融扶持等方面出台相关配套政策。

农村集体资产财务管理

江苏省农村集体资产财务管理的实践与经验

农村集体资产是发展壮大集体经济，实现乡村全面振兴和人民共同富裕的重要物质基础。财务管理是管好、用好农村集体资产的重要一环，也是保障农村集体经济组织成员权益，维持农村经济社会稳定发展的重要手段。江苏省积极探索集体资产财务管理的做法，先行先试，由点到面，积累了丰富的经验，走在全国前列。为了更好地解析江苏省农村集体资产财务管理的经验，进而为全国农村集体资产财务管理提供借鉴，农业农村部农村经济研究中心课题组于2019年12月27—31日赴江苏省南京市、扬州市和苏州市展开调研，现将调研发现总结如下。

一、江苏省农村集体资产财务管理的基本情况

江苏省扎实推进农村集体资产财务管理的制度化、规范化和信息化。在制度建设上，其先后出台了《全省农村集体“三资”管理专项治理方案》《江苏省农村集体资产管理条例》《在“不忘初心、牢记使命”主题教育中集中开展农村集体“三资”监管专项整治实施方案》等制度文件。在具体实施上，2016年江苏省开展了“三资”管理“阳光行动”，促进了村级财务公开透明；2017年开展了“三资”专项整治工作，重点实施了村级资金管理非现金结算制度、推行了第三方代理村级财务试点等工作，进一步促进了村级财务管理的规范化。各市均建设了“三资”监管信息平台，有的县（区）单独建立了“三资”监管信息平台，推动了村级财务管理的信息化。在此基础上，江苏省坚持“以信息化带动制度化和规范化”，通过“三资”监管平台，利用互联网的信息化手段实现财务管理的公开化、透明化、实时化、可视化，进而带动财务管理的制度化和规范化。截至2019年12月底，江苏省88.6%的村开展了“阳光行动”试点，村级资金管理非现金结算实现100%覆盖，71%的乡（镇、街道）

开展了村级财务管理会计核算"第三方代理"试点；13 个设区市均已完成"三资"监管平台建设，实现市级全覆盖。

二、农村集体资产财务管理的做法和成效

江苏省在农村集体资产的财务管理上取得了较好的成效，有一些经验做法值得参考，主要表现在完善财务管理制度、开展"阳光行动"、实施村级非现金结算制度、推行村级财务管理会计核算第三方代理、建设"三资"监管平台五个方面。

（一）完善财务管理制度，提升规范化水平

江苏省构建了新的制度框架，提升了集体资产财务管理的规范化水平。2017 年 3 月，江苏省农委印发了《全省农村集体"三资"管理专项治理方案》，明确专项整治内容为开展农村集体"三资"管理"阳光行动"试点、实施村级资金管理非现金结算、开展第三方代理村级财务试点等。2018 年 5 月，江苏省人民代表大会常务委员会通过了《江苏省农村集体资产管理条例》，要求农村集体经济组织应执行财务会计制度；建立健全财务预决算、开支审批、收益分配等各项财务制度；可委托乡镇有关机构或第三方机构代理会计业务；实行财务公开制度，并建立财务会计档案管理制度。2019 年 8 月，江苏省农村合作经济经营管理站（以下简称经营站）制定了《在"不忘初心、牢记使命"主题教育中集中开展农村集体"三资"监管专项整治实施方案》，专项整治农村"村务卡"实施、村级财务管理会计核算改革试点、农村集体"三资"监管平台等方面问题。基于此，江苏省各地积极建立健全财务制度，不断推进农村集体资产财务管理规范化，主要表现在三方面：一是完善会计科目设置。按照财政部《村集体经济组织会计制度》规定，规范会计科目；根据实际情况细化明细科目，做到合法合规、准确反映村级各项经济业务。二是建立财务预决算制度。指导村级科学编制预算方案和决算报告，强化对预算执行情况的监督和预算调整的合法性审计，发挥预决算在规范资金收支行为、加强财务监管中的作用。三是建立收支管理制度。将村级收支纳入统一管理，收入及时按规定入账，支出严格履行相关程序，做到所有收支有据可循、真实可靠，杜绝坐收坐支、体外循环现象。

（二）开展"阳光行动"，落实财务公开制度

2016 年上半年，江苏省农委在 13 个设区市各选择 1 个行政村开展农村集体"三资"管理"阳光行动"第一批试点。试点取得较好成效，故 2017 年 1 月，江苏省农委发布《关于全面开展农村集体"三资"管理"阳光行动"试点的通知》，在全省每个县（市、区）开展试点。"阳光行动"包括公开推送、公开交易和公开操作三方面内容。公开推送指村集体经济组织（村委会）利用微

信公众号、手机 App 等平台，以“e 阳光”为品牌，向村内每个农户家庭的 1 个手机号及时推送村集体财务、“三资”、惠农补贴、应缴费用及其他重要事项，让农户通过互联网可随时随地获知村里“家底”，实现干群网上互动。公开交易指村内资产资源的流转交易，必须全部进入农村产权流转交易市场，以市场方式运作，杜绝场外交易。公开操作指以农村集体“三资”监管信息平台为基础，以县、乡镇、村三级互联互通为纽带，做到“三资”管理和监督公开化，并实现上级和监管部门的查询和风险预警，以及公众的信息知情。“阳光行动”试点是利用“互联网+”手段促进“三资”管理规范化的创新手段。截至 2019 年 12 月底，江苏省开展“阳光行动”的试点村达到 15 661 个，占比 88.6%。各市因地制宜，积极探索形式多样的农村集体“三资”管理公开方式，利用手机 App、微信公众号等信息化手段，扩大农户覆盖面，优化推送内容，保障了集体经济组织成员的知情权、参与决策权和民主监督权。例如，无锡市和常州市在前期试点基础上进行模式创新和功能拓展，利用有线电视与手机 App、微信公众号等平台同步推进，打造村级综合应用信息公开频道，实现“户户通”；扬州市则大力推进“e 阳光”手机 App，实现其与“三资”监管信息平台的融合。

（三）实施非现金结算，保证资金使用安全

江苏省开展的农村集体“三资”管理专项治理工作的任务之一是实施村级资金管理非现金结算。根据文件要求，各县（市、区）要选择 1～2 个行政村开展“村务卡”试点，即由村集体经济组织（村委会）在当地金融机构办理借记卡（或贷记卡），将村集体备用金打入“村务卡”；试点村村务活动开支除少量必须的现金交易外，资金往来结算须全部通过银行转账或“村务卡”进行。2017 年 7 月，江苏省农委发布《关于开展村务卡试点工作的通知》，进一步明确了“村务卡”试点的范围、“村务卡”的形式和使用范围、时间安排和工作保障。《关于开展村务卡试点工作的通知》规定“村务卡”为在职村干部持有，在银行以村集体或村干部个人名义办理银行卡，结算范围包括日常办公费、水电费、邮电费、差旅费、印刷费等村务支出中原需现金支付的有关商品和服务费用，主要为村集体不便于转账结算的日常村务支出及其他财务报销业务，不得用于村干部个人消费。该制度能让村内每笔资金流动都留下痕迹，实现“非现金化”，健全了村级收支预算管理、开支审批报账等制度，明确了审核、报销、借贷、支付等资金管理关键环节的具体要求和规定，进一步强化了资金管理全流程监控，提高了资金管理使用的安全性和透明度。截至 2019 年 12 月底，江苏省“村务卡”覆盖率为 100%，共发放“村务卡”23 905 张，其中借记卡 11 103 张，贷记卡 12 802 张。开展“村务卡”试点以来，江苏省各市进行了探索，“村务卡”的使用管理逐步规范。例如，苏州市 66 个乡镇 903 个村

在规范使用“村务卡”的基础上，全面使用“农村集体资金监管平台”（村银联动），实现了“在线审核、分级审批、实时高效、全程监督”的新型资金监管方式；溧阳市出台《关于规范村级集体费用开支的指导意见》，规范了“村务卡”、村干部报酬、误（务）工费用等11项村级费用支出；常州市通过“村银通”和“村务卡”进行一收一支两条线管控，最大限度地减少了现金支付结算，形成“一卡通”的常州模式；常熟市将原个人“公务卡”调整为单位“公务卡”（集体母卡＋个人子卡），并与微信、支付宝绑定，既实现全程留痕又解决偏远农村无法刷卡支付的难题；吴江区通过农村集体资金监管平台与银行联动，实现了资金实时收支、收支审批全程监管和凭证票据扫描存档。

（四）推行第三方代理，创新会计核算模式

2018年7月，江苏省农委、财政厅印发《关于推广布泰州经验　加强农村集体“三资”管理工作的意见》，要求江苏省各地学习泰州经验，每个县（市、区）结合实际，至少选择1个乡（镇），整建制开展村级财务管理会计核算第三方代理试点，优化村级财务会计核算模式，强化第三方机构对村级财务的服务和监督，提升会计核算专业化水平。《关于推广泰州经验 加强农村集体“三资”管理工作的意见》指出村集体经济实力较强、经济业务量大的地区，可推行会计核算“会计师事务所代理”模式，由村（居）与会计师事务所签订委托协议，依法代理全部村集体账目，负责所有报账、记账、复核等具体工作；村集体经济实力一般、经济业务量不多的地区，可推行“会计委托代理服务中心”模式，以乡镇为单位组建独立的会计代理服务中心，从社会招聘具有一定资质的人员担任委派会计，实行统一管理，交叉轮岗，委派会计参与日常经济活动及经费运作全过程。试点工作顺利推进，各市成效显著。截至2019年12月底，江苏省开展试点的乡（镇、街道）达到852个，占全省71%，其中开展“会计师事务所代理”的试点172个，开展“会计委托代理服务中心”的试点680个。常州、苏州、连云港、淮安、扬州、泰州6市均实现村级财务第三方代理市级全覆盖。其中淮安市构建了“财政所管理资金＋第三方代理（乡镇会计核算中心）记账＋农业经济经营管理站（以下简称农经站）日常管理＋纪检审计监督”的财务监管新模式，实行账款分离、四方联管。截至2019年12月底，淮安市7个涉农县（区）86个乡（镇、街道）1 484个村居中有67个乡（镇、街道）1 158个村居聘请了第三方代理记账、19个乡（镇、街道）326个村居成立乡镇会计核算中心记账；南京市“会计委托代理服务中心”试点推广到46个乡（镇、街道）565个村（社区），覆盖率82%。调研发现，江苏省在开展会计核算第三方代理试点的基础上，个别市探索了主办会计异地交流任职制度。截至2019年12月底，扬州市已有85个乡（镇、街道）、

1 094 个村（社区）的主办会计实行了异村交流任职；盐城市有 7 个县（市、区）共 1 909 个村实现了主办会计异地交流，覆盖面达 90%；泰州市有 1 584 个村实现了主办会计异村交流，占总村数的 98.6%。

（五）建设“三资”平台，提升信息化水平

江苏省大力推进农村集体“三资”监管信息平台建设，要求各地按照“管理、监督、公开”等功能要求，完善记账、管理、预警、监督等功能模块。截至 2019 年 12 月底，13 个设区市平台已全部建成，其中 12 个市的平台处于正常运行状态，1 个市正在试运行，县级平台基本实现全覆盖。根据文件规定，江苏省的“三资”监管平台主要包括综合业务管理和市、县、乡镇、村四级联网的信息公开发布、信息综合分析统计、信息统一监管四大功能。“三资”监管平台建设中，南京市走在前列，其于 2018 年 12 月 5 日全面建成了“市区一体、实时动态”的“三资”监管综合平台，并在全市 59 个乡（镇、街道）691 个涉农村（社区）全面推广运用。该平台建有“4+4+1”的九大工作模块，包括四大平台，四个关联模块和一个移动终端，实现了管理平台和公开平台的互联互通，其中四大平台依次为工作平台、监管平台、公开平台和大数据分析平台，分别服务于会计人员、监督人员、集体经济组织成员、各级管理人员等四大人群，实现了资产财务管理、资产财务监督、资产财务公开和提供决策依据四大功能；四个关联模块为清产核资、承包地确权、产权交易和阳光扶贫；一个移动终端为“三资”管理“e 阳光”手机 App。此外，其他市也积极探索，如泰州市依托“三资”监管平台，建立了阳光村务公开平台，做到线上线下双公开，实现了“村务卡”和“三资”平台关联，增强了村级小微权力监督的实效性。再者，在各市自主开发的基础上，江苏省探索研发省级数据交汇平台，省农业农村厅委托省信息中心组织专家对各地已建平台的相关技术性能及功能作用进行评估，充分利用现代信息技术，实行信息的共享和数据联通，进一步提升农村集体“三资”监管的信息化水平。

三、农村集体资产财务管理中存在的问题

江苏省在农村集体资产财务管理上取得了显著的成效，提高了资产管理的制度化、规范化和信息化水平，但在工作中仍存在一些困难和问题：

（一）财务管理的工作举措推进不平衡

江苏省在农村集体资产的财务管理上敢于尝试，勇于创新，在省级规定政策的指导下，各市积极探索，为全国的农村集体资产财务管理提供了诸多可借鉴的经验。但与此同时，江苏省内的集体资产财务管理工作存在实施进度推进不平衡的情况，具体表现为，“阳光行动”试点、村级资金非现金结算工作进展相对较快，而村级财务第三方代理、财务审计监督等工作进展相对缓慢。这

与各项工作举措的任务量、工作部署和人员安排等密不可分，客观上可能是因为工作紧、任务重，工作落实中存在一定的时间差；也可能是因为一些工作推进的难度相对较大，影响了工作进度。

（二）基层财务管理的人才队伍不健全

农村集体资产管理的专业性强，涉及面广，对资产管理相关人员的业务水平要求较高，而当前农经部门存在机构不健全、队伍不稳定、力量不匹配等问题。调研发现，一些乡镇的农经部门存在在岗人员少、人员老化等问题；而村（社区）中原有的会计人员存在专业水平较低的问题，且缺少相应的激励政策和办法来吸引年轻的专业财务人员到基层工作。基层财务管理人员肩负着管理好、监督好农村集体资产的重要责任，是保证集体资产安全性的重要一环。而财务管理人才的欠缺与当前承担面广、量大的农村集体“三资”管理任务不适应，亟须改进。

（三）基层财务管理的制度落实不到位

江苏省通过开展农村集体“三资”管理专项治理工作，对“三资”管理中，尤其是集体资产的财务管理中出现的问题进行了整改，但由于任务量大，部分地区存在制度落实不到位的问题。例如，有的地区虽建立了村级预算管理、收入管理、开支审批、票据管理等财务管理制度，但村内的经济活动未严格按照相关制度操作，尤其是村内的用工问题尚存在财务管理漏洞，尚未建立有效的制度规定。

四、进一步提升财务管理水平的政策建议

针对江苏省农村集体资产财务管理中存在的问题，本报告提出相应的三点政策建议，以期为进一步提升集体资产的财务管理水平提供参考。

（一）强化责任落实，平稳推进工作

针对工作举措推进不平衡的问题，在尊重客观规律的基础上，要进一步提升各级部门的工作紧迫感和自觉性，扎实推进各项工作稳步开展。一方面要建立工作机制，明确工作任务、时间表和各级责任制，增强制度执行的严肃性，以制度倒逼工作；另一方面要及时解决工作中出现的问题，查漏补缺，扫清工作障碍。

（二）积极引进人才，加强队伍建设

在政策允许的范围内，通过各种形式吸纳财务管理方面的优秀专业人才，不断壮大财务管理的人才队伍。一方面根据需求制定地方性的财务管理人才引进计划，通过提高待遇、加大激励奖励等方式吸引人才；另一方面要完善人才的发展制度，将人才安排在合适的岗位上，使其充分发挥专业所长，打通晋升空间，留住人才。

（三）加大审计监督，严格落实制度

针对制度落实不到位的问题，要以制度化的手段推进制度的落实。首先，要完善和强化审计监督制度，利用县级抽审、乡镇级互审、委托第三方审计等形式，对农村集体资产的财务管理工作开展定期审计和专项审计，及时发现政策执行中存在的问题，并予以妥善解决。其次，可研究出台农村财务管理岗位的责任追究实施细则，强化责任落实，完善岗位的责任清单和问责办法，明确农村集体资产财务管理中主要人员的责任。

江苏省南京市农村集体资产财务管理的探索与实践

农村集体资产是激活农村发展潜力、促进农村集体经济发展、实现乡村全面振兴的重要基础。江苏省农村集体资产的财务管理取得了较好成效，在全国表现突出，而南京市的农村集体资产财务管理则居于江苏省前列。为了更好地解析南京市农村集体资产财务管理的经验，进而为全国各地农村集体资产财务管理提供借鉴，农业农村部农村经济研究中心课题组于 2019 年 12 月 27—28 日赴江苏省南京市进行调研，现将调研发现总结如下。

一、南京市农村集体资产情况

2014 年，南京市被农业部等 13 个国家部委联合批复为“深化全市农村集体产权股份合作制改革试点”的国家第二批农村改革试验区。截至 2019 年 12 月底，南京市有 687 个村（社区）完成了农村集体产权制度改革，完成率为 99.4%。通过集体产权制度改革，南京市摸清了农村集体资产家底：全市 59 个涉农镇街、691 个村、12 039 个村民小组，累计清核集体资源性资产 671.6 万亩，核实资产总额 291.1 亿元，其中经营性资产 83.8 亿元，非经营性资产 207.3 亿元。在明晰集体资产的基础上，如何管理好这些集体资产，确保集体资产的安全性，保证资产运行的规范化、公开化和透明化是发展集体经济的重要前提。南京市的农村集体资产财务管理有一些较好的经验做法，并取得了不错的成效，值得推广学习。

二、农村集体资产财务管理的做法和成效

（一）以制度化提升财务管理规范化

南京市先后出台了各类意见、方案和通知来规范农村集体资产的财务管理。例如，2012 年 3 月南京市委农村工作委员会出台了《关于贯彻落实农业部、监察部〈关于印发《农村集体经济组织财务公开规定》的通知〉的意见》（宁委农〔2012〕40 号），提出要进一步规范集体经济组织的财务公开，保证公开及时有效，并提高公开质量。2014 年市委、农工委分别发布了《关于规范农村集体经济组织财务票据使用的通知》（宁委农发〔2014〕15 号）和《关于规范管理农村集体经济组织财务票据的补充通知》（宁委农发〔2014〕16 号），明确了财务票据的填写、使用、监督和检查制度，强化了财务和资金管理。2017 年，南京市农委发布了《关于印发〈南京市农村集体“三资”管理专项治理实施方案〉的通知》（宁农经〔2017〕4 号），该文件规定要探索优化

村级财务管理的模式、加大村级财务的审计监督力度、执行民主理财和财务公开制度、建立农村财务管理岗位责任追究制度、开展农村集体“三资”管理“阳光行动”试点和村级资金管理的非现金结算试点。此后，南京市农委于2018年先后印发了《关于全面开展农村集体“三资”管理“e阳光”手机App信息公开平台建设的通知》（宁农经〔2018〕2号）、《关于开展农村集体财务审计试点工作的通知》（宁农经〔2018〕4号）和《关于全面推进农村集体财务“村务卡”使用工作的通知》（宁农经〔2018〕11号），具体部署了各项工作，进一步提升了农村集体资产财务管理的规范化程度。

（二）以“e阳光”促进财务信息公开化

2017年，南京市在全市选择了6个村居开展农村“三资”管理的“e阳光”手机App信息公开试点，该工作成效显著，受到了民众欢迎。2018年3月开始，该项工作从试点转向全面推广。“南京市农村‘三资’管理‘e阳光’信息公开平台”为南京市统一开发，该平台包括村务发布、村情动态、村民互动、集体资产、集体财务、产权交易、我家承包地、我家股份、我家账户9个板块。该平台有两大显著特点：一是四级后台独立操作，同时设置了市、区、镇、村四级后台，各级部门可各自独立地实时发布有关政策和“三农”数据；二是纵横一体化运营，平台在纵向上可实现市、区、镇、村四级一体，横向上可实现与“三资”监管综合平台的互联互通和移动推送，实现信息共享。截至2019年12月底，南京市“e阳光”录入了691个村（社区）、69万农户的基础数据，80%以上农户下载使用了该软件，登陆人次近170万。目前，“e阳光”手机App在村级信息公开上成效显著，突出表现在三个方面：一是发布村务通知、村情动态、组织村民互动的新载体；二是公开集体资产、集体财务、集体产权交易情况的新平台；三是村民随时随地了解股份及收益分配，各种补贴和补助，行使“三资”管理知情权、决策参与权和民主监督权的新渠道。以浦口区为例，该区自2018年4月推广“e阳光”手机App以来，主动为村民推送集体“三资”情况、财务公开信息和村情村务等重要信息，截至2019年12月底，已有56 751户村民注册使用该平台。可见，南京市通过信息化的手段，实现了农村集体资产财务管理的透明化和公开化。

（三）以“村务卡”推动结算的非现金化

2017年7月，江苏省农委发布《关于开展“村务卡”试点工作的通知》，要求试点村实施村级资金管理的非现金结算。南京市于2018年7月出台了《关于全面推进农村集体财务“村务卡”使用工作的通知》（宁农经〔2018〕11号），规范了“村务卡”的适用范围、持有人及结算程序。“村务卡”强化了村级集体资金管理的全流程监控，提高了资金管理使用的安全性，其有三个明显的优势：一是方便快捷，南京市鼓励“村务卡”与使用人的支付宝和微信支付捆绑使用，提高了使用效率。二是实时透明，“村务卡”的支付信息能实时推送至“阳光惠民”监管系统，并全部录入了农村集体资产监管综合平台，提高了村级资金管理使用的透明度，确保了村级资金管理的全程留痕可追溯，做到了资金使用实时监管、笔笔留痕。三是杜绝违纪违法行为，“村务卡”以村干部个人信用办卡，为个人贷记卡或借记卡，并报镇街业务主管部门备案。该卡主要用于村集体不便于转账结算的日常村级公务支出及其他财务报销业务，如日常办公费、水电费、邮电费、差旅费和印刷费等，基本实现了村级日常公务支出的非现金化，杜绝了坐收坐支等违纪违法行为。截至2019年11月底，全市“村务卡”1 355张，其中借记卡361张、贷记卡994张，“村务卡”支出总金额2 215.2万元。浦口区于2018年完成了“村务卡”全覆盖，全区68个涉农村社共备案277张“村务卡”。

（四）以第三方代理开展会计核算改革

2018年9月，南京市农委发布了《关于推广泰州经验，学习贯彻〈条例〉，加强农村集体“三资”管理工作的实施意见》（宁农经〔2018〕17号），要求加快组织框架构建，因地制宜推行会计核算的“会计师事务所代理”模式或“会计委托代理服务中心”模式，提升会计核算专业化水平。南京市的会计核算改革分为两步走：一是8个镇街先行。根据文件要求，南京市在江宁街道、汤泉街道、雄州街道、溧水开发区、西岗街道、铁心桥街道、长芦街道7个街道（开发区）组建了以镇街为单位的“会计委托代理服务中心”试点，对招聘的委派会计实行统一管理，交叉、定期轮岗；在东坝镇开展了村账村做、村会计异地委派试点，共涉及8个镇街的93个村（社区）。会计核算改革试点进展顺利，其中高淳区于2019年6月在全区全面推行了“中心代理会计核算、财政监管集体资金、农经加强指导监督、村（社区）会计异地报账”的会计核算模式。二是扩大试点范围。截至2019年12月底，南京市“会计委托代理服务中心”试点拓展到46个镇街的565个村（社区），覆盖率为82%。其中，对由财政管理村级资金的高淳、栖霞、雨花台3个区的17个镇街180个村（社区）、原“村账镇代理”的21个镇街292个村（社区），按照“会计委托代理服务中心”模式进行了改进和完善，并保持了村级集体资金所有权、使用权、审批权和收益权不变，以及以村级集体经济组织为单位进行会计核算独立性不变。以第三方委托代理服务为核心的村级会计核算改革取得了明显成效，一方面强化了村（社区）集体资金收支监管，确保了集体资金运行的规范化和安全性；另一方面严格把控了集体资产资源处置的程序关，保障了集体资产不流失、有收益。

（五）以信息化带动制度化和公开化

南京市于2018年12月建成了“市区一体、村银直连、实时动态”的“三资”监管综合平台，提升了农村集体资产财务管理的信息化水平，并以“三资”监管的信息化带动了制度化和公开化。南京市的“三资”监管综合平台目前已在全市59个镇街691个涉农村（社区）推广运用，其有五大特点：一是信息集成一体化。该平台有工作、监管、公开和大数据分析四大平台，服务于会计人员、监督人员、集体经济组织成员，以及各级管理人员四大人群，实现了财务管理、财务监督、财务公开和提供决策依据四大功能。二是村银直连实时化。该平台与合作银行的业务系统直接连接，各村可直接在监管平台的财务平台模块办理账户管理、资金查询、转账支付、批量代发等业务，且转账资金实时到账。三是预警处置动态化。平台设置了5类17项预警项目，对集体资产、资源和资金的使用进行实时动态监管。截至2019年12月底，南京市预警（含未试点镇街）10 740条，试点镇街办结1 933条。四是公开推送便捷化。“三资”监管平台的公开平台无需账户登录，面向广大村民开放，可直接查询村（社区）收支明细、账户流水等，操作简单、查询快捷。五是“以图管资”可视化。该平台运用地理信息技术将农村集体资产中的土地、房屋等不动产可视化，以正射影像图直观展示农村集体资产的测绘信息、实拍照片和资产卡片等，并详细记录了集体资产的会计账，实现了“以图管资”。

三、农村集体资产财务管理中存在的问题

南京市的集体资产财务管理整体成效显著，但仍存在会计核算改革试点待深入，村会计异村交流任职较难实现，以及财务管理业务操作效率较低的问题。

（一）会计核算改革试点有待深入

南京市推行了以“会计委托代理服务中心”为核心的会计核算改革，很大程度上提高了会计核算的专业化水平。但从改革的实际成效看，有些镇街较难实现真正意义上的“管办分离”，这多是由一些历史原因造成的，如有的镇街已经建立了村级会计代理服务中心，但由于机构设置的限制，这些代理服务中心有的与镇街的财政所合署，有的与镇街的经管站合署，一定程度上限制了代理服务中心的独立性，影响了会计核算改革的纵深发展。

（二）村会计异村交流实现有难度

村级主办会计异村交流任职制度为江苏省的探索之举，目前主要在扬州市推行，南京市也有个别镇街开展了试点。但从调研反馈看，群众和基层干部对此项制度有不同的意见，主要观点是村主办会计不仅要负责村集体资产的财务管理，更多地要配合和协助村内土地承包、农村经济调查、统计年报、档案管理等工作，同时还要处理本村财务纠纷等复杂事务，而村会计进行异村交流可能会有三方面不利影响：一是增加了会计上班途中的时间和工作难度，也一定

程度降低了工作效率；二是新的异村交流会计对业务不熟影响了工作质量，尤其是业务考核；三是会计离职现象增多。可见，会计异村交流虽能在一定程度上提高村级财务管理独立性，但在具体实施中仍有难度。

（三）财务管理业务操作效率较低

调研发现，南京市个别镇街的集体资产财务管理存在业务操作效率较低的问题，这主要是业务量大、人员力量不足造成的。例如，“三资”监管综合平台的原始数据需要业务人员一个个录入，工作量大，较为耗时耗力，而当前懂业务操作的专业人员相对较少，故而出现了操作效率较低的情况。

四、进一步提升财务管理水平的政策建议

针对南京市农村集体资产财务管理中存在的三方面问题，本报告提出相应的政策建议，以进一步提升财务管理水平，并为其他地区提供借鉴。

（一）深入推进会计核算改革

在现有改革的基础上，不断总结和发现南京市各会计核算试点的经验做法和不足，并参考江苏省及全国其他市（区）的做法，研究制定深入推进和完善会计核算改革的办法。在经济水平和其他条件允许的情况下，探索将“会计委托代理服务中心”作为独立的核算机构，进一步增强财务管理的独立性。可借鉴苏州市的做法，在村集体经济实力较强、经济业务量大的地区，推行会计核算“会计师事务所代理”模式；也可尝试探索其他形式的会计核算方式。再者，省级相关部门在充分了解现有改革情况的基础上，可联合出台推进会计核算改革试点的操作性文件，为市（区）的会计核算改革提供指导。

（二）评估会计异村交流制度

针对群众和基层干部反映的村主办会计异村交流较难实现的问题，可组织第三方研究机构对该制度进行系统、客观地评估，重新审视该制度的合理性和可行性。若评估结果显示，该制度确实会对村级会计的财务管理工作带来负面影响或操作上存在较大的难度，且不利影响大于正向影响，则应考虑及时对制度进行修正，并广泛听取群众的意见。

（三）提升财务管理操作效率

当前存在的财务管理业务操作效率较低的问题，可通过两种方式来解决：一是改进工作方法，如通过技术手段将“三资”监管综合平台中原始数据逐条录入的方式改为数据导入，一方面可提高工作效率；另一方面也可节省人力。二是加强财务管理业务人员队伍建设，如招聘专业水平较高的业务人员，壮大人才队伍，提升专业化水平；对现有业务人员进行业务培训，提高业务水平。

江苏省扬州市强化“三资”管理规范产权交易的做法与经验

农村集体资产是发展集体经济，实现乡村全面振兴的重要物质基础。扬州市通过全面开展农村集体产权制度改革，实施农村集体“三资”监管、开展农村产权交易，较好地促进了农村集体经济的发展，积累了较为丰富的经验，值得参考借鉴。

一、农村集体资产的基本情况

自开展农村集体产权制度改革以来，扬州市按照“先试先行、典型带动、稳妥推进”的工作思路，强化工作措施，扎实推进改革工作。扬州市对“三资”进行了全面清理核实，摸清了农村集体经济组织家底。其以 2017 年 12 月 31 日为清查时点，共核查乡镇、村、组三级集体资产（不含全资企业类）128.15 亿元，其中经营性资产 50.98 亿元，非经营性资产 77.17 亿元；核查全资企业类资产 2.56 亿元，其中所有者权益总额 0.65 亿元。在资源性资产方面，核查集体土地 759.29 万亩，其中农用地 602.90 万亩。

二、农村集体资产管理和交易的主要做法

扬州市在农村集体资产的管理和交易上取得了较好成效，有一些经验做法值得参考。

（一）加强领导，编制方案

扬州市注重顶层设计，先后发布了与农村集体资产管理和交易相关的各类通知、方案和意见，提升了农村集体资产管理和交易的制度化水平。例如，下发《关于全面开展农村集体资产清产核资的通知》《农村集体资产清产核资操作流程》《扬州市农村集体资产流转交易环节操作规范实施细则》；印发《全市农村集体“三资”管理专项治理工作方案》《扬州市村集体经济组织财务预决算管理办法（试行）》等。各乡镇也根据省市文件制定了相应的工作方案，各行政村结合实际制定了具体实施办法，确保工作有序开展。

（二）大力宣传，开展培训

为全面强化农村集体资产的管理和交易，扬州市结合会议、培训、文化交流等活动，利用电视、网络等工具进行宣传，及时讲解资产管理和交易的政策和步骤，做到了政策宣传到位，干部和群众认识到位、参与到位。同时，扬州

市还组织各类培训活动，提高业务人员的专业水平。例如，举办市级农村集体财务与“三资”管理业务培训班，培训县、乡镇业务人员120名；举办市级农村集体产权制度改革暨农村产权交易业务培训班，培训县、乡镇相关业务人员122名。

（三）强化管理，公开财务

扬州市于2018年6月全面推广了农村集体财务与“三资”管理信息系统，采取了村账村记、乡镇在线督导的管理模式，实现了村级财务的即时记账、实时监管、公开透明，提高了村主办会计的业务水平，提升了集体“三资”管理的质量。同时，扬州市大力推进“e阳光”手机App，实现其与“三资”监管信息平台的融合，充分发挥手机App和网络操作平台的双重优势，以便捷化、及时化、信息化的手段推送集体财务相关信息，保证财务公开化。截至2019年年底，扬州市“三资”管理信息系统已录入基础数据近86.2万户，点击量83万多次，发布信息7.9万多条。

（四）优化结算，保障安全

根据江苏省农村集体“三资”管理专项治理的工作部署，为进一步规范农村集体资金管理，优化结算方式，提高财务透明度，扬州市于2017年11月制定《全面推行“村务卡”实行村级财务非现金结算的实施方案》，要求村务活动的日常开支均需通过银行转账或“村务卡”进行。在政策推动下，扬州市所有村（社区）都开设基本账户，全面推行“村务卡”制度。该项制度优势显著，村级财会人员在日常财务开支中不需要直接提取、保管或使用现金，保证了资金的安全运行，预防了腐败现象发生；也为村级财务的审核提供了有效支撑，实现了“在线审核、分级审批、实时高效、全程监督”的新型资金监管方式。截至2019年年底，扬州市累计发放“村务卡”1 868张，实现了村级全覆盖。

（五）完善体系，规范交易

2014年4月，扬州市人民政府印发《市政府办公室关于加快推进农村产权交易市场建设的意见》，提出要建立健全市、县、乡镇三级农村产权交易体系，规范农村产权交易服务，强化交易市场的标准化建设，实行农村集体资产流转进场公开交易。同年，扬州市陆续出台《扬州市农村集体资产交易管理暂行办法》《关于组织引导农村产权进场交易的指导意见》等，进一步对交易机构、范围、方式、程序、行为、争议处理等进行了合理修订。交易市场的建立对促进农村产权交易的公开公正，推动城乡生产要素的自由流动，优化资源配置和保障农民合法权益起到了重要作用。2014年7月至2019年年底，扬州市累计实现农村产权交易36 433笔、83.46亿元，溢价3.76亿元，溢价率4.5%，位居江苏省前列。

（六）双线督查，严格考核

为进一步了解农村集体资产管理和交易的工作进展，总结创新做法和典型经验，发现存在的问题，进而强化集体资产管理和交易的成效，扬州市开展了线上线下结合的双线督查。线上主要对农村集体财务与“三资”管理信息系统、农村产权交易信息服务平台进行督查，重点检查集体财务的预算、记账情况，合同资金的收缴、公开规范化程度等；线下主要对农村集体“三资”监管制度建设、实体市场、台账资料等进行督查，重点检查专项审计问题的整改情况，制度执行、市场建设情况，以及决策的民主、监督等合规情况等。同时，扬州市将督查结果纳入考核体系，如将农村产权交易工作纳入农业农村工作和县（市、区）党政正职的考核内容；还对农村产权交易考核中业绩显著的20个乡镇进行奖励。

三、问题和建议

扬州市在农村集体资产的监管、交易中存在两方面制约因素，需进一步提升。

（一）“三资”监管水平待提升

农村集体的“三资”监管离不开完备的制度设计和专业的人才队伍。虽然扬州市的“三资”监管水平整体较高，但仍存在两个制约因素。一是农村集体财务与“三资”管理信息系统的信息化和智能化水平待提高、债权债务管理等功能需进一步完善。二是“三资”监管基层业务人员的专业化水平较低，人才匮乏。

建议强化农村集体的“三资”监管。一是进一步完善农村集体财务与“三资”管理信息系统，提高系统的信息化、数字化、智能化水平。重点加强村级债权债务管理、农村集体产权交易、专项应付款管理等方面的建设，提升信息系统在便捷、公开、预警等方面的功能。二是加大对村主办会计等参与资产管理和交易业务人员的培训，提高“三资”管理的专业化水平。同时，加强对相关业务人员的考核和奖励，强化约束、提高激励，稳定专业人才队伍。

（二）集体资产流转交易的规范化待提高

扬州市的农村产权交易成效显著，但仍有三方面提升空间。一是产权交易的政策设计需进一步完善，应根据实践结果进行动态调整。二是农村产权的抵押融资发展相对较慢。三是产权交易服务需根据市场需求进一步优化。

建议规范集体资产的流转交易。一是完善政策设计体系。根据双线督查的反馈结果，结合最新情况和问题，及时修订《扬州市农村产权交易管理办法》，补充和完善交易机构、范围、方式、程序、行为、争议处理等内容，提高规范化、程序化、严谨性，更好地为交易双方服务。二是推进农村产权抵押融资。

在合法合规的情况下，稳步推进农村产权的抵押和融资，盘活农村集体资产，推动农村金融安全有序发展，为发展集体经济、发展农业现代化提供新动能。三是优化产权交易服务。以市场为导向，根据供需双方意愿，在公开公平公正的原则下实施农村产权交易的线上竞价，促进农村生产要素的合理流动，增加农村集体资产的收益。

农村产权交易市场建设

中国农村产权交易市场的演进历程与改革思路

一、引言

作为协调农村集体经济相关利益主体的边界，农村产权是一系列的制度和安排，它规定了农村集体资产属于谁、由谁经营、管理、监督，以及收益如何分配等，是农村生产关系的重要基石[1]。而农村产权交易市场是为农村产权流转和交易提供平台、场所以及其他配套设施和服务的有形交易场所或者无形网络，是农村资产实现资本化的重要环节。农村产权流转和交易起源于实践，因市场需求而自动出现和发展，而正规农村产权交易市场的设立和运行则是市场供求引发的诱致性制度变迁和政府主导的强制性制度变迁相结合。在农村集体产权制度演变的历史背景和自发市场交易的推动下，农村产权交易市场通过政策推动，设置改革试验区总结经验进行推广的途径，形成更有效率的市场体系，促进农村产权流转交易规范、公开、公平、公正运行，是集体所有制演进和产权制度改革的标志性成果，也是我国农村产权制度深化改革的重要引擎。伴随着产权制度改革的深入，农村产权交易市场不断地总结试点地区经验、推广示范经验、规范运行机制，盘活了农村“沉睡”资产，提高农民收入和农村集体资产保值增值，优化资源配置，繁荣农村经济，为农村“三变”改革、劳动力转移和新型城镇化创造了条件。从整体上看，农村产权交易市场改革是从民间自发到政府设立的规范化变革，从封闭式到开放式的渐进式变革，从线下有形交易到线上无形交易的技术性变革。但必须注意的是，我国农村产权交易市场改革起源于实践需求，理论准备不足，当前依然存在多重挑战。城乡一体化发展背景下，通过农村产权交易市场调整产权交易者市场关系和规范产权流转行为，是深化农村产权制度改革的重要主线，有助于生产要素自由流动和乡村振兴战略目标的实现。

二、农村产权交易市场改革的历史背景

作为一项调整农村生产关系的重要制度，农村产权制度构建了农村产权流转和交易的制度框架和行为逻辑。从单一产权、二元产权到多元产权，农村产权制度变革为农村产权流转与交易提供了制度空间和现实需求。

（一）新中国成立到20世纪70年代末的单一集体产权制度

集体产权（Collective property right）或“集体所有制”出自马克思主义经典作家，没有得到严格定义的概念，在中国实践中是许多产权结构形式的统称[2]。作为公有制的一种形式，集体所有制经历了互助组、初级合作社、高级合作社或集体农场3种不同组织形式，1962年《农村人民公社工作条例（修正草案）》的出台标志着人民公社制度的确立。人民公社时期，农村集体产权的所有权和经营权高度统一，在特定时期展现巨大的优越性，但难以对农业生产和监督活动形成正向激励，劳动者和监督者生产积极性下降，造成效率损失。这段时期的农村集体产权是由国家控制但是集体承受控制成果的一种制度安排[3][4]，其间不断涌现出地方政府和村集体应对中央控制的方法[2]，在不断重复博弈过程中，中央管理农村集体经济的费用逐年提升，1957—1961年和1972—1981年出现国家管理农村经济收益和费用的两次倒挂，第一次倒挂始于20世纪60年代初期，包括对人民公社制度框架大幅度调整和承认农民家庭经营在集体经济中的地位，第二次倒挂导致一种多种形式剩余权复合而成的新产权制度的产生[3][4]。

（二）家庭联产承包责任制为基础的二元产权制度

我国农村产权制度的起点是从土地集体所有权中分离出承包经营权，并将其物权化[5]。起源于安徽凤阳小岗村、以家庭联产承包责任制为代表的农村产权改革，实质为所有权的分割和产权结构的重建。在家庭联产承包责任制为基础、统分结合双层经营的制度框架下，农村土地集体所有权和农户承包经营权实现“两权分离”。自此集体资产大部分长期承包给农户经营，剩余部分由集体经营，由农户长期承包经营的集体资产所有权归属于集体，但是经营权和承包权则归于农户。“交足国家的、留够集体的，剩下的全部是自己的”的制度安排调动了农民生产积极性，解放了农村生产力，促进了农业产值增长、农村社会稳定、农民生活富裕，解放了劳动力的束缚，大规模劳动力流动开始于20世纪80年代后期，提高了国家城市化率。该制度安排也激励了新型农村集体经济的积极探索。1979年集资入股的社队企业已经出现，20世纪80年代后期，乡镇企业在农村发展起来[1]，之后集体所有制的存在范围、实现形式、产权结构等均发生深刻变化[6]，经济绩效和社会绩效显著。但是这段时期的产权制度分解程度较低，产权流转交易存在诸多限制，出现了土地流转不畅、土地

产权残缺、乡镇企业凋敝、集体经济衰败、股份制改革形式化等问题[7][8]。特别是中国改革进入深水区，聚焦“三农”问题，调整农村集体产权制度成为迫切要求。

（三）“三权分置”改革为基础的多元产权制度

农村产权改革实践探索快于理论研究、政策规范的速度。伴随着工业化、新型城镇化的加快，统分结合的双层经营体制和二元产权制度的正效应逐步释放殆尽，劳动力城乡流动和现代农业的规模经营要求进一步改革农村生产关系，解放生产力。《中华人民共和国物权法》（2007年）的正式出台为农地承包权和经营权的分权，以及农地经营权的流转交易奠定了法律基石。2008年10月，党的十七届三中全会明确“现有土地承包关系稳定并长久不变”，之后很多地方政府出台了土地流转的奖励政策，进一步推动了土地承包经营权的流转。2013年的《中共中央关于全面深化改革若干重大问题的决定》跳出传统集体产权制度的约束，进一步给农民赋权和放权，明确提出农村产权制度改革的任务要求。2014年起，全国29个省份布局农村集体产权改革试点工作。自2014年起，每年的中央一号文件均为农村集体产权制度改革指明了具体方向和重点。2018年12月29日修订的《中华人民共和国农村土地承包法》以立法形式将农地“三权分置”改革成果固定下来。

新一轮农村产权制度改革以集体资产股份权能赋能为目标，以土地确权和流转为核心，不改变农村集体所有制性质，着力于细分农村土地产权结构，实现所有权、承包权和经营权的分置，促进经营权流转交易，具有建立规模农业、绿色农业、科技农业和提升农业产业地位的优势，还能保障农民收入、改善农村农业生态，解决“三农问题”优势[9]；促进农村集体自治组织和集体经济组织的分离运作，通过划分社会自治与经济自治的二元领域，有效避免了“政经部分”的政经边界不清与侵权越权现象，形成“村两委”负责管理服务、“社长”负责集体经济的治理形态[10]。党的十八大以来，农村产权制度改革进程加快，农地确权登记颁证、集体资产清产核资、法人治理结构建立、集体经济有效实现形式探索、产权流转交易市场建设等方面均取得明显进展，保障了农民集体成员权力，提升了集体经济发展活力，释放了产权制度改革红利，拓宽了农民增收渠道[1][11]。

“三权分置”改革和“政经分离”奠定了农村产权制度改革的基础，但是此轮农村产权制度改革存在地域分布不平衡现象，截至2019年9月，产权改革覆盖3亿多集体成员，并且某些产权界定模糊、赋权不完整、股权量化不完善、要素流转不顺畅、交易成本高等问题依然突出，集体经济组织“政经分离”难以在两个组织之间达到平衡等[1][12][13]。

为了解决这些问题，可以借鉴成都、武汉等地的做法，探索建立农村综合产权交易所[14]。建立农村产权交易市场，是构建产权界定清晰、赋权完整、权责明确、流转顺畅的现代农村产权制度重要内容，也是巩固农村集体产权制度改革成果，赋予农民更多财产权力的重要保障[15]。

三、农村产权交易市场的演进轨迹与典型特征

（一）农村产权交易市场的演进轨迹

从整体上看，农村产权交易市场经历了从非正规到正规、从有形到无形、实践和政策交叉推动的渐进式改革进程。

1. 民间交易阶段：早期非正式的农村产权交易市场。实际上，非正式的农村产权交易市场一直存在，20 世纪 80 年代中后期，转包、出租、互换、转让等土地流转形式最早出现在 20 世纪 80 年代中后期，土地承包经营权流转形式萌芽在 90 年代初期[16]，90 年代中期的乡镇企业改制后，农村产权交易市场开始发育成长[17]。对于大多数民间交易而言，大多数交易双方来自农村熟人社会的邻里、亲属等，私下已经就流转方式、价格、资金支付方式等达成一致。对于这种分散自发的产权交易形式，大多数研究认为弊大于利，需要正规化[13]。农村产权交易市场正规化是我国市场经济发展的必然选择，也是深化我国农村产权交易制度的任务之一。

2. 正规的农村产权流转市场的初步建立：省（省会）级交易所建立。农村产权交易所的出现将农村产权交易进入规范交易阶段。20 世纪 90 年代曾出现过为乡镇企业产权交易服务的交易平台，早在 2004 年福建永安就成立了全国第一家林业要素市场。为响应党的十七大提出的深化农村综合改革的要求，2008 年全国首家综合性农村产权交易所——成都农村产权交易所设立。随后重庆、湖北等 14 家省级或者省会级综合性农村产权交易所相继成立。其间党的十七届三中全会明确“现有土地承包关系稳定并长久不变”，之后很多地方政府出台了土地流转的奖励政策，进一步推动了土地承包经营权的流转。这段时间，农村产权交易市场的出现主要以政策推动为主，主要集中在省级或者省会级层面上，以农村土地流转交易为主。学术界的研究重点也集中在农地流转交易以及相关的案例研究，大多以成都和武汉的农村产权交易为研究对象，存在角色定位不清晰、产权范围界定不明、交易流程不规范等问题[18]。

3. 农村产权交易市场“下沉式”发展：县级交易所建立。2012 年 5 月，利用国家农村改革试验区的契机，江苏省东海县建成全国第一家县级农村产权交易所。农村产权试点在县级层面展开交易，填补了省（省会）级高层交易与民间交易的断层[19]。2014 年的《关于引导农村产权流转交易市场健康发展的意见》，首次从国家层面对农村产权流转市场进行规范和引领。其间，农村产权市场在发展中逐步规范化，在“三农”中发挥了明显的促进作用，但是存在

各地一哄而上建设农村产权交易市场现象，遍地开花式的农村产权交易市场缺乏统一标准，信息共享程度低。

4. 农村产权交易市场综合式发展：多级协同交易服务体系的建立。2018年，天津农村产权交易所率先在全国省级层面建成市、区、镇（乡、街道）“三位一体”农村产权流转交易市场服务体系，开启了省域协同发展的序幕。历时五年，江苏省于2019年建成省、市、县、乡镇四级联动的产权交易信息平台，其中，省级平台承担全省范围的数据信息整合发布、综合监督；市级平台主要是管理监督和数据统计；县、乡镇两级服务平台长期根植农村、贴近“三农”、熟悉农情，是面向参与者的主要窗口。该服务平台将原先分散各地的自有网站统一纳入省级平台，在省级层面实现互联互通。通过制定和推广省级标准，江苏省在全省范围建成“统一平台建设、统一交易软件、统一信息发布、统一交易规则、统一文书格式、统一交易鉴证、统一监督管理”的标准化市场体系。

5. 线上和线下协同发展：高科技支持的无形市场出现。2019年12月26日，江苏省省、市、县、乡镇四级联动的产权交易信息平台启动线上交易。在线下平台建设基础上，增加线上交易管理、会员管理、资金管理和移动App等功能，增设线上交易项目发布、会员线上注册、线上缴款报名、线上竞价、资金线上划拨等模块。线上无形市场的启动，无论交易者身处何处，只要具备交易资格和满足交易条件，拥有交易客户端，就可以获得交易信息，和场内交易者同等地参与产权交易，从而降低交易成本和市场摩擦，扩大地域交易半径，降低交易成本。至此，农村产权交易市场形成有形市场和无形市场两种形态，实现了农村产权交易市场的一个突破。

（二）农村产权交易市场的典型特征

1. 准公共物品性质。2014年国务院办公厅出台《关于引导农村产权流转交易市场健康发展的意见》，这是产权交易市场标志性文件。根据该文件，农村产权交易市场的性质为非营利性机构，可以是事业法人，也可以是企业法人。从实践来看，政府承担了投资建设农村产权交易所的职责，企业法人单位的农村产权流转市场也是国企投资和政府为主。

2. 缺乏顶层设计和明晰理论指导。从农村产权流转交易市场产生来看，产权交易是从实践中自然而然产生的，具有自发性。实践推动政府进行制度创新，在政府行政指引下，农村产权交易市场经历了遍地开花、市场整顿、协同发展的变化，目前市场规范性不够，缺乏全国层面的设计和标准化，也缺乏深入的理论分析和总结。

3. 政府和市场的边界模糊。从目前的正规农村产权交易市场来看，政府是投资建设的主体，政府承担了产权确权、信息发布、资格审核、交易流程辅导、市场监督等多项工作，贯穿产权交易的全流程。工作任务重，基层工作人员少，尤其是缺少专业人员，这在一定程度上限制了市场机制的发挥，而且也降低了交易者参与的积极性，还极大增加了政府从业人员的从业压力。

四、农村产权交易市场演变的理论基础

（一）正规交易市场对非正规交易的替代

非正规流转交易市场起源于实践。20 世纪 80 年代开始，伴随着中国改革开放和户籍制度的松动，劳动力逐步从土地束缚上解放，剩余劳动力逐步从农村流动到城市，从农业转移到非农就业，农村就出现了转包、出租、互换、转让等多种土地流转形式。非正规的农村产权交易大多是私下协商流转、口头协议流转等方式，利用农村“熟人社会”的人际圈层对交易进行约束。非正规交易满足了土地经营权流转的需要，把农民从土地上解放出来，投入到非农产业就业，提高了劳动生产率，促进了经济发展和提高了农民收入。

非正规市场之所以活跃的原因之一是，熟人交易可以克服信息的不对称和交易对象的不确定风险，农村熟人社会的圈层可以保证合约的稳定性和可实施性，任何破坏交易规则的主体均可能会收到来自“圈层社会”的集体性惩罚，因此可以降低交易费用。

但是，非正规流转交易市场也存在缺点。由于交易半径小，局限在村级熟人之间，交易的约束力主要来自农村特有的圈层差序格局，民间圈层控制是传统的交易控制机制。在农村熟人社会中，小范围熟人之间（比如家人、亲戚、社区等）的信任度较高，而超出熟人圈层后的信任度极低[20]，传统的农村人际关系网络被广泛应用于产权交易中，人际关系的亲疏远近影响着产权交易的成功、成本、风险等。基于人际圈层的隐形信用可以在一定基础上替代市场机制的作用。虽然民间非正规交易会自然而然产生，但是由于天生的局限性，难以自发形成规范、有序的产权交易市场[19]，因此，伴随着农村产权交易规模的增加，基于人际圈层的隐形信用基础逐步削弱，这种分散自发的产权交易市场需要正规化。

相比较于分散的交易市场，正规的产权交易市场可以通过三个影响机制促进农村产权交易的发展。第一，信息共享。在较小的人际圈层范围内，农户在他认为合适的地点和时间，找到与之需求相匹配交易者的难度较大。正规的交易市场集聚了大量的产权交易者，汇集了大量的交易信息，交易双方可以在不接触、不认识的条件下获得所需的交易信息，从而可以在更大的交易范围内寻找到合适的交易对象，充分利用市场机制，进行资源匹配，获得一定的交易溢价。第二，风险控制。在非正规的产权交易市场中，由于缺乏相应的风险控制机制，产权交易风险主要依靠交易双方的“人际关系抵押”，人际关系的广度

和紧密度与基于人际关系形成的约束力呈反方向关系，而且一旦发生违约，损失难以弥补。而正规的交易市场有着完善的交易机制、风险控制机制，对于交易的事前、事中、事后都有相应的监控机制，事前的资格审查、保证金等保证了合格的交易者才有资格进入市场，事中规范的交易程序使得交易过程规范、公开、公平、公正，而事后违约事件发生后，会有相应的市场禁入等规定，这些均在一定程度上减少了交易违约风险。第三，标准化的市场交易体系。在非正规交易市场中，交易都是零散的，基本上不存在规范，交易成本较高。农村产权交易所模式将农村产权交易带入规范化、标准化管理阶段。当标准化的市场交易体系建立后，标准化的交易合约、交易流程和交易规则等，最大限度地降低了交易成本和市场摩擦，保证了交易效率。

（二）封闭式交易市场逐渐向开放式交易市场转变

农村集体经济是农民生存发展的重要保障，农村产权交易市场的变革和发展也反映了国家、集体、农民之间关系的变化和调整。在发展初期，产权交易市场的服务对象大多局限于本地（武汉农村综合产权交易所和上海农业要素交易所的定位为全国），交易半径小，且大多局限在集体组织成员内部，以农村土地经营权流转为主。但是在社会改革发展中，农村社会流动性加大，国家、集体和农民个体之间的关系逐步复杂，尤其是在“资源变资产、资金变股金、农民变股民”进程中，封闭式农村产权交易与“三变”之间的矛盾凸显，开放式农村产权交易成为必然的选择。

第一，突破地域限制，扩大交易半径，增强经济辐射力。农村产权交易所扩大了交易参加者的地域范围。由于信息传播范围有限，原有的产权交易大多发生在极小的熟人圈层中，抑制了市场供给和需求，进而抑制了产权交易价格。2004 年开始，虽然农村产权交易中心呈现遍地开花形式，各地纷纷建立省级、县级等交易所，但是由于信息统筹程度低，交易范围更多地局限在地域范围之内。天津市市、区、镇（乡、街道）“三位一体”农村产权流转交易市场服务体系和江苏省省、市、县、乡镇四级联动的农村产权交易服务平台的建立标志着在省级层面实现了产权交易联动和信息共享，产权交易市场开始突破地域空间限制，经济辐射力覆盖到省域范围。

第二，市场参加者由集体组织成员向社会组织开放。家庭承包经营制的实施开启了农村产权改革的序幕。伴随着改革的深入和市场经济的发展，农村产权交易所处的环境不断发生变化，农村产权交易自由逐步得到保障。“三权分置”完成后，农村产权流动自由进一步得到保障，农民可以根据自身意愿，按照交易规则，将农地经营权以承包、出租等形式转让给集体组织的其他成员，也可以转让给工商资本，获得较高的租金溢价。农村集体的建设用地、林地、水利设施以使用权投资入股、租赁等形式给家庭农场、合作社、农业龙头企业等。农村产权交易所市场向社会组织开放，增加了市场参与主体的多样性，提高了市场的广度和深入，刺激了产权需求，提高了产权溢价率，增加了农民的收益；进一步推动农村集体经济组织的“政经分离”，强化了集体经济组织和新型经营主体、工商资本的利益联结，保障了农民获得集体收益的权益。

第三，交易品种丰富，逐步实现全覆盖。农村产权交易所最早服务于农地的承包、转租等服务。例如，2008 年成立的成都农村产权交易所，建立了以农村土地产权交易改革为核心的“成都模式”，同年重庆市开展了以“地票”制度为核心的农村产权交易，2009 年的“武汉模式”在农用地流转融资方面有了突破。2014 年《关于引导农村产权流转交易市场健康发展的意见》出台，从政策上明确将交易品种扩展到 14 类。之后各地农村产权交易所按照国务院规定，将法律没有限制的品种逐步纳入交易市场进行流转交易。这丰富了市场投资工具，提高了产权交易的安全性、规范性和透明性，实现了市场价格机制的引导作用和资源的优化配置。

（三）充分利用现代信息技术，线下交易逐步向线上交易发展

以高科技信息技术为引擎，线上交易突破了原有线下交易的空间限制。无论交易者身在何处，只要符合交易所的身份要求和交易规范，只需要在客户端登录就可以参加产权竞价流程，极大地提高了交易的便利性和效率。2019 年 12 月 16 日 10 时，江苏省农村产权信息服务平台正式启动线上交易，首笔交易是金湖县农村产权交易中心的前锋镇淮胜村 331 省道西路边树木出售项目，这是江苏省省、市、县、乡镇四级联动服务平台建立后、首例线上交易项目。自此，在省、市、县、乡镇体系中，中国农村产权交易市场呈现出无形市场和有形市场两种形态。

农村产权线上交易的发展，第一，丰富了市场形式。高科技的迅猛发展和电脑、手机的普及，市场交易变得简洁高效，不需要固定的场所和设施，交易双方通过电信手段就可以完成交易，无形市场已经成为交易市场的重要组成形式。对于农村产权交易市场而言，虽然并不完善，还没有覆盖全国的产权交易市场，但是作为线下交易的重要补充，线上交易克服了线下交易的空间局限性，和线下交易一起构成了农村产权交易市场的主体。第二，增加了信息透明度。线上交易实现了信息共享和信息可追溯，保障了交易过程公平性，有利于提高交易者参加交易竞价的积极性，提高市场的参与度，促进市场价格机制的发挥和交易所健康发展。第三，克服了空间限制，进一步拓宽了交易地域范围。线上交易实现了农村产权交易的空间连贯性，交易者只要具有网络、手机 App，无论身处何地，均可以公开、公平、公正地参加产权竞价，节约了通勤成本，提高了交易效率。

五、推进农村产权交易所的重点任务和改革方向

（一）明晰产权

农村产权交易所是通过充分利用市场机制，实现农村资产的优化配置，是农村产权交易可持续健康发展的有效实现途径，其前提条件是明晰的产权关系。明确界定产权主要包括两个方面，一是确权。长期以来，农村资产存在规模不清、产权不明、利用率低等问题[21]。明晰农村产权就是农村资产资源确权登记，确权等级的核心就是针对农村集体经济组织的经营性资产，重点确定经营性资产的类别、范围、数量和折股量化到集体组织成员，颁发产权证，确定资产的产权边界，确保农村集体组织成员对于农村集体经济组织的“剩余索取权”，激励成员参与集体资产经营管理和监督。二是产权可流转交易的制度环境。以农地为例，经过三权分置改革，集体所有制下的农村土地的所有权、承包权和经营权是相互分离的，所有者、承包者和经营者均不具备完整的、不受限制的权能，因此需要以法律规范对产权进行明确的界定。否则会引起农地流转纠纷，影响产权市场发展。《关于引导农村土地经营权有序流转发展农业适度规模经营的意见》发布后，农村土地承包经营权确权登记颁证工作在全国展开，目前这一工作基本完成，为其他产权制度环境的完善提供了借鉴。

（二）建立和完善农村产权交易市场，提高规范化和标准化程度

目前，与农村产权制度改革尚处于探索起步阶段相关联，我国农村产权交易所处于遍地开花，但是基本上各地平台无序建设，各自为战、零星分散，缺乏国家及省级统一的交易平台，至多是联网共享，而且相关的交易规则也大多为“一地一策”，缺乏统一的、基本的交易规则，彼此之间信息共享程度不高。今后要彻底打通信息共享通道，破除信息孤岛和壁垒，在更大范围内打通产权受让方和出让方进行交易的“最后一公里”，为在更大范围内推进农村产权交易奠定平台基础。在充分考虑农村产权交易特殊性的基础上，统一信息发布和交易，推动产权交易阳光化。特别是规定农村集体产权全部入市交易，一方面能丰富市场交易品种，增加市场的广度和深度，另一方面能杜绝私下流转交易，防止集体资产流失，确保集体资产的保值增值。

（三）推动更多的农村产权“实质性”入市交易

虽然农村产权流转起源于农村实践，但是农村产权交易市场的建立更多地来自政府从上而下的政策推动。从实践来看，目前还有很多产权交易通过非正规产权交易市场进行。以农地经营权流转为例，根据农业农村部农村合作经济指导司的数据统计，2016 年发生在熟人之间的农地流转比例高达 55.18%。在江西、甘肃地区，约 95%和 85%的农地流转发生在亲戚之间，且 90%以上不具备书面合同[22]，中国农地流转的非正式特征显著[23][24]。因此，在政策推动

下，虽然农村产权交易所呈现遍地开花，但是熟人间的非正规市场依然具有普遍性，很多地方的农村产权交易所成交量小，存在性意义大于实质绩效贡献。因此，进一步推动更多的产权交易进入正规交易市场是今后农村产权交易市场需要努力的方向。

（四）明确市场与政府的边界

农村产权交易市场为公益性服务机构，大多依附于政府职能部门，在实际运行中主要依靠政府主导，前期审批由县、乡镇级农村产权交易所承担，农村产权的估价由农村产权交易所确认，并没有独立的中介机构，政府承担运动员和裁判员角色，承担了过多的职能，监管体系相对薄弱。在今后改革发展中，坚持自身性质，要有明显的政府行为和市场的边界。农村产权交易所是依靠财政支持开展市场中介服务的公益性机构。政府的重点在于确权登记、出资建设平台和监管。交易所对市场负责，需要保持独立性和中立性，客观进行前期资质审核，为交易双方、政府、涉农金融机构提供依据，但是农村产权交易所不介入价格形成过程。价格由供求双方决定，市场交易双发在既定的交易规则范围内，通过竞价确定成交价格。

参 考 文 献

[1] 高强，孔祥智．新中国70年的农村产权制度：演进脉络与改革思路［J］．理论探索，2019（6）：99-107.

[2] 党国印．论农村集体产权［J］．中国农村观察，1998（4）：1-9.

[3] 周其仁．中国农村改革：国家和所有权关系的变化（上）：一个经济制度变迁史的回顾［J］．管理世界，1995（3）：178-189.

[4] 周其仁．中国农村改革：国家和所有权关系的变化（下）：一个经济制度变迁史的回顾［J］．管理世界，1995（4）：147-155.

[5] 秦小红．西方财产权理论的谱系及其对中国农村产权制度改革的启示［J］．江西财经大学学报，2014（2）：113-119.

[6] 仝志辉，韦潇竹．通过集体产权制度改革理解乡村治理：文献述评与研究建议［J］．四川大学学报（哲学社会科学版），2019（1）：148-158.

[7] 张静．对现行农村土地制度的思考［J］．改革与战略，2006（6）：79-80.

[8] 王剑锋，邓宏图．家庭联产承包责任制：绩效、影响与变迁机制辨析［J］．探索与争鸣，2014（1）：31-37.

[9] 孙宪忠．推进农地三权分置经营模式的立法研究［J］．中国社会科学，2016（7）：145-163.

[10] 李博阳，吴晓燕．政经分离改革下的村治困境与生成路径［J］．华中师范大学学报（人文社会科学版），2019（11）：68-74.

[11] 项继权，李增元．经社分开、城乡一体与社区融合［J］．华中师范大学学报（人文社

会科学版)，2012 (11)：1-9.

[12] 仝志辉．村委会和村集体经济组织应否分设：基于健全乡村治理体系的分析 [J]. 华南师范大学学报（社会科学版)，2018 (6)：134-140.

[13] 王德福．农村产权交易市场的运行困境与完善路径 [J]. 中州学刊，2015 (11)：49-53.

[14] 农村集体产权改革和政策问题研究课题组．温州市农村产权制度改革：特点、问题与改革方向 [J]. 经济研究参考，2014 (27)：3-10.

[15] 宋洪远，高强．农村集体产权制度改革轨迹及其困境摆脱 [J]. 改革，2015 (2)：108-114.

[16] 林远，周相吉．土地流转市场将终结“无章可循”[N]. 经济参考报，2015-01-06 (001) .

[17] 叶兴庆，张云华，伍振军．农村产权流转交易市场：现状与问题 [J]. 经济金融观察：35-39.

[18] 陆剑，彭真明．农村产权交易的制度建构：基于成都、武汉农村产权交易所的实证研究 [J]. 农村经济，2010 (9)：12-15.

[19] 程欣炜，林乐芬．农村产权市场化创新机制效应分析 [J]. 华东经济管理，2014 (9)：7-13.

[20] 周天芸，周彤．中国农村人际圈层与抵押替代的实证分析 [J]. 中国农村观察，2012 (1)：46-52.

[21] 王永平，周丕东．农村产权制度改革的创新探索：基于六盘水市农村“三变”改革时间的调研 [J]. 农业经济问题，2018 (1)：27-35.

[22] MA X，HEERINK N，FENG S，et al. Farmland tenure in China：comparing legal，actual and perceived security [J]. Land Use Plolcity，2015，42：293-306.

[23] DEININGER K，JIN S. Securing property rights in transition：lessons from implementation of China’s rural land contracting law [J]. Journal of Economic Behavior & Organization，2009，70 (1)：22-38.

[24] WANG H，RIEDINGER J，JIN S. Land documents，tenure security and land rental development：panel evidence from China [J]. China Economic Review，2015，36：220-235.

农村产权交易市场省域整合的改革困境与路径选择

一、引言

农村资产难以进入市场自由交易，是长期制约农民增收、农业增长和农村发展的重要因素[1]。党的十八届三中全会明确提出“建立农村产权流转交易市场，推动农村产权交易公开、公正、规范运行”。2013 年习近平总书记在中央农村工作会议上指出：“要推动土地经营权等农村产权流转交易公开、公正、规范运行”。2014 年国务院办公厅印发《关于引导农村产权流转交易市场健康发展的意见》。农村产权交易市场的建设成为我国农村产权制度改革工作的重点任务，是推动农村资产资本化的重要保障。

农村产权交易市场是根据国家规定设立的、用于农村生产要素流动的有形交易场所或者无形网络，是产权交换关系、交易过程所具备的条件、场所等一系列要素的集合[1]。事实上，非正规的农村产权交易市场一直存在，20 世纪 80 年代中后期就出现了转包、出租、互换、转让等土地流转形式[2]。自 2008 年成都农村产权交易所成立以来，正规农村产权交易市场呈现遍地开花的建设态势，相关研究成果也日益丰富。现有研究主要集中在两个方面。第一，地区经验总结。农村产权流转交易起源于实践需求，在国家政策推动下，全国农村产权交易市场逐步形成三种模式：以成都、武汉实践为代表的省（省会）级模式[3-5]，以东海县、永嘉县等为代表的县级模式[6-7]，以天津市为代表的三级联动模式[8]。第二，探索农村产权交易市场的运行绩效和存在困境。农村产权交易市场营造了农村资产资本化的规范市场环境[9]，促进了农村产权流转与交易，激活了农村要素市场，优化了资源配置[10]；但是各地农村产权流转与交易市场建设处于起步阶段，总体上存在市场交易体量偏小、交易流程不规范、主体定位不清晰等问题[11-12]；处于一种“强政府、弱交易所”的监管体制中[10]，而地方政府构建的农村产权交易市场并没有取得预期效果，反而陷入低效运转和职能异化的困境[1]。综上所述，在国家政策和示范区带动下，农村产权交易市场取得了一定绩效，但建设成效在不同经济发展地区的差异较大，且大多采用立足本地、自我整合的发展模式，单兵作战特点明显，地域交易半径小，市场整合程度和标准化度低，信息壁垒问题突出，导致农村产权交易市场的发展严重滞后于实践需要。

江苏省历时五年多，2019 年建成“省、市、县、乡镇”四级联动的省域整合与线上交易的农村产权交易信息服务平台。作为全国农村产权交易市场的亮点工程，江苏模式实现了省域范围的规范化、标准化、信息共享和无形市场交易。课题组于 2019 年 12 月对江苏省农村产权交易信息平台进行深入调研，采取资料收集、实地考察、专家座谈等方法，同江苏省省级、市级、县级和乡镇级工作人员、经管站负责人、社区集体经济组织成员、普通农户、新型农业经营主体展开交流，深入了解江苏省农村产权交易信息服务平台的建设和运转情况。课题组希望对江苏省农村产权交易市场的实践成果、运行绩效和困境进行深入剖析，总结可推广、可复制的经验和启示，以期为全国范围内的农村产权交易市场建设提供借鉴。

二、省域整合和线上交易的江苏模式分析

作为农村产权交易市场建设创新之举，历时五年多艰难的整合时期，江苏省打破了以往遍地开花、上下级和地区间的信息割裂状态，构建了“省、市、县、乡镇”联动的省域整合和线上交易的农村产权信息服务平台：省级平台负责全省范围的数据信息整合发布、综合监督，市级平台主要是管理监督、数据统计，县、乡镇两级是面向参与者的主要窗口和服务平台。这是农村产权制度改革试验的重要成果。

（一）建设缘起

作为农村产权制度深化改革的重点工作，江苏省农村产权交易市场建设离不开“基层实践”和“政策推动”。2012 年东海县建成全国首个县级农村产权交易所，在总结东海试点经验基础上，2014 年将试点范围扩大到 20 个县，之后向全省推广，网上交易服务平台纷纷建立。但是由于缺乏“顶层设计”，平台建设各自为战，信息零星分散，难于共享和监管。

为了引导农村产权交易市场的规范运行，2014 年国务院办公厅印发《关于引导农村产权流转交易市场健康发展的意见》，对农村产权流转交易市场的指导思想、基本原则、定位和形式、运行和监管、保障措施等作出明确要求。江苏省委、省政府高度重视农村产权交易市场建设，省政府办公厅出台《关于促进农村产权流转市场健康发展的实施意见》，多次强调顶层设计、标准化建设和线上平台推进。

（二）指导思想

探索农村产权交易市场的新模式，首先需明确两个关键—“建设什么”和“由谁建设”。农村产权交易市场是客体，需要明确建设重点和特色；政府是建设主体，需明确政府在市场建设和运行中的角色。在明确这两点基础上，如何建设农村产权交易市场，就有明确的方向和根本的依据。

“建设什么”就是要回答建设客体相关问题，即要建设什么样的农村产权交易市场。要推进农村产权交易的规范、标准，需将原有的单兵作战、信息孤

岛向全省范围内规范标准、信息共享转变。由于长期缺乏国家标准和省级标准，农村产权交易市场存在多样性。一方面，不同地区的产权交易侧重点不同，发展阻力不同；另一方面，行政区域划分导致的垄断和封闭导致交易效率降低，达不到资源优化配置。与此同时，高科技发展为更高层次的信息共享提供了技术保障。建设省域整合和线上交易的农村产权交易市场，是解决现有产权交易市场发展困境，打通信息共享“最后一公里”的现实需求。

相比较于原有农村产权交易市场，省域整合和线上交易的农村产权交易市场具有特殊性：第一，省域整合是从整体性出发，要求各级交易市场纳入统一体系。整合原有产权交易市场，将面对复杂的现实情况，面临的阻力会大，需要充分发挥行政力量。第二，强调高科技的重要性，注重线上无形市场和线下有形市场的融合。

“由谁建设”是回答建设主体问题。基于《关于引导农村产权流转交易市场健康发展的意见》，农村产权交易市场坚持公益性为主，是政府主导、服务“三农”的非营利性机构，建设主体为政府。中国农村产权交易市场从一开始就是“自上而下”的诱导性制度变迁，政府介入是我国行政化方式配置“三农”资源的惯性。一方面，从行政管理视角看，在全省范围内进行农村产权交易市场的规范和标准，需依赖政府力量，在长期实践中，政府积累了丰富经验；另一方面，从农村产权交易市场的非营利性，决定了政府才有充足的建设激励。

（三）建设模式

省域整合。江苏省农村产权交易信息服务平台采取集中建设、分级使用、数据共享、综合监督的建设模式。服务平台共包括交易管理、网上交易、抵押融资、交易统计、预警监管、互动管理、网站管理等模块。委托南京南大尚诚软件科技有限公司负责平台开发工作，省级平台启动后，东海、高淳等的原有自行开发网站，也都统一融合到该平台，打通了原来割裂的地区间信息孤岛，实现了省域范围的资源整合。

制定标准。在各地有形产权交易市场基础上，经过艰难的整合时期，制定《场所建设与管理》《服务通则》《集体经营性资产交易服务规范》《农村小型公益性失业建设项目交易服务规范》《农村养殖水面承包经营权交易服务规范》五项省级标准，最终形成了“统一平台建设、统一交易软件、统一信息发布、统一交易规则、统一文书格式、统一交易鉴证、统一监督管理”的标准化市场体系。标准化的服务体系具有较好的信息连通性，有助于实现信息跨地区、跨层级的联动，便于后期平台的建设和服务接入。

启动线上交易。在统一融合原有平台基础上，增加线上交易管理、会员管理、资金管理和移动 App 等功能，构建无形市场体系，突破空间限制，实现全省产权交易全流程线上操作，节约交易成本，提高交易效率。

该模式注入了更多的来自省级的行政力量和来自政府的发展支持，解决了交易市场一体化在资金、人才、技术等方面的先天不足。

（四）管理模式

江苏省农村产权交易服务平台由省农业农村厅直接领导和运作，具体工作由省级农业农村厅下属的参公事业单位——江苏省经管站牵头，依托各地有形的农村产权交易市场为服务主体，由政府出资建设和负责日常维护。

在管理权限上，经管站在全省部署下参与分级管理。省级负责系统后台维护、全省范围的信息整合发布、指数编制、综合监督等。市级平台主要是管理监督、数据统计。县、乡镇两级是市场中介服务的主要提供者，参与交易的全流程，任务相对较重。

（五）技术支持

经过评审委员会综合评审，南京南大尚诚软件科技有限公司负责开发农村产权交易信息服务平台。该项目通过江苏省采购中心，以招标方式，省经管站撰写招标文献，商家承包技术设计方案，最终南京南大尚诚软件科技有限公司竞标成功。为了做好顶层设计，省委负责人及南京南大尚诚软件科技有限公司多次赴东海、高淳、江都等实验地区调研和沟通，这种技术和实践紧密对接的合作为统一平台运行提供了便利。建成后进行的多次技术培训，均由南京南大尚诚软件科技有限公司负责。

（六）优势与绩效

江苏模式强调省域整合，“自上而下”给予产权平台建设和维持人财物的支持。在管理上，依靠经管站统一管理服务平台，保证专业性；在规范上，通过五项省级标准，建成标准化市场体系，破除信息壁垒，缩减信息沟通成本；在技术上，依靠专业技术公司维护平台运转，保证安全性。据统计，截至2019年12月，该服务平台已经覆盖109个涉农县（市、区）的1 200个乡镇，累计成交40多万笔，成交金额超过1 027亿元，溢价约34亿元，农地经营权流转1 200多万亩，农地经营权抵押融资约8 700多笔，贷款金额近62亿元。

平台充分利用高科技打通产权平台和交易者的“最后一公里”，实现线上交易，突破空间限制。2019年12月16日线上交易正式启动，首笔线上交易项目“江苏省金湖县淮胜村331省道西路边树木出售”于上午10时在金湖县农村产权交易中心展开线上竞价成交。线上交易启动后，服务平台实现了线上和线下交易融合，为平台参与者提供了免费的一站式产权交易服务，进一步推动了农村产权交易市场的发展。

总之，省域整合和线上交易的江苏模式建成了“省、市、县、乡镇”四级联动的农村产权交易市场体系，分工明确，职能清晰，破除了信息壁垒，实现了信息的省级共享；在原有交易模式基础上，增设了线上交易模块，线上交易和线下交易相融合，提高了交易效率；充分发挥市场机制的资源配置功能，提高农民收入，保证了农村集体资产的保值增值；实现了农村产权交易的“阳光化”，破解了私下交易“看不见”难题。

三、农村产权交易市场发展的现实约束和路径选择

江苏省在农村产权交易市场建设取得了显著成绩，但是实地调查显示，依然存在一些问题，主要表现在以下四个方面。第一，市场广度不够，部分新型经营主体和农户的入场积极性不高；第二，交易客体结构不平衡，虽然设有14类产权，但是大多集中在农地经营权流转和农村集体产权交易；第三，资源整合不到位，存在多头管理、上下衔接不顺畅；第四，政府与市场的界限不清，具有很浓的行政色彩。

（一）制约农村产权交易市场发展的因素

农村产权交易市场存在的问题可以被归结为四个方面因素的制约：一是农村熟人社会特性，二是外部环境的制约，三是“自上而下”政策诱导导致的强政府、弱市场，四是交易市场发展新阶段的必然挑战。

1. 农村熟人社会的制约。中国农村是典型的乡村社会和熟人社会，农民作为最基本的行为单位，由远及近，置身并活动于亲人社会、熟人社会、产权交易市场等外部环境中，形成“圈圈涟漪”。该外部环境也会不同程度反作用于农民个体，因此，农户进行产权流转，更容易发生在农村熟人社会中，通过私下协商、口头协议流转等方式达成产权交易。基于农村熟人社会的人际关系形成的隐形信用可以对交易双方进行约束。这种非正规交易大多交易半径小，依靠交易双方的人际关系质押约束交易风险，往往交易达成比较简单、快捷。而对于正规交易平台而言，一般手续复杂，交易成本高，时间相对较长，在没有政府强制的情况下，自然而然存在民间私下流转，尤其是一些规模小的流转交易更容易发生在交易平台之外。

2. 外部环境的制约。第一个制约来自集体所有制的制度约束。作为一种公有制的形式，人民公社制度确立标志着集体所有制建立，集体所有制是社会主义制度安排下的财产权利，具有“宪法秩序”的意义[12]，它保护了农业发展和农民权力，但是同时也对农村资产流转从制度上做了限制。以宅基地使用权流转为例，即使宅基地可以流转给别人，但是接收方须为集体组织成员，因为宅基地是农民从集体组织那里获得的福利，所有交易不能超越集体边界。这就限制了宅基地使用权的流转行为和交易价值。第二个制约来自农村产权制度。伴随着农村集体经济的政社合一、统分结合、“政经分离”等演变脉络，农村集体产权制度经历了单一产权阶段、二元产权阶段和现在的多元产权阶

段[13]，产权制度的演进为农村产权交易市场的改革创造了制度空间，但是顺畅的农村产权流转前提是产权明晰。虽然我国一直推进农村资产确权工作，也取得了很大成绩，尤其是在农村土地所有权、承包权、经营权的“三权分置”方面，但是现阶段依然存在农村资产规模不清、产权不明、利用率低等问题[14]，尤其是农村集体经营性资产的清产核资、折股量化等工作，还需要进一步推进[15]。第三个制约来自农村资产的自然属性。根据相关规定，农村土地经营权、宅基地使用权、林权、集体资产、水利设施等均可以进行流转交易，但是实际上入场交易的种类非常集中，这与农村资产的自然属性相关。以农地经营权流转为例，“三权分置”改革和修改的土地管理法为农地经营权流转创造了条件，但是由于农地细碎化经营和正规交易市场相对复杂的交易程序导致普通农户的农地流转大多通过私下进行。第四个制约来自农村劳动力市民化的推进缓慢。自 20 世纪 80 年代后期，农村劳动力开始大规模向城市迁移，是中国城镇化进程的主要推动力，但是候鸟式迁移特征显著，由于户籍等多方面因素的影响，农村移民的市民化改革进入深水区，进展缓慢，城市打工、农村种地的“半工半耕”模式将在未来很长一段时间内存在。农村产权是进城农民工的重要保障，从农民自身而言，保留耕地、宅基地等资产，即使进城失败，还可以返回乡村，农村产权被视为兜底的社会保障；从集体、社会而言，保留农村产权，让农民拥有选择“是否退回农业和农村”的权力，有助于社会稳定。

3. “自上而下”政策诱导性的建成体制。第一，农村产权交易来自实践，但是农村产权交易市场却是政府“自上而下”推动建成的。从 2008 年的成都产权交易所开始，以产权改革试验区方式推动正规农村产权交易市场的建立和发展，这就决定了农村产权交易市场先天性的“弱市场、强政府”，政府在市场发展中起了重要的推动作用。并且为了活跃市场交易，地方政府采取各种行政措施，如江苏省专门制定文件，推动农村集体产权全面入场交易。“自上而下”的政府推动促进了农村产权市场的快速建立和经验推广，但是也忽视了产权交易的实际供求因素影响，市场价格形成机制、信息传递机制等功能没有得到充分发挥。第二，“自上而下”的省域整合带来的“点”与“网”对接。原来各自为战的“点”存在路径依赖，为了推动各地交易市场的发展，各地出台了适应性文件，当对接省级平台，会存在标准和规范不一致问题。此时行政力量推进平台的嵌套就显得尤为重要，这种方式简单高效，但也同时加大了政府对市场的影响。第三，政府出资建设和维护平台，进一步强化了行政色彩。由于农村产权交易市场的性质为非营利性组织，信息共享平台的建设经费和日常运转经费来自政府财政。例如，江苏省级信息服务平台由政府出资 349.8 万元建设，日常的维护由经管站负责。

4. 市场转型的必然挑战。要整合农村产权交易市场遍地开花、各自为战的碎片化局面，将各地原有平台嵌套入标准化的信息交易平台，省域整合重在“整合”二字。来自省级的部署和下级的支持都是极为重要的。这会给地方政府和基层组织带来新的治理挑战。

第一，省域整合会带来管理职能部门的利益冲突。部分乡镇农村产权交易工作不愿调整到农经部门，怕失权失利；有的虽然进行职能调整归位，但影响了其他部门既得利益，导致其他部门质疑农村产权交易的合法性；个别领导以公开竞价影响稳定为由，不让农村集体产权进场交易；个别领导以参加竞价的意向受让方不够多名义，要求农村产权市场中止交易；个别乡镇领导不让收取违约保证金等。

第二，平台日常管理和运行需要专业人员。省级整合和线上交易的系统平台必然要求从业人员技能的提升，然而目前工作人员多为兼职，专业素养难以完全适应和胜任工作要求，部分工作人员缺乏学习，对农村产权流转交易程序不熟悉，审核交易材料不严格，把关不到位，流转交易信息发布不及时，不督促及时签订交易合同，致使市场矛盾产生。

第三，市场参与者的挑战。据了解，在实际流转交易中，转让方进场交易意识不强，尤其是农村集体经济组织。受长期传统习惯的影响以及私下流转的便利性，部分农村集体产权流转选择非正规市场，同时也有部分集体经济组织负责人担心失去权力以及相应的利益，大多不选择入市交易。而且即使农村集体产权进场交易，依然存在负责人试图控制交易过程，阻挠正常市场交易，甚至拒绝承认入市交易结果。某些意向受让方干扰竞价交易进程。一些地方意向受让方在竞价过程中相互妥协、恶意报价，对价格实现机制形成干扰，扰乱了农村产权市场正常秩序。

（二）完善农村产权市场的路径

建设农村产权交易市场，既要认清产权交易的价值和意义，更要充分认识产权交易市场发展面临的约束，遵循经济发展规律，采取有针对性的完善措施。

1. 加强制度保障，推进体制改革。第一，完善相关制度。按照新修订的《中华人民共和国农村土地承包法》《关于引导农村产权流转交易市场健康发展的意见》以及地方相关条例，修改完善相关制度以及相关法律法规体系，促进更多的农村产权交易阳光化。第二，推进体制改革。合理分权，完善组织架构和服务平台建设，确保权责分明，各司其职。构建完善的市场监管体制，明确政府的监管职能，及时向监管部门通报不规范行为。加强与中介机构的合作机制，特别是与律师事务所、资产评估事务所的沟通与合作机制，确保产权交易依法依规运行。配合金融机构，积极推进金融创新，有序推动“产权-鉴证-抵押”融资服务模式。

2. 明确建设目标，建立健全服务平台功能。要进一步明确省域整合和线上交易的内涵和意义，明确“建设什么”“为何而建”“由谁来建”，最终做到“建之有物”，避免“姿态性融合”。其次，夯实实体服务平台。按照统一标准，加快推进市、县、乡镇农村产权交易实体市场规范化和标准化建设，重点配备交易大厅、固定窗口、洽谈室、办公室、档案室、电子显示屏等相关设施。第三，做细信息平台。省、市、县、乡镇各级均须安排专人负责平台维护、信息的收集、发布和分析，同时各级政府应着力改善平台的建设和维护投资，为产权交易提供安全、环保、便捷的生态环境。第四，主动服务基层。乡镇级农村产权交易市场要定期、适时派专人查看辖区内集体经济组织的财务和“三资”台账，督促集体经济组织完成清产核资工作并安排进场交易。

3. 专业人做专业事，淡化行政色彩。为更好地发挥市场运行效果，政府专注服务功能，银行管理交易资金，平台完成中介职能，价格交由市场决定。遵循简政放权原则，发挥政府的服务型功能，政府负责出资建设和维护信息服务平台，制定市场交易规则，承担组织协调、政策制定职责，对市场进行指导和监督。虽然来自政府的支持能够从顶层设计、体制、人才、财政、建设场所或者网络等方面，为市场整合、线上交易的工作提供必要的支援，但是政府应该理顺上下级、部门间的职权关系。银行管理资金，根据资金第三方托管原则，商业银行管理平台交易资金，平台管理人员负责协助市场参与者在商业银行开户等业务。作为产权交易的中介机构，平台负责资质审核、交易管理、预警监管、信息发布、指数编制、交易结算等工作，并进行鉴证服务，为政府支农资金发放、金融机构提供抵押贷款提供依据。交易主体可以选择线上或者线下交易的方式参与产权交易，转让方和受让方以协商、拍卖等多种方式确定交易价格，但是平台不参与市场竞价过程。

4. 加强宣传引导力度。人才困境是各级农村产权交易市场建设中的共性问题，县、乡镇两级的人才需求更为迫切。但是从实际情况看，难以短时间内引进高质量人才，加强对现有人员培训、协同各方人员是切实可行的、符合实际的建设方案。第一，组织开展培训。加强对农村产权交易市场工作人员的业务培训，提高服务平台线上和线下的操作能力。举办乡镇领导干部农村政策培训班等，使其深入了解农村产权入市交易的政策、目的、意义以及标准化交易程序。第二，注重宣传典型。表彰在农村产权交易市场建设中出现的优秀单位，在新闻媒体及其客户端广泛宣传经验和做法，让相关机构、部门、交易主体等更加深入地接受和认可农村产权交易市场，提高普通农户、新型农业经营主体参加正规产权交易市场的积极性。第三，加强针对性指导服务。对于农村产权交易相对滞后的乡镇，主动上门宣传政策，培训交易程序，规范交易行为，提高交易入场比例。如果当地缺乏相关专业人员，市县农村产权交易中心上门提供帮助服务，助其开展交易。

四、基于精准发展视角的模式推广

省域整合和线上交易的江苏模式反映了农村产权交易市场的现实需求和发展趋势，契合了国家的指导意见。事实上，农村产权交易市场遍地开花，规范性差，且各地农村产权制度改革推进程度不同，很难有一套完全适用于全国的建设方案，各省份农村产权交易市场也处于不断探索过程，各省份应该根据实际情况，进行精准施策。本文介绍了江苏省农村产权交易市场的最新模式，提炼出江苏模式的优点、不足和改善措施，试图以精准发展的视角为各省份农村产权交易市场的融合发展提供经验和借鉴。

（一）交易市场“形同虚设”的省份：全省部署，从无到有

业务量少、缺乏实际市场运营是部分省份农村产权交易市场面临的困境。对于这些省份而言，应抓住当前全国产权制度改革带来的农村产权交易市场建设机会，加大省级层面的部署和支持，重在推进。省级政府做好全省顶层设计和宏观部署，明确全省整合、线上交易的内涵和外延，省、市、县、乡镇层层推进，明确和分解建设的目标和任务；给予充足的政府财政支持，尤其为经济发展基础比较薄弱的地区提供必要的建设资金；统一规划，强化规范和标准化市场体系建设；理顺各级交易市场利益关系，解决发展中存在的矛盾。

（二）县级交易市场为重心的省份：设定统一标准，加强执行力

对于主要在县级建立农村产权交易市场平台的省份而言，下一阶段的首要任务就是制定全省顶层设计，做好标准化市场体系规划。在充分考虑现存交易市场布局的情况下，加快建设全省范围的组织架构和服务体系，包括人员配置、机构设置、经费来源等，其次要进行各级网络平台载体的建设，这两项工作可以同时进行。县级农村产权交易市场现存的交易体系以及因地制宜制定的交易规则等，是制约全省整合产权交易市场建成的障碍。要实现真正的省域整合，关键在于标准化市场体系的建设执行情况，这就需要政府行政力量的推动和政府人财物的支持，同时加强对标准化市场建设进度的控制和建设成果的评估。

（三）省（省会）级交易市场为主的省份：从上到下，发挥辐射带动作用

对于农村产权交易市场主要建设在省（省会）级城市的省份而言，则需要在本省实践基础上，综合考虑本省经济发展和农村产权制度改革的情况，制定本省的总体建设思路，充分发挥前期建设经验和辐射带动作用，从上到下，发挥各级政府的主动性和执行力，以建设主体和运营主体的态度，推动农村产权交易标准化市场体系的建设和运行。一方面，省级相关职能部门组建领导小

组，做好顶层设计和向下推动的工作，并采取多种方式宣传省（省会）级产权交易中心积累的经验；另一方面，要做好职能分工和组织架构。省级平台专注于全省平台的建设和维护、市场预警与监管等，将数据收集整理、部分监管职能分权给市级平台，产权交易中介职能下放到县和乡镇平台。合理分权是建设和运营中的关键所在，这就需要在规划阶段，预判可能存在的矛盾，增加顶层设计的前瞻性和计划性，理顺组织构架和健全体制机制。在长期的建设和维护中，要加大培养专业人才的力度，让专业化理念、服务理念植根于农村产权交易市场建设和发展进程中。

五、小结

农村产权交易市场建设并不是一蹴而就的，也并不存在适用所有省份的“万能模板”。省域整合和线上交易的江苏模式也是江苏省根据自己的实践和实际情况而做出的尝试。各省份在农村产权交易市场的过程中，需要结合自身已有的市场建设情况、农村产权制度改革进展情况、实际经济社会情况和农村产权流转交易需求等，选择适合自身的农村产权交易市场建设和维护方式，用精准发展的眼光推动本省份农村产权交易市场的发展和完善。

参考文献

[1] 王德福．农村产权交易市场的运行困境与完善路径［J］．中州学刊，2015（11）：49－53.

[2] 林远，周相吉．土地流转市场将终结“无章可循”［N］．经济参考报，2015－01－06（001）.

[3] 秦仕魁，唐鹏程．浅谈农村产权交易在乡村振兴中发挥的作用［N］．企业家日报，2019－09－20（005）.

[4] 汪薇，刘彩霞．武汉农村综合产权交易所的经验与启示［J］．科技创业月刊，2010（7）：24－25.

[5] 刘恒．成都市农村产权交易所运行机制解析［J］．内蒙古农业科技，2011（4）：1－2.

[6] 程欣炜，林乐芬．农村产权市场化创新机制效应分析［J］．华东经济管理，2014（9）：7－13.

[7] 陈美球，廖彩荣，朱美英．创新产权交易模式，激发资源活力［J］．中国土地，2019（7）：49－50.

[8] 张凯，王菲．天津农交所实施“市-区-镇”三位一体农村产权交易体系运行模式［J］．产权导刊，2018（3）：56－59.

[9] 吴群．农村产权交易市场发展若干问题思考［J］．现代经济探讨，2014（10）：41－43.

[10] 陆剑，彭真明．农村产权交易的制度建构：基于成都、武汉农村产权交易所的实证研究［J］．农村经济，2010（9）：12－15.

[11] 高强，孔祥智．新中国70年的农村产权制度：演进脉络与改革思路［J］．理论探索，2019（6）：99－107.

[12] 史卫民，孟存鸽．农村产权交易市场监管的对策建议 [N]. 陕西日报，2019-11-01 (011)．

[13] 陈军亚．产权改革：集体经济有效实现形式的内生动力 [J]. 华中师范大学学报（人文社会科学版），2015 (1)：9-14.

[14] 宋洪远，高强．农村集体产权制度改革轨迹及其困境摆脱 [J]. 改革，2015 (2)：108-114.

[15] 王永平，周丕东．农村产权制度改革的创新探索：基于六盘水市农村“三变”改革时间的调研 [J]. 农业经济问题，2018 (1)：27-35.

江苏省构建“标准”四级联动助力线上交易信息服务平台的探索与实践

加快农村产权交易市场建设，盘活“沉睡”资源，对于推进农村产权合理流转、保障农民和农村集体经济组织财产权益等具有重要意义。习近平总书记在2013年的中央农村工作会议上指出：“要推动土地经营权等农村产权流转交易公开、公正、规范运行”。2014年，国务院办公厅印发《关于引导农村产权流转交易市场健康发展的意见》，对农村产权流转交易市场的指导思想、基本原则、定位和形式、运行和监管、保障措施等作出明确要求。从目前实践来看，农村产权流转交易市场建设处于起步阶段，存在市场规模不大、交易流程不规范、主体定位不清晰等问题，需要进一步加快探索创新步伐。

为深入贯彻中央和省委、省政府关于深化农村产权改革的决策部署，落实中央农村工作会议和全国农业农村厅局长会议部署，江苏省历时五年多开发的省、市、县、乡镇四级联动的农村产权交易信息服务平台，起草了农村产权交易《信息平台建设与维护》《服务通则》2项国家标准和《集体经营性资产交易服务规范》等5项省级标准，并于2019年12月16日启动线上交易，首笔线上交易项目“江苏省金湖县淮胜村331省道西路边树木出售”于上午10时在金湖县农村产权交易中心展开线上竞价成交。江苏省对农村产权交易市场顶层设计和标准化建设进行的有益探索，形成有形市场和无形市场两种形态，服务14类产权类别，值得我们总结和思考。

一、基本情况

2019年12月16日，江苏省省、市、县、乡镇四级联动的农村产权交易信息服务平台开启线上交易，走在了全国的前列。该平台面向所有的农村产权所有者、新型农业经营主体，提供免费的一站式产权登记、审核发布、项目推介、信息发布、组织交易、资金结算、交易鉴证等服务，形成了全省规则统一、公开透明、服务高效、监督规范的交易体系，推动了农村产权交易阳光化。

(一) 设立

农村产权交易市场是江苏省推动农村产权制度改革试验的重要成果之一，也是深化农村产权制度改革的必要前提。设立过程可以分为四个阶段。

第一，东海县试点。2012年东海县建立了全国首个农村产权交易所。第二，扩大试点范围。2014年，在总结东海试点经验基础上，将试点范围扩大到 20 个县。第三，全省推广。根据国务院办公厅国办发〔2014〕71 号和省政府办公厅苏政办发〔2015〕13 号文件精神，按照省委一号文件和省委常委会重点工作任务分解的要求逐步向全省推广。第四，线上交易。2019 年 12 月 26 日，江苏省农村产权交易平台线上交易启动，实现了交易项目发布、会员注册、缴款报名、竞价、资金划拨等全流程线上操作。

截至 2019 年年底，该平台已经覆盖全省 109 个涉农县（市、区）、1 200 个乡镇，累计完成交易项目超 40 万笔、交易金额超 1 027 亿元、溢价金额超 34 亿元、流转土地超 1 200 万亩，农村土地经营权抵押融资 8 700 多笔、贷款总金额近 62 亿元。

总之，江苏省农村产权交易信息服务台采取集中建设、分级使用、数据共享、综合监督的建设模式，委托南京南大尚城软件科技有限公司开发建设全省统一网络平台，将原先各地自有网站统一纳入省级平台，形成了“统一平台建设、统一交易软件、统一信息发布、统一交易规则、统一文书格式、统一交易鉴证、统一监督管理”的标准化市场体系。

（二）性质

农村产权交易信息服务平平台是为农村各类产权流转提供综合服务的平台。截至调研日期，江苏省农村产权交易信息平台包括线上和线下交易两种形态，存在农户承包土地经营权、农村养殖水面经营权、“四荒”使用权、林权、农村集体经营性资产、农业生产设施设备、小型水利设施等 14 类类别，国家文件中规定的 8 类均有对应，各地根据具体情况，交易品种也会有所不同。服务对象以农户、新型农业经营主体、农村集体经济组织为主，江苏省实现了“农村集体资产交易全部入市”，保障集体资产交易全部在阳光下运行，维护集体利益。

（三）组织架构

江苏省农村产权交易信息服务平台由省、市、县、乡镇四级构成。省级平台承担全省范围的数据信息整合发布、综合监督；市级平台主要是管理监督和数据统计；县、乡镇两级服务平台长期根植农村、贴近“三农”、熟悉农情，是面向参与者的主要窗口和服务平台的重要组成部分。各级产权交易中心（交易市场）具有独立的交易场所，部分是事业法人，部分是企业法人，均要求坚持公益性，主要作用是引导、规范和扶持农村产权流转交易市场发展。交易中心版权归江苏省农业农村厅、江苏省农村综合改革领导小组办公室（以下简称综改办）所有，具体工作由省农业农村厅下属的参公事业单位江苏省农村合作经济经营管理站承担。

（四）服务平台交易模块

线上交易启动后，服务平台共包括交易管理、网上交易、抵押融资、交易统计、预警监管、互动管理、网站管理模块（表1），用户还可以通过手机客户端完成交易。

表1　服务平台模块简介

模块类别	模块内容
交易管理	产权管理、公告发布、报名管理、交易竞价、缴款退款、合同管理、鉴证管理、综合管理等
网上交易	会员管理、交易项目管理、交易监管管理、交易项目档案等
抵押融资	抵押登记管理、解押和违约审核、档案管理、统计查询等
交易统计	按地区统计、按品种统计、地区同比环比、品种同比环比、按行政级别统计、按交易主体统计、综合查询统计等
预警监管	预警规则设置、预警信息管理、预警督办管理
互动管理	项目咨询管理、政策法规咨询、投诉建议、意向转让申请、意向受让申请
网站管理	新闻稿件、超链接稿件、上级信息等

二、主要做法

近年来，随着农村产权交易需求日益增长，江苏省在坚持公益性、公开公正规范、因地制宜、稳步推进等原则基础上，总结各地试点经验，以农村产权交易领域中发布的信息平台建设与维护、服务通则2项国家标准和集体经营性资产交易服务规范等5项省级标准为指引，以农村产权流转交易国家标准化试点为样板，加大政府财政投入，在试点基础上建立的四级联动农村产权服务平台，走在了全国前列。具体做法如下。

（一）制定国家标准和省级标准、出台顶层设计

自2014年起，江苏省加大顶层设计力度，起草了农村产权交易《信息平台建设与维护》《服务通则》2项国家标准和《场所建设与管理》《服务通则》《集体经营性资产交易服务规范》《农村小型公益性失业建设项目交易服务规范》《农村养殖水面承包经营权交易服务规范》5项省级标准。

《信息平台建设与维护》共分7章，从范围到规范性引用文献、术语和定义、总则、技术要求、功能要求、运行要求方面提出农村产权流转交易信息平台建设目标和举措，厘清信息平台建设的细节。

《服务通则》共分11章，包括范围、规范性引用文件、术语和定义、基本要求、服务机构、服务人员、服务内容、服务流程、服务要求、档案管理、服务评价与改进，为农村产权交易信息平台服务和管理工作信息化提供了支撑。

5项省级标准均由江苏省农业农村厅提出并归口。《场所建设与管理》

（DB32－T3576—2019）规定了农村产权交易场所建设与管理的相关要求，适用于县、乡镇两级农村产权交易场所的建设和管理。《服务通则》（DB32－T3577—2019）适用于以农村产权为服务内容的产权交易服务。《集体经营性资产交易服务规范》（DB32－T3578—2019）适用于农村集体经营性资产交易服务。《农村小型公益性事业建设项目交易服务规范》（DB32－T3579—2019）规定了村级小型公益性事业建设项目的服务流程和要求、服务评价与改进。《农村养殖水面承包经营权交易服务规范》（DB32－T3580—2019）规定了农村养殖水面交易的服务流程和要求、档案管理以及服务监督与持续改进等内容。

（二）启动线上交易，打造无形市场

经过多方调研，委托南京南大尚城软件科技有限公司开发建设全省统一网络平台，打通信息沟通壁垒，于2019年12月16日，江苏省省、市、县、乡镇四级联动的农村产权交易信息服务平台开启线上交易。线上交易在现有平台的产权交易、信息服务、数据统计、交易行为监管等功能基础上，增加线上交易管理、会员管理、资金管理和移动App等功能，增设线上交易项目发布、会员线上注册、线上缴款报名、线上竞价、资金线上划拨等模块，产权交易参与方可以“只跑一趟、甚至不跑”就可以参与产权交易。

通过从线下到线上，从有形市场到无形市场的转变，农村产权交易流程缩短，交易效率提高，交易成本降低，资金结算高效、快捷、安全，农村产权流转交易达到交易公平、公正、规范，助力归属清晰、权能完整、流转顺畅、保护严格的现代农村产权制度的建立和农村基本经营制度的稳定。

（三）制定标准化的交易流程

江苏省农村产权交易信息服务平台采取集中建设、分级使用、数据共享、综合监督的建设模式，委托南京南大尚城软件科技有限公司开发建设全省统一网络平台，将原先各地自有网站统一纳入省级平台，制定标准化的交易流程：

第一，和银行达成协议，实现资金的第三方托管，由江苏银行实现平台投标保证金、履约保证金、合同款等交易资金的管理、对账及提供支付结算服务。

第二，在银行开户。以县（市、区）农村产权交易服务中心为单位，统一在江苏银行开设农村产权交易中心实体账户，由银行根据平台业务规则进行划拨。

第三，会员缴纳保证金、合同款等。会员可通过刷卡等方式缴纳相应款项，所有缴纳的保证金及合同款等由支付渠道清算至各级交易中心在江苏银行开立的账户后，由江苏银行根据支付渠道及平台对账文件进行账账对账及账实对账，保障支付流、信息流和资金流的一致性。

第四，退还保证金。交易竞价结束后，未竞价成功的需要退还保证金，退款时，由各级交易中心工作人员根据业务规则确认可退款时，在农村产权交易平台统一发起，由江苏银行控制并实现资金退还会员原支付账户。

第五，合同款项缴纳。所有产权交易项目在竞价结束，成交方所缴纳的投标保证金自动转为履约保证金。剩余合同款在完成结果公示、合同生成审核后，在转出方与受让方正式签订合同前，需按照合同约定，将剩余应缴纳的合同款统一转入每个项目所在的县（市、区）农村产权交易服务中心实体账户，农村产权交易服务中心在确认交易资金到位后，组织双方签字，并出具农村产权交易鉴证书。鉴证书出具完成后，各级交易中心通过产权交易平台向江苏银行发起转账申请，并将相应合同款项支付给转出方。

（四）加强标准化的市场监管

第一，推动农村集体产权交易的“阳光化”。严格执行“农村集体资产资源流转全部进场交易”的规定，改善以往村镇集体擅自违纪违规处置集体资产的状况。江苏于 2015 年 3 月下发《省政府办公厅关于促进农村产权流转交易市场健康发展的实施意见》（苏政办发〔2015〕13 号），明确规定农村集体资产流转必须进入市场公开交易。在符合国家相关政策前提下，开展网络竞价交易、资金网上支付和划拨，打造“互联网＋产权交易＋移动支付”服务平台，提高交易效率和透明度，实现集体资产的保值增值。

第二，编制指数，加大政府引导力度。每月、每季度、半年度、每年分地区、分交易品种进行统计，每季度发布农村承包土地经营权转让交易综合指数以及农村耕地经营权、农村养殖水面经营权、“四荒地”使用权等品种的转让交易价格指数，指导全省各地各类承包地有序规范、合理流转，提升农村产权交易信息服务水平。

第三，实施全过程监管。服务平台在尽量实现简洁易用的同时，完整地覆盖到了农村产权交易的全过程。在意向报名时，提供严格的市场准入审查，确保不合规、不诚信的个人或单位无法进入市场交易；组织工作中，对招标、竞价的全过程进行详细记录，确保交易过程的合法性，也便于实时预警和事后监管。

第四，实施资金第三方监管，加大风险管控。遵循平台管交易、银行管资金的总体原则，在省委、省政府的工作指导下，2019 年年初，江苏银行与农业农村厅签订战略合作协议，由江苏银行为江苏省农村产权交易服务平台提供用户实名认证、账户及资金管理、支付结算、短信服务等综合服务，助力平台搭建线上线下支付能力，专项管理平台交易资金，全面提升客户交易体验。

（五）完善市场预警机制

第一，加大预警监管。根据业务时效、数据完整、交易价格、合同期限四个方面设置预警规则，分别设置省级预警阈值、市级预警阈值，县、乡镇两级可以根据需要设置预警阈值，各业务办理人对接受的预警督办信息进行处理。

第二，增设价格预警机制。按月、季度、年等生成不同区域范围内各类农村产权种类及不同交易方式的平均成交价格，对于成交价远低于平均价的项目进行预警；建立交易操作规则，针对市场风险、信用风险、操作风险和道德风险建立防控体系，实现产权交易和风险管理同步开展。

三、工作成效

线上交易启动后，江苏省省、市、县、乡镇四级联动的农村产权交易信息服务平台实现了线上和线下交易融合，为平台参与者提供了免费的一站式产权交易服务，推动农村产权交易市场“阳光化”发展。

（一）四级联动，破除信息壁垒，实现省级共享

省、市、县、乡镇四级联动的信息服务平台分工明确、职能清晰。省级平台承担全省范围的数据信息整合发布、综合监督；市级平台主要是管理监督和数据统计；县、乡镇两级服务平台是面向参与者的主要窗口。经过五年多的整合和实践，服务平台整合打通各地的信息孤岛，将全省各地的信息纳入统一的平台，实现农村产权交易信息的一处登记、全省发布、规范交易、科学决策，达到全省范围内农村产权交易信息的互通、互认和共享，建立全省农村产权交易信息的巨大数据库，为各类农村产权的规范化、市场化流转提供丰富的服务功能支撑。

（二）线上和线下融合，提高交易效率

农村产权交易平台拟在原有交易模式基础上，增设在线交易服务渠道，利用线上交易高效、快捷、公平、公开等优势特点，实现简洁易用的同时，完整地覆盖产权交易全过程，让参与方可以“只跑一趟、甚至不跑”就可以全程参与农村产权交易的全过程，利用信息化及综合支付服务，让会员足不出户就能参与竞价，提高竞价效率，降低交易成本。

（三）充分发挥市场机制，提高农民收入

服务平台主要采取公开拍卖、招标、招租、发包等市场交易方式，充分发挥市场竞争机制在资源配置中的决定性作用，最大限度地体现了农村产权的市场价值，最大限度地盘活了农村资产，实现了农村产权收益最大化和农民增收。以扬州市农地经营权流转为例，2017 年 4 月，宝应县氾水镇牌坊村杨家岭 262 亩农村承包土地经营权流转 6 年，底价为每年 550 元/亩，实际成交价达到每年 830 元/亩，亩均增收 280 元，溢价 44 万元，溢价率达 50.9%。

（四）农村集体资产全部入市交易，实现保值增值

江苏省于 2015 年 2 月下发《省政府办公厅关于促进农村产权流转交易市场健康发展的实施意见》（苏政办发〔2015〕13 号），明确规定农村集体资产

流转必须进入市场公开交易。启用平台后，服务平台严格执行“农村集体资产资源流转全部进场交易”的规定，以开展农村集体“三资”监管专项整治为契机，针对农村产权交易方面存在的问题，通过组织自查自纠、制定实施方案、开展集中整治等系列措施，及时发现和纠正农村集体“三资”管理工作中政策规定执行不严格、监管不到位等薄弱环节，推动农村集体资产资源进程交易，摸清农村产权“零交易”乡镇和“零交易”村底数并分析原因，逐村排查，分类推动，经历了从难到易、由主动到被动的进程，实现了从强制入场到主动交易的转变，增加了村集体收入，实现了集体资产的保值增值。

（五）产权交易阳光化，破解私下交易“看不见”难题

在启用平台前，农村产权交易大多私下“点对点”完成，容易滋生暗箱操作。而通过服务平台公开、公平、公正的交易运作，规避了以往产权交易的乱象，防止了低价交易，避免了集体财产流失，维护了农民合法权益。同时，资金由银行管理，所有平台交易资金在银行集中进行管理，提升了平台交易资金流向的透明度，防范了串标围标、暗箱操作、资金挪用等风险。因此，通过平台全流程覆盖和银行管资金，能实现农村产权交易阳光操作，更好维护农民群众的合法权益，减少一些不必要的纠纷。

四、经验总结

经过大量调研论证研发后，自 2014 年 10 月起，历时五年多，江苏省打造了覆盖省、市、县、乡镇四级的农村产权交易信息平台，将全省农村产权交易放在同一个平台，并实现了线上交易。分析江苏省农村产权交易信息平台，我们可以得到以下经验启示。

（一）做好顶层设计是推动农村产权交易的前提条件

2014 年 12 月，国务院办公厅发布的《关于引导农村产权流转交易市场健康发展的意见》从总体要求、定位和形式、运行和监督、保障措施四个方面规范了农村产权流转交易市场。2015 年 2 月，江苏省政府办公厅发布了《关于促进农村产权流转交易市场健康发展的实施意见》，紧密结合实际，从重要性、总体要求、运行体系、组织领导四个方面提出实施意见。经过多方实地调研论证，江苏省起草了农村产权交易《信息平台建设与维护》《服务通则》两项国家标准和《集体经营性资产交易服务规范》等五项省级标准，这为稳步推进省、市、县、乡镇四级联动的农村产权交易信息平台奠定了制度基础和提供了标准规范。

（二）标准化平台是市场规范有序运作的可持续保障

农村产权交易具有种类多、技术含量高、风险大等特点，缺乏统一标准的平台会增加运营成本，信息共享程度低会造成各地市场独自运行，形成信息孤

岛，不利于发挥价格机制的引导作用。江苏省通过制定国标、省标，建立省、市、县、乡镇四级联动的产权交易信息平台，可以依托现有产权交易平台的专业人才和硬件资源，避免由于信息系统和交易规则不统一而造成成本高、风险大等特点，充分发挥信息服务平台的作用，提高市场交易规范化水平。

（三）政府扶持是推动农村产权交易的基础保障

一是制度保障。随着《关于促进农村产权流转交易市场健康发展的实施意见》等文件相继出台，江苏省委农工办、省农委（省农业农村厅）、省综改办、省信息中心等多方联动，协同推进信息平台建设。省委任振鹤副书记 2019 年赴常州视察武进区农村产权交易所、吴政隆省长 2018 年赴淮安视察金湖县农村产权交易中心，省纪委蒋卓庆书记对农村产权交易市场明确提出实现在线交易的要求。2019 年 12 月 16 日，省农业农村厅许善平副厅长亲自主持线上交易启动仪式。省经管站定期举办农村产权交易信息服务提升培训，讲解服务平台模块建设内容。

二是明确平台主体和职责。农村产权交易服务平台是政府职能的延伸，应践行政府赋予的职责，由省级平台统一指导各级交易中心的建设和运行，制定专业规范的制度流程，促进市场规范化运作，市级平台负责辖区内数据管理、信息发布和市场监管，县、乡镇两级平台是面向市场参与者的主要窗口，负责资格审核、产权管理、交易管理等。

三是专项资金支持。服务平台为非营利性组织机构，60％以上的农村产权交易中心为事业法人，应由政府安排专项资金用于省级服务平台的建设、运行和维护。江苏省级信息服务平台采取集中建设、分级使用、数据共享、综合监督的建设模式，省政府出资 3 498 000 元委托南京南大尚城软件科技有限公司建设农村产权交易信息平台的提升建设。

（四）线上和线下融合是农村产权交易市场的发展趋势

现在是信息时代，在推动农村产权交易中，采用“线上＋线下”“无形市场＋有形市场”的模式，让信息多跑路，交易参加者少跑路，甚至足不出户就可以参与市场交易，使得市场资源得到有效整合，实现农村产权交易方与市场的有机对接，突破空间限制，推动参与方及时掌握市场动态，提高市场参与度和溢价率，发现和提升农村产权的市场价值。

（五）平台管交易、银行管资金，专业人做专业事

服务平台负责产权交易。农村产权交易涉及内容广泛，包括产权确定、资产的评估、交易过程规范、资产鉴定等诸多内容，具有很强的专业性和政策性。江苏省农村产权交易服务平台归口于省经管站，该单位于 2001 年在南京挂牌，主要经营开展农村合作经济经营管理，深入了解农村实际情况，长期负责全省“三农”工作。

江苏银行负责资金管理。根据平台管交易、银行管资金的原则，江苏省农业农村厅和江苏银行签订战略协议，由江苏银行管理平台交易资金。江苏银行和县（市、区）级交易中心签订账户服务协议并组织辖区内各级交易中心集中培训。

五、今后努力的方向

作为“多层次资本市场”的组成部分，农村产权交易市场在乡村振兴中有很大的作为空间，在省委、省政府支持下，江苏省建成了省、市、县、乡镇四级联动的农村产权交易信息服务中心，并启动了线上交易，实现了线上、线下交易的融合，走在了全国的前列。但是还存在一些问题，有待于进一步完善。

（一）建立健全服务平台功能

建立健全农村产权交易中介服务体系，鼓励和引导法律、评估、拍卖、招投标、担保、公证等专业中介服务机构为农村产权交易提供法律咨询、产权评估、公开拍卖、交易公证等配套服务；促进各金融机构与农村产权交易市场的有效合作，有序推广“交易—鉴证—抵押”的服务模式，创新农村融资模式，开展农村土地经营权、农民住房财产权、农村集体经济组织股权等农村产权抵押融资试点，创新农村金融产品，为“三农”提供灵活、便利、优惠的金融服务。

（二）加大市场监管、健全风险防控体系

农村产权交易市场的健康发展事关农村改革稳定大局，对于提高农民收入和农村集体资产的保值增值具有重要意义，构建农村产权交易市场监管体系是保证产权交易市场良好运行的关键，今后需要进一步健全产权交易市场法律法规体系、明确行政部门监管职能、加强行业自律，并建立退出机制，需将法律、行政、行业、市场等手段结合起来提高市场监管职能。

江苏省扬州市“标准化”产权交易体系盘活农村“沉睡”资源的做法与经验

2014年以来，扬州市按照中央、省关于深化农村产权制度改革和规范农村集体“三资”管理的要求，以省农村改革试验区建设为契机，深化农村产权制度改革，采取切实措施全力推进农村产权交易市场规范化、标准化建设，在全省率先建成市、县、乡镇三级农村产权交易市场服务体系和市、县、乡镇三级农村产权交易信息服务平台体系，起草制定了农村集体经营性资产交易服务规范江苏省地方标准，申报的农村产权流转交易服务标准化试点项目通过国家标准管理委员会的实地检查考核，以优秀等次顺利通过验收。作为江苏省农村产权交易市场的试验区，扬州市的实践值得我们总结和思考。

一、基本情况

（一）建设历程

第一，学习探索阶段。深入学习中央、省关于深化农村产权制度改革文件精神，组队到武汉农村综合产权交易所考察学习，积极探索农村产权交易的新模式。

第二，建成苏中地区首家农村产权交易中心，积极在全市推进。2014年4月，江都区农村产权交易市场率先建成，市政府在江都召开现场推进会，各地积极推进农村产权交易市场建设。

第三，率先在全省建成市、县、乡镇三级农村产权交易市场体系。2014年，建成全省首个市、县、乡镇三级农村产权交易市场体系，获得全省农村改革创新成果奖。

第四，率先建成全省市、县、乡镇三级农村产权交易信息服务平台体系。2015年，率先在全省建成市、县、乡镇三级农村产权信息服务平台体系，获得市委、市政府工作创新奖。2015年制定的乡镇农村产权流转交易考核办法被省委农工办转发，供各地学习借鉴。

第五，制定交易标准。2016年11月，扬州市江都区被正式列入全国第二批农村综合改革（农村产权流转交易服务）标准化试点，承担农村产权流转交易（集体经营性资产交易服务规范）江苏省地方标准立项起草制定工作，为全省农村产权交易提供江都实践，2019年4月底正式发布实施。2019年8月，江都区承担的第二轮农村改革试验区（农村产权交易标准化建设）改革试验任务顺利通过省级专家组验收。2019年11月13日，江都区申报的农村产权流转交易服务标准化试点项目由国家标准管理委员会委托省内外专家进行实地检查考核，以优秀等次顺利通过验收。

（二）交易体系架构

2014 年以来，扬州市在全省率先建成市、县、乡镇三级农村产权市场体系，并在实践中逐步完善和发展。市级农村产权交易中心依托扬州产权综合服务市场组建，指导、督查各县（市、区）农村产权交易中心开展交易服务，并为邗江区、广陵区及各功能区的农村产权交易提供全程服务。县级农村产权交易中心由江都区、宝应县、高邮市、仪征市等组成，负责本辖区范围内的产权交易。乡镇级农村产权交易中心（站）依托各乡（镇、街道）的农村土地流转服务中心等交易平台设立，在市、县两级农村产权交易中心指导下，负责本区域内农村产权交易信息的收集整理、业务咨询、信用评估、交易报批材料的初审、矛盾的协调处理以及职权范围内的产权流转交易。各行政村配备 1 名兼职农村产权交易信息员，具体负责交易信息的收集、整理、上报工作。自 2015 年年底开始，全市所有 85 个乡（镇、街道、开发区）均建有农村产权交易市场并投入运营。

二、主要做法

（一）强化组织领导

扬州市农村产权交易中心从开始就得到了市委、市政府相关领导的重视和支持。2014 年，市政府丁一副市长带队赴武汉农村综合产权交易所考察学习，详细了解农村产权交易情况，要求全市各地学习借鉴武汉经验，尽快建立农村产权交易市场，积极探索农村产权交易的新模式。2014 年 4 月，江都区农村产权交易市场率先建成，市政府在江都召开现场推进会，市政府丁一副市长到会讲话，要求各地积极推进农村产权交易市场建设。2014 年 9 月市政府成立以丁一副市长任组长的农村产权交易管理领导小组，统筹指导、协调全市农村产权交易工作，并在市委农工办设立办公室。各县（市、区）也相应成立了农村产权交易管理领导小组及其办公室，负责本辖区内农村产权交易市场的指导、管理和监管工作。2017 年农村集体资产流转交易工作被列入市委、市政府《2017“三直接”十大环节操作规范》，有力推动了市、县、乡镇三级农村产权交易市场公开、公正、规范、有序开展交易，防止违规暗箱操作。

（二）出台政策文件

扬州市及各县（市、区）制定出台了一系列意见和办法。市政府、市农村产权交易管理领导小组和市委农工办下发了《关于加快推进农村产权交易市场建设的意见》《关于组织引导农村产权进场交易的指导意见》《扬州市农村产权交易管理暂行办法》《扬州市农村土地承包经营权流转交易暂行办法》《扬州市农村集体资产交易管理暂行办法》《扬州市农村集体经济组织“四荒地”经营权流转交易暂行办法》《关于农村产权进场交易有关事项的处理办法》《扬州市乡镇农村产权流转交易考核办法》《关于进一步规范农村土地经营权流转市场交易行为的通知》和《扬州市农村集体资产流转交易环节操作规范实施细则》10规范性文件，对全市农村产权交易必须遵守的原则、交易方式及程序、交易行为及监管、争议处理及责任追究等事项作出明确规定，为各类农村产权规范交易提供制度保障。

（三）完善服务机制，规范交易行为

扬州市农村产权交易始终坚持依法依规、公正透明、严谨有序。一是规范交易准备。农村集体产权的转让均要经本集体经济组织成员（代表）大会表决同意后方可进场公开交易；农村集体产权转让价格的制定，坚持以农村经营管理部门或具有资质的资产评估机构的评估值为依据；转让价格未经评估或低于评估值的，要经本集体经济组织成员（代表）大会同意。二是规范交易流程。各级产权交易市场严格按照交易程序进行操作，既防范了交易风险，又增加了交易透明度，改变了过去交易过程相对随意的现象，保障了农村集体经济组织及其成员权益。三是规范信息公开。农村产权交易信息除在信息平台上进行发布外，同时还要在产权转让方所在的村、组张贴公示，接受社会监督。

（四）拓展交易服务范围，提升交易成效

为促进更多农村产权交易进入信息平台，扬州市在做好农村集体产权九大类常规项目基础上，不断加大宣传引导和培训，拓展交易服务范围。一是组织开展培训。通过举办乡镇领导干部农村政策培训班等，大力宣传农村产权流转交易政策，加强对农村产权交易市场工作人员的业务培训，提高操作能力。二是注重宣传典型。对在农村产权交易市场建设过程中涌现的优秀单位，进行表彰奖励，在新闻媒体上广泛宣传，让相关部门、服务机构、交易双方等真正接受和认可农村产权交易市场，让农户、农民合作社、家庭农场、涉农企业等农村产权主体积极参与交易。三是加强指导服务。对农村产权交易相对滞后的乡镇，主动上门宣传政策，帮助他们理清交易程序，规范交易行为，加快交易进度。对操作人员缺乏的乡镇，市县农村产权交易中心帮助服务上门，帮助开展交易。

（五）加强督查考核

农村产权交易工作被纳入全市农业农村工作和县（市、区）党政正职考核内容。采取线上线下考核同时进行：线上着重对各地农村产权交易信息平台发布的通知公告、成交公告等内容进行监管。每季通报一次农村产权流转交易情况，主要通报各县（市、区）的交易量、交易额、在全省排名以及所辖乡镇产权交易市场的交易情况，推进农村产权交易应进必进，各级农村产权交易市场争先进位、比学赶超。线下重点督查县、乡镇农村产权交易市场建设是否符合“八有”（有制度、有人员、有场所、有设备、有牌子、有台账、有信息服务平台、有档案）要求，交易程序是否规范、交易合同是否签订、交易资料是否及时整理归档等。每年年底在全市组织开展乡镇农村产权交易市场建设及成效情况考核评比，对 20 个业绩显著的乡镇农村产权交易市场进行表彰奖励。

三、工作成效

扬州市在农村产权交易体系和交易平台取得了突破，推动农村资源要素合理流动、优化配置，促进了农村集体“三资”保值增值和农民增收。

（一）交易稳步增长

一是交易规模逐年增加。表 1 汇总了 2014 年以来扬州市农村产权交易的数据统计。自 2014 年以来，全市农村产权实现流转交易 34 971 笔、交易额 81.45 亿元，交易笔数从 109 笔增加到 13 310 笔，增加了约 121 倍，成交额从 0.6 亿元增加到 18.12 亿元，增加了约 29 倍。

表 1　2014—2019 年扬州市农村产权交易情况

年份	交易笔数（笔）	成交额（亿元）
2014	109	0.60
2015	3 000	11.54
2016	3 255	13.00
2017	5 524	16.56
2018	9 773	21.63
2019	13 310	18.12
合计	34 971	81.45

二是交易品种逐步增加。农村产权流转交易品种拓展到农村承包土地经营权、农村集体养殖水面经营权、涉农建设项目、资产所有权使用权、林地使用权、林木所有权、“四荒地”使用权、生产设施设备、水利设施 9 个品种。

（二）“三资”管理加强

一是“三资”台账全面建立。各村按类别建立农村“三资”管理台账，全面反映农村“三资”基本情况，实行承包、租赁经营的，还登记承包或租赁单位（人员）名称、承包或租赁期限、承包费或租赁金、资金收缴情况以及记账凭证号码等情况，及时记录农村“三资”增减变动情况，做到数据真实、家底透明，确保账实、账账相符。

二是资产资源权属得到明晰。各类农村产权所有权流转交易，转让方需严格按照《扬州市农村产权交易管理暂行办法》等规定提供由产权行政主管部门出具的权属证明材料；农户承包土地经营权、房屋使用权、养殖水面经营权、“四荒地”使用权、林地使用权等流转交易，可由乡（镇、街道）有关产权行政主管部门或乡镇人民政府（街道办事处）出具权属证明材料。

三是资产资源监管更加透明。通过推进农村产权流转交易，使部分村集体经济组织原先未进行公开交易的资产资源逐步纳入农村产权交易市场进行交易，增加交易管理透明度。

（三）土地经营权流转增速，农民收入提高

交易系统正式运行以来，农村承包土地经营权流转交易规模大幅度提升。截至 2019 年年底，农村承包土地经营权流转 10 578 笔、流转面积 107 万亩，合同交易额 48.01 亿元，交易溢价 1.21 亿元（江苏省农村产权交易信息服务平台从 2016 年开始统计交易溢价）。案例：2017 年 4 月，宝应县氾水镇牌坊村杨家岭 262 亩农村承包土地经营权流转 6 年，底价为每年 550 元/亩，实际成交价达到每年 830 元/亩，亩均增收 280 元，溢价 44 万元，溢价率达 50.9%，农民收入有了实实在在地提高。

（四）集体资产实现保值增值，集体增收节支

2016 年以来，全市农村集体经济组织的资产资源交易溢价约 16 700 万元，村均增收 15.3 万元；涉农资金项目交易溢价约 7 732 万元，村均节支 7.1 万元。案例：市经济技术开发区扬子津街道二桥社区一经营性资产对外招租，底价 42 万元，通过公开竞价，最终以 92.9 万元成交，年增收 50.9 万元，溢价率近 121.2%。

江都区仙女镇同桥村一事一议奖补项目徐厦组道路工程，村里委托第三方预算造价为 26.69 万元，参加投标单位有 24 家，最后中标价 20.82 万元，节省支出 5.87 万元。江都区农村产权交易中心将仙女镇樊套村仙城学生公寓楼 250 台空调采购项目纳入市场，采取公开竞价方式，三家公司报名参与竞价，最终成交价为 2 500 元/台，比市场价减少 250 元/台，降幅达 9.1%，节约支出 6.25 万元。

（五）干群关系和谐

农村集体经济组织在开展农村产权交易前，必须取得成员代表会议表决通过，解决了少数人说了算的问题；通过农村产权交易信息服务平台多方征集意向受让方，解决了资产资源租赁发包优亲厚友、私下交易等问题；在村务公开栏发布交易公告和成交公告，保障了农民群众的知情权和监督权；成交合同由农村产权流转交易市场提供规范版本，减少了合同不规范问题，避免了村集体经济组织和受让方矛盾纠纷；产权交易产生溢价惠及相关农户，促进了农民增收；农村产权交易规范化维护了群众合法权益，促进了党风廉政建设，干群关系进一步和谐，农村社会进一步稳定。

（六）工作业绩显著

2014年，扬州市率先在全省建成市、县、乡镇三级农村产权交易市场体系，获得全省农业农村改革创新成果奖。2015年，率先在全省建成市、县、乡镇三级农村产权交易信息服务平台体系，获得市委、市政府工作创新奖。2016年，扬州市农村产权交易位列全省市级综合考评第一名；6个县（市、区）全部位列全省县级综合考评前30名，占全省县级先进集体总数的18%，居全省第一，其中江都区位列全省县级综合考评第一名；17个乡镇位列全省乡镇级综合考评前60名，占全省乡镇级先进集体总数的28%，居全省第一。县、乡镇两级共获得省级奖励资金232万元。2017年，在全省农村产权交易工作综合评比中，扬州市列全省第四位，江都、宝应、高邮3个县（市、区）列全省前30位，13个乡镇列全省前70位，争取省级财政资金155万元。2018年，在全省农村产权交易工作综合评比中，江都、宝应、高邮3个县（市、区）列全省前30位，其中江都区的交易量位列全省第一，争取省级财政资金163万元。

四、经验和启示

分析扬州市市、县、乡镇三级农村产权交易体系，我们可以得到以下经验启示。

（一）制定系统完善的农村产权交易政策

政府应该继续完善促进产权交易市场完善的政策体系搭建，以促进更多的农村产权交易从“私下活动”进入平台交易。同时政府应该着力改善农村产权交易实体平台的基础设施建设和加大信息服务平台的软件维护投资，为产权交易提供安全、环保、便捷的外部生态环境，扫清产权进平台的政策障碍。

（二）加大政府扶持力度

一是加大政府专项资金扶持力度。农村产权交易中心是非营利性机构，具有公共物品属性，具有很强的外部性和非竞争性，资金主要来自政府专项资金。二是配置专业人员。农村产权交易中心归属于参公单位的农经站，工作人员长期从事“三农”工作，熟悉农村产权交易程序，能够适应和胜任工作要求。

（三）协同推动线上和线下市场建设

一是夯实线下实体平台。各地产权交易机构既有产权交易所需的场所、设备等硬件资源，又有长期产权交易经验和专业人才储备，要推进各地产权交易，需依托现有资源，针对农村产权交易特点，逐步加快推进农村产权交易实体市场规范化建设。

二是做细线上信息平台。线上信息服务平台利用互联网等信息科技手段，让信息多跑路，让参与方少跑路，提高交易效率，降低交易成本，是农村产权交易市场的重要组成部分和发展趋势。安排专人负责农村产权交易信息服务平台维护，收集整理相关农村产权交易信息，及时在信息平台发布；同时，对本地区农村产权交易情况进行分析，为领导决策提供参考。

（四）加强宣传引导，激发内在活力

一是组织定期培训，尤其是面向乡镇领导干部和基层工作人员的培训，切实认识到农村产权交易的目的、意义和价值，提高从业人员的业务能力。二是注重典型宣传，推广典型做法，让更多的市场参与方认可和接受农村产权交易市场，积极参与市场交易。三是主动加强指导，对于农村产权交易进展相对落后的地方，要积极协助，解决实际困难，帮助开展交易。

（五）加强多方协作，推动市场健康运行

一是加强与监察部门协作。在按季通报农村产权流转交易情况的基础上，及时向监察部门通报不按规定开展农村产权交易，干扰、妨碍农村产权正常交易等不规范行为。二是加强与中介机构协作。特别是加强与律师事务所、资产评估事务所等中介机构沟通合作，确保农村产权交易依法依规运行。三是加强与金融部门合作。根据平台管交易、银行管资金的原则，商业银行是交易平台的重要战略合作单位。四是加强与相关部门协作。定期召开农村产权交易管理领导小组成员单位会议，加强与相关部门的沟通和协调，统筹规划落实各类农村产权的确权登记颁证工作，为农村产权流转交易创造条件。

五、今后努力的方向

尽管扬州市农村产权交易市场建设取得了显著成绩，但也存在一些问题，如农村产权交易不平衡性，个别行政村产权交易不充分，交易数量与其资产资源数量不匹配；有的乡镇农村产权交易市场资源整合不到位、多头管理、上下不衔接；农村集体小微工程项目未完全进场交易等。为了更好地服务农村产权交易，下一步需主要做好以下工作。

（一）进一步加强制度保障

一是统一口径。按照新修订的《中华人民共和国农村土地承包法》和《江苏省农村集体资产管理条例》等，修改完善相关制度，对农村产权交易过程中遇到的有关问题统一解决口径，同时根据实际需要不断拓展交易品种，明确交易范围，规范交易程序。二是建立预警机制。合理设定农村土地流转交易警戒标准，通过农村集体“三资”管理信息系统重点监测流转交易规模与到期租金缴纳情况，防范交易风险。三是建立农村集体小微工程集中打包招投标机制。除应急性建设项目外，对农村小微工程项目，原则上采用打包方式，由乡镇集中开展招投标，减少交易成本，防止化整为零。

（二）进一步加强督促检查

一是加强村级督查，重点督查村集体经济组织民主决策、民主管理和农村集体产权进场交易情况，严禁场外交易，做到应进必进。进一步建立完善好村级集体经营性资产、资源台账。二是加强县、乡镇农村产权交易市场督查，重点督查市场制度建设、信息服务平台建设、产权交易流程、合同签订、资料归档等情况，做到程序规范、运作顺畅。三是加强交易信息检查，重点检查农村产权交易通知公告、成交公告及其交易双方的资信材料，做到农村产权交易权属清晰、准确可靠。

江苏省创新交易模式助力乡村振兴的探索与实践

农村产权制度是关于农村集体资产归属、占有、经营、管理、监督、收益分配等的一系列制度安排。新中国成立 70 多年来的农村产权制度改革促进了农业农村经济的发展和农民“身份”的变革，为中国的农业现代化、工业化、城镇化创造了条件。作为农村产权制度改革的重要支撑，农村产权交易市场为农村产权流转提供了交易公平、价格公开、制度规范的交易场所，市场竞争机制使得交易双方的有效需求和有效供给达到均衡，推动农村资源要素合理流动、优化配置，促进农村集体资产保值增值和农民增收。

农村产权流转交易市场大多是行政推动的渐进式改革过程，没有明确的理论基础和顶层设计，在实践中存在各地标准不统一、信息共享程度低、监管难度大等问题。为高质量引导规范农村产权流转交易，深入贯彻党中央、省委、省政府的文件精神，江苏省历时五年多，以制定顶层设计、标准化交易为目标，以现代信息技术为引擎，构建覆盖全省的省、市、县、乡镇四级联动的农村产权交易信息服务平台，推动线上交易模式，为推进农村产权制度改革、实施乡村振兴战略、促进农业农村经济发展提供了宝贵经验。

一、科技赋能，助推线上交易

重点围绕提高农村产权交易流转效率、降低交易成本，提高农村资源要素配置和利用效率，提高平台资金流动透明度，防范串标围标、暗箱操作、资金挪用等目标，以“让信息多跑路”，让交易参与方“只跑一次、甚至不跑”为总牵引，以高科技信息技术为总引擎，经过多方调研，于 2019 年 12 月 16 日 10 时，江苏省农村产权信息服务平台线上交易正式启动，最大限度地保障交易流程公开、规范和资金安全，提高交易效率。

案例 1：前锋镇淮胜村 331 省道西路边树木出售项目。

该项目由金湖县农村产权交易中心受前锋镇淮胜村委托，于 2019 年 12 月 3 日在江苏省农村产权交易信息服务平台登记产权信息，资料齐全，12 月 6 日发布公告，交易底价 11.8 万元。截至 2019 年 12 月 13 日下午 5 点，共有 5 家木材加工个体工商户注册会员并通过实名认证，通过 POS 机刷卡、银行转账方式成功缴纳竞标保证金 13 万元，完成报名程序，取得竞标资格。2019 年 12 月 16 日 10 时，该项目正式开始线上竞价，4 位竞标者在中心业务人员现场、全程指导下完成线上出价。第 5 位竞标者选择使用手机 App，在场外参加线上竞价。经过 5 位竞标者 3 轮共 15 次出价，最终个体工商户德宏木业的老板孙德宏以 12.3 万元中标，溢价 0.5 万元，并于现场签订了《成交确认书》。

该项目为江苏省首笔线上交易项目，交易过程规范、信息公开透明，交易中心服务高效。所有交易信息均可查询，提高了交易过程的透明度，可以有效防止串标围标、暗箱操作等。平台交易资金（包括投标保证金、履约保证金、合同款）均由第三方商业银行——江苏银行集中管理，提高资金流向透明度，有效防控资金挪用风险。该笔交易最大的亮点在于会员无需到现场参加竞标，利用手机 App，直接在场外就可以参加竞价，减少交易成本，提高交易效率。

二、农村集体资产全部入场交易，实现保值增值

重点围绕农村集体资产资源台账不健全、集体资产资源产权不明晰、集体资产资源产权交易运作不透明、在交易运作中集体资产流失、村干部利益纠葛等问题，为规范农村集体资产资源交易行为，杜绝场外交易和暗箱操作，更好地发挥市场配置资源的决定性作用，提高农村集体资产资源的利用效率和经营效益，江苏省于 2015 年 2 月下发《省政府办公厅关于促进农村产权流转交易市场健康发展的实施意见》（苏政办发〔2015〕13 号），明确规定农村集体资产流转必须进入市场公开交易。2017 年 4 月，江苏省农委、省委农办下发关于农村集体资产资源流转全部进场交易的通知（苏农经〔2017〕11 号），从交易范围全覆盖、市场交易全流程、社会监督全方位三个方面进一步规范农村集体资产资源交易行为。

推动农村集体资产资源全部入市，通过统一规范的农村产权交易信息平台进行产权流转，让农村集体资产流转得到切实有效的保障。第一，集体资产资源效益“最大化”。充分发挥市场的价格发现机制，盘活农村集体“沉睡”资产，实现了集体资产资源的保值增值，增加集体收入。第二，集体资产资源管理“阳光化”。规定村集体资产流转必须全部入市交易，倒逼各村全面建立“三资”管理台账，全面反映“三资”基本情况，做到数据真实，家底透明。第三，集体资产资源权属“明晰化”。为了顺利入场交易，农村集体资产资源转让方必须出具相关证明材料，理顺了集体资产资源归属问题。第四，集体资产资源交易监管“透明化”。通过集体资产资源入场交易，增加交易管理透明度，实现集体资产资源交易全过程监督，交易环节均可追溯，实现了交易过程全过程监管。

案例 2：扬州集体资产资源出租交易。2019 年 11 月 1 日，宝应县射阳湖镇泗河村在县农村产权交易平台，公开交易了该村胜利圩西荡鱼塘，鱼塘面积 343 亩，承包期限为 7 年，用途为养殖经营，交易前的承包价格每年 600 元/亩，县农村产权交易平台公示的交易底价是每年 800 元/亩，通过公开交易，共递增了 28 轮的竞价，本村村民王居巧最终以每年 1 310 元/亩中标，交易底

价较上一轮承包金每年增加 200 元/亩，实际中标价较本次标底价每年增加 510 元/亩，每年村集体增加收入 174 930 元，7 年共增加纯收入 1 224 510 元，该村人口 1 430 人，人均增加收入 856.3 元。

竞价现场结果公布后，所有村民代表都拍手称赞，齐声说：现在的农村产权交易平台对农村的资源发包进行公开招标交易，真正体现了公平、公正，让我们农民得到了收益，村集体增加了积累。

案例 3：苏州集体资产资源转让交易。2019 年 6 月 4 日，苏州市吴中区人民政府长桥街道办事处委托苏州市吴中农交中心转让苏州市吴中区苏蠡花园 14 套复式房及车库转让项目发布公告，7 月 2 日报名截止，交易保证金为 23 万元/套，公告期 1 个月，共登记意向报名人数 52 名，最终有 47 名报名人成功缴纳保证金取得竞价资格。在中心工作人员做好了充分的准备工作后，竞价会在 2019 年 7 月 10 日 13 时 30 分在吴中农交中心交易大厅准时开始，项目采用多次报价电子竞价方式。其中一场出价最高次数达到 112 次，最长竞价用时为 37 分钟，最高增值率达到 30.72%；14 场竞价会成交总价达到4 749.66万元，增值总金额达到 883 万元，平均增值率达到 22.84%。14 套房产竞价 6 个小时，于当天 19 时 30 分竞价会圆满结束，14 套房产全部转让成功并当场签署成交确认书。每笔交易结果对外公示，广泛接受社会监督，确保交易公正、民主、透明。

本次竞价会充分体现出农村产权交易市场通过平台交易实现了公平、公正、公开，促进了集体资产的交易提速和增效，充分发挥信息化手段，市场化作用，有效盘活集体资产，大大提升了集体资产保值增值。

三、促进农村土地经营权流转，提高农民收入

2019 年 1 月 1 日起正式实施的新农村土地承包法将农村土地实行“三权分置”制度法制化，确立了土地承包农户的经营权，也规定了经营权的流转。全国各地广泛开展了土地承包经营权流转的试点工作，但是由于平台不匹配和产权交易平台没有达成全面覆盖，相关配套措施比如产权登记等不完善和不配套，以及相关部门的扶持力度不过，导致农村土地承包经营权流转大多在场外进行，规范性差，缺乏价格发现机制。

围绕这些问题，江苏省在各地土地确权基础上，搭建产权交易平台，规范产权交易行为，解决了农村土地经营权流转存在的交易信息不对称、渠道不顺畅、交易不规范等问题，切实维护农民土地权利，提高了土地租金价格，激发了农民流转土地经营权的积极性。

案例 4：宝应县农地经营权流转交易。2017 年 4 月 7 日，宝应县氾水镇牌坊村杨家岭 262 亩农村承包土地经营权流转在县农村产权交易中心公开交易，

该项目流转期限为 6 年，底价为每年 550 元/亩，经过 7 天公示，共征集 33 名意向受让方，交易方式采用明标暗投，各意向受让方经过 5 分钟慎重考虑，郑重写下交易项目竞标单报价，经主持人唱标，报价有每年 580、650、680、710、830 元/亩不等，按照交易规则，谁价高谁获得承包经营权，最后实际成交价达到每年 830 元/亩，亩均增收 280 元，溢价 44 万元，溢价率达 50.9%。

该项目交易规范、公开、透明，意向受让方独立参与，理性报价，乡镇纪委、村干部、村民代表多方监督，既让村干部省心，又让农民群众放心，不仅为农民和集体多增加收入，更促进了农村的和谐发展。

四、推动农村产权抵押贷款，破解融资难问题

党的十九大报告提出实施乡村振兴战略，2018 年、2019 年中央一号文件再次聚焦“三农”。据农业农村部估算，乡村振兴总资金需求在 7 万亿元以上，金融是重要资金来源。然而“三农”贷款难、贷款贵的局面未从根本上改变。缺乏有效抵押物一直被认为是农村金融供求脱钩的主要原因，土地被认为是非常理想的信贷抵押品，各地普遍开展农地产权抵押融资试验。然而实践结果与决策者的初衷和期待相距甚远，但农地抵押不足以解决信息不对称，因为抵押物管理难、变现难、流通机制不健全等。

重点围绕这些难题，江苏省农村产权交易信息平台大胆探索，联合商业银行，开展农村土地经营权抵押业务，优化农村金融服务，有效解决了农村产权抵押难问题。

案例 5：江都区优化农村金融服务。扬州市江都区出台了农村土地承包经营权、集体林权的抵（质）押办法，以江都农村商业银行、中国农业银行、中国邮政储蓄银行等金融机构为载体，建立健全政府主导、银社联动、镇村助推、农户参与的“四位一体”工作机制，探索开展“两权”抵（质）押贷款。自产权交易平台办理土地经营权质押贷款以来，全区共发放贷款 69 笔，质押面积 59 787.52 亩，累计发放贷款 1.871 3 亿元，有效贷款余额 6 525 万元，有效地缓解了新型农业经营主体发展的资金瓶颈难题。

案例 6：扬州市宝应县土地承包经营权抵押贷款，缓解资金难题。宝应县从 2015 年就与中国农业银行宝应支行、宝应县农村商业银行等多家银行合作，推出了农村流转土地经营权质押贷款。凡是承包土地，且从事农、林、渔业规模化生产经营的农户或农业企业，都可以通过办理农村流转土地经营权证申请抵押贷款。截至调查日期，全县共办理了 95 笔货款，共计 7 806 万元经营性抵押贷款，涉及经营权面积 71 921 亩。

徐乃华是 2020 年农村流转土地经营权证抵押贷款的首位受益人。他承租的广洋湖镇严桥村 1 300 亩水面经营权在宝应县农村产权交易平台进行公开交

易，凭交易合同，办理合同鉴证手续，取得农村流转土地经营权鉴证后，再换领宝应县人民政府签发的农村土地流转经营权证书，凭该证书向农业银行宝应支行申请贷款。2020 年他刚取得的 1 300 亩水面承包权，正是经营生产资金需求的关键时期。宝应支行经过实地核查和评估，成功办理了周转期限为 1 年的 100 万元贷款，徐乃华表示，资金压力减轻了，从事农业生产取得丰收，获取收益有盼头了。

宝应农村流转土地经营权证抵押贷款期限根据农业生产经营实际情况确定，同时不超过土地流转期限到期前 1 年。利率根据借款期限、用途、风险状况等因素综合确定下浮优惠程度，贷款额度一般不超过流转土地经营权质押认定价值的 60%，单户贷款额度不超过农业生产经营项目所需投入资金的 50%，徐乃华执行的贷款年利率标准为 4.79%，比正常的贷款利率下浮 10%，缓解了经营户缺少抵质押物的融资难题，获得了急需贷款，盘活了经营户手中的土地资产。

五、创新产权交易模式，市场交易日益活跃

县、乡镇级产权交易中心是面向市场参与方的主要窗口，深入了解产权交易市场实际情况，在推动农村产权过程中，要因地制宜，结合农村实际情况，将服务体系向村延伸，积极创新产权交易模式，丰富交易品种。目前江苏省很多地方都建成了“区有交易中心、乡镇有服务中心、村有网络终端”的三级服务体系，边实践边完善创新，提升农村产权市场交易成效。

案例 7：阳澄湖镇标准化养殖池塘对外发包租赁。2020 年 1 月 10 日，阳澄湖镇标准化养殖池塘竞价会在阳澄湖集体资产交易中心成功举行。本次共有 15 个标准化养殖池塘对外发包租赁，共有 35 个报名人参与竞价。本次竞价会采用了“项目包”模式进行竞价，即报名人仅需缴付 1 份交易保证金即可参与项目包内全部 15 个标的的竞价。本次高标准池塘共计发包 3 362.93 亩，按起拍单价每年 1 800 元/亩，预计年收益 605 万元；现场通过竞价后，平均单价每年超 3 100 元/亩，年收益超 997 万元，增值 391 万余元。本次“项目包”形式的公开竞标，也获得了阳澄湖镇资产发包方及纪委监督部门的好评和认可。

本次竞价会很大程度上在 2020 年农村产权交易工作上起了先行示范作用，有助于产权交易信息平台坚持平等自愿、诚实信用、有偿等价和“公平、公开、公正”的原则，继续落实省、市、县、乡镇四级农村产权交易平台体系，为农村产权改革提供有力平台支撑。

新型农村集体经济发展

多元化发展壮大农村集体经济的江苏经验

农村集体经济是集体成员利用其所有的资源要素，通过合作与联合实现共同发展的一种经济形态，是社会主义公有制经济的重要组成部分。党的十九大报告指出，要深化农村集体产权制度改革，保障农民财产权益，壮大集体经济。2018 年中央一号文件提出，探索农村集体经济新的实现形式和运行机制。2019 年中央一号文件明确指出，要强化农村集体经济组织的服务功能，发挥其在管理集体资产、合理开发集体资源、服务集体成员等方面的作用。2020 年中央一号文件进一步明确，要探索拓宽农村集体经济发展路径，强化集体资产管理。实践也表明，发展壮大农村集体经济是推进乡村振兴的重要途径，是全面建成小康社会的重要保障，是夯实农村执政基础的重要举措。江苏省是我国农村集体经济发展起步较早、基础较好的省份，该省坚持从实际出发，深化改革创新、加大政策扶持，已探索形成了发展壮大农村集体经济的多种路径，成效显著，为其他地区如何发展农村集体经济提供了江苏经验和江苏样板。

一、江苏省农村集体经济发展总体情况

江苏省农村集体经济起步早、发展快、总量大。20 世纪 80 年代后，江苏省的农村集体经济实现了以传统农村经济为主向以农村工业经济为主的转型，较具代表性的是苏南地区，乡镇企业发展为农村集体创造和积累了巨大的集体资产，形成了发展农村集体经济、促进共同富裕的“苏南模式”。20 世纪 90 年代中期以后，随着乡镇企业改制，农村集体经济由直接经营型转变为资本经营型，实行承包经营、租赁经营方式，为激发集体经济发展活力奠定了基础。到 2000 年年底，江苏省村级集体总资产约 500 亿元、净资产约 333 亿元，村均经营性收入 26 万元。

进入21世纪以后，江苏省在农村全面推行社区股份合作、土地股份合作和农民专业合作等“三大合作”方式，2010年以后实施村级“四有一责”建设，推进农村“三资”管理制度化、规范化、信息化，不断完善政策支持体系和考核激励机制，探索农村集体经济新的实现形式，推动形成多元发展格局，农村集体经济发展进入黄金时期。到2015年年底，江苏省农村村集体净资产1 735亿元，村均981万元；村集体经营性净资产1 106亿元，村均625万元；村集体经营性收入302亿元，村均172万元，分别比2010年增长54.9%和60.7%。2016年后，随着农村集体产权制度改革向纵深发展、农村“政经分离”改革探索进程加快、农村“三资”交易平台化透明化，江苏省的农村集体经济逐渐形成了行之有效的多种发展模式，农村集体经济进一步壮大。截至2018年年底，全省村集体经营性收入325亿元，村均集体经营性收入184万元，均位居全国前列。

从调研的典型地区看，2012—2018年，南京市近700个行政村（社区）的村集体净资产总额从60.65亿元增加至158.34亿元，年均增长17.34%，其中村集体经营性净资产总额从44.56亿元增加至96.52亿元，年均增长13.75%；2018年全市村级经营性收入11.84亿元，是2012年的2.55倍，年均增长16.90%；全市村集体平均收入733万元、村集体平均经营性收入171万元，分别是2012年的1.79倍和2.59倍。2018年全市村集体经营性收入超多1 000万元以上的村（社区）数有18个。可见，近年来南京市农村的资产总量不断做大，村级收入逐年提高。2018年，苏州市昆山市（县级市）166个行政村（涉农社区）村级集体资产账面总额84.6亿元，年总收入12.55亿元（村均756万元），年稳定性收入9.7亿元（村均585万元），分别比2017年增长5%和4.8%，农村人均可支配收入3.29万元，是全国平均水平的2倍多。扬州市江都区通过经营性资产抓创收、资源性资产抓开发、公益性资产抓管护，挖掘存量资源，整合利用闲置资产、多元化促进农村集体经济发展。2019年，江都区279个村的村级集体经营性收入总额达到2.27亿，其中有264个村的集体经营性收入实现55万元以上，占94.6%，有43个村实现100万元以上，占15.4%。典型调研发现，江苏省各地发展农村集体经济的模式并非千篇一律，资产租赁型、资源发包型、服务输出型、抱团发展型、农业发展型等立足区域资源禀赋的多种发展模式恰是江苏省农业农村供给侧结构性改革的创新实践，为乡村振兴提供了强大动能。

发展农村集体经济是以集体资源为基础，需要依赖集体资源的数量质量、集体资源资产业态选择、集体资源资产经营方式三大层面。在这三大层面上如何做文章就形成了发展壮大农村集体经济的多元化路径。

二、依靠集体资源增量提质发展农村集体经济

从集体资源的数量增加和质量提升视角看，发展壮大农村集体经济主要有综合治理、盘活利用和新增资产三大路径。

（一）通过综合治理“做多”集体资源数量

在很大程度上，村集体资源性资产和经营性资产的数量和质量决定了村集体经济发展壮大的潜力和空间。在一定时期内，某一村庄的集体资产尤其是资源性资产的数量大体是保持稳定的，但可以通过综合治理去提升集体资产的利用效率，进而拓宽集体经济发展空间。

一是推进集中居住节约土地。即利用农民住房条件改善、推进农民集中居住，实现土地资源节约集约利用。例如，睢宁县将 2 800 多个自然村组优化调整为 138 个集中居住点，集中居住后，农户住宅户均占地由分散居住时的 1.0～1.3 亩下降到集中居中后的 0.3 亩，每个集中居住区平均可新增耕地 900～1 000 亩。通过集中居住和土地增减挂钩调节，睢宁县将土地交易资金用于镇村建设，已经实现所有村集体的经营性收入均超过 18 万元，全部村（社区）均不属于江苏省划定的低收入村。

二是探索农户宅基地自愿有偿退出，宅基地复垦后纳入村集体资产。例如，淮安市盱眙县霍山村 650 户农户自愿有偿退出宅基地，复垦耕地 1 100 亩，每年土地租赁收入 70 万元以上。淮阴区刘老庄镇双庄村通过整村搬迁集中安置和土地整理，溢出土地面积近千亩，对外承包建设碧根果产业园，每年可实现租金收入 50 多万元。

三是规范村集体资源发包行为。抓住农村集体产权制度改革的契机，开展村集体各类资源的承包合同清查工作，取消原来不规范交易、低价交易的合同，然后通过农村产权交易平台进行公开透明化交易，实现资源溢价。例如，灌南县堆沟港镇五队社区公开发包村集体资源，溢价增收 28.8 万元；赣榆区东大村通过区产权交易平台对已到期的 1 958 米河堆、路旁进行公开发包，获得承包费 8.9 万元。

四是村集体连片流转溢出土地。在土地流转率较高的村庄，由村集体统一流转农户的承包地并进行集中整理，对土地连片流转整理后的土地，打破了原有小田块间的田埂等，将流转范围内的地边地界、生产路、小型灌溉沟渠等改造成耕地，新增土地作为集体资源，一般可溢出土地 5％～10％。

（二）通过盘活利用“沉睡”资产创造集体收益

归属村集体的资源性资产和经营性资产或多或少都可能存在闲置，可以通过盘活利用让这些“沉睡”的集体资产进入市场创造收益。

一是开展公共空间治理盘活荒地。结合村庄环境整治，重点盘活河道、道

路控制区及村庄的“四旁四荒”地，强化村集体资源规范管理，清理收回被无偿侵占、不合理发包的集体资源，实现集体资源收益共享。例如，邳州市通过开展公共空间治理，梳理出集体土地 18 万亩，进入产权交易平台成交总额 7.8 亿元，村集体年均增收 18.1 万元。

二是对存量资产升级改造提高效益。部分区位优势较好、有闲置资产的村集体，对存量资产进行升级改造，再以拍卖、租赁、承包经营等多种方式进行盘活，提高存量资产利用率。例如，丰县中阳里汇丰社区 2018 年投入 200 余万元对集体所有的美食城进行升级改造，建成面积 1 500 米^2 的蔬菜交易市场，带动 200 余人就业，预计每年增加集体收入 40 余万元。赣榆区后石堰村开发临街旧村部，新建农民公寓 4 800 米^2、门面房 660 米^2，每年为集体增收 300 多万元。

三是利用废旧厂房场地新建工厂或招商引资活化利用。随着乡镇企业的转型发展或经营失败，城郊型村庄（社区）通常会有一些废旧厂房、场地等被闲置，而新一轮“大众创业、万众创新”浪潮让这些闲置资产迎来了曙光。例如，徐州市经开区大庙村利用原有废旧厂房、场地，盘活固有资源，筹集资金建设粮食、纺织等各类工厂 10 余家，目前集体年收入突破 1 000 万元。南京市江宁区秣陵街道牛首社区将占地 58 亩的废旧厂区全部承包给浙江大学网新公司转型升级，建设秣陵九车间文化创意园，已吸引 60 多家高新技术企业入驻，社区集体每年获得租金 800 万元。

（三）通过新增资产增强集体经济发展后劲

当村（社区）的集体资产数量不足，面临村级集体经济发展空间不足、生态环境制约等困难瓶颈时，通过在本地建设收购或发展飞地经济的方式新增集体资产，以实现发展壮大集体经济的目的。

一是购买集体经营性资产。村集体利用自有资金和帮扶资金购买门面房、标准厂房，并通过对外出租获取稳定收益。例如，2016—2018 年宿迁市市级以上专项扶贫资金中有 3.07 亿元用于支持省定经济薄弱村购买或建设门面房、厂房等固定资产，村均增加固定资产约 163.5 万元。其中泗阳县利用财政扶持村集体经济发展引导资金、社会帮扶资金，支持村集体在家门口建设就业厂房、家庭农场集群服务中心、门面房、广告牌等固定物业资产，或购置农机具、农业大棚、冷库、生产设备、运输车辆等生产经营性资产，产权明晰到村，增加村集体经营性资产。

二是引导为集中居住区规划配套集体资产。在集中居住区规划配套商业街、标准厂房、专业市场等，通过村集体统一经营或租赁经营等方式提高村集体经营性收入。例如，睢宁县魏集镇湖畔槐园社区在农民集中居住区配建了高标准厂房和商业设施，村集体经营性收入由 2016 年集中居住前的不到 15 万元增加到2018年的40余万元。

三是推进“飞地经济”破除发展瓶颈。一些位置偏远、资源匮乏的村，通过整合财政出资、结对帮扶资金、自有资金发展“飞地经济”。实力雄厚的村庄则独自发展“飞地”，实力弱一些的村庄则选择抱团共建“飞地”。江苏省的村社“抱团飞地”发展路径非常具有参考价值，一般采用多村联合入股，县、乡镇、村三级共建等模式，集中在县城、经济开发区、集镇、农业园区等地，统一规划建设专业市场、商业门面、标准厂房，建成后的资产由县或乡镇按照投资比例共同管理使用，经营收益按股分红增加村集体收入。例如，苏州市吴中区高新区有25个村（社区）参与了“抱团飞地”项目，累计总投资12.7亿元，跨出高新区范围收购优质资产53万多米^2，811亩土地，异地收购项目55个，物业载体面积达77.7万米^2，预计将带来1.49亿元的年租金收入。“抱团飞地”突破了地理限制，整合资源，对进一步拓展村级集体经济有效实现形式和加快集体经济发展薄弱村转化起到了很好的促进作用。

三、因村制宜发展多种业态壮大农村集体经济

各村的区位条件、资源禀赋和产业基础各不相同，应坚持宜农则农、宜工则工、宜商则商的原则，因地制宜选择合适的产业去发展壮大集体经济。

（一）发展资源资产租赁产业

一些村（社区）利用自有的、未承包到户的集体土地、“四荒地”、山林、经济林果等资源性资产，对外出租发包，赚取承包租金，或者受农户委托统一对外流转土地资源，赚取流转交易管理服务费用等。例如，南京市浦口区星甸街道后圩村在2018年发包养殖水面和农户委托发包土地面积超过1万亩，村级发包收入约561万元，占村级总收入的82%。还有一些村（社区）使用自用资金、政府扶持资金或者征地拆迁补偿资金，建设或购买标准厂房、商铺、办公楼宇，发展经营性资产租赁经济，获取稳定的经营性收入。以南京市江宁区东山街道章村社区为例，该社区近年来先后投资2.68亿元建成2.3万米^{2}的总部经济研发大楼、4.2万米^{2}的标准厂房和1.3万米^{2}的东山国际企业研发园总部大楼，2018年社区资产总额6.9亿元，实现总收入5 127万元，其中经营性收入4 100万元，占比达80%。租赁型产业特别是物业经济产业较适合城郊型村庄，区位优势可使楼宇物业“不愁嫁”，而远郊村则应审慎发展物业经济。

（二）发展乡村休闲产业

随着我国城镇化水平的提高和人们对乡村休闲产品消费需求的日益增长，乡村休闲产业的发展潜力巨大。一些村把农户的承包地流转到村集体，统一整理发展高效特色农业、休闲观光农业等。例如，南京市江北新区盘城街道落桥

社区发展葡萄产业，江宁区横溪街道石塘社区、谷里街道彭福社区发展“金花村”休闲旅游产业，浦口区汤泉街道前陈庄村发展温泉民宿，溧水区傅家边社区发展草莓蓝莓采摘产业等。徐州市丰县凤城街道海之崖社区高标准规划建设了 1 000 多亩的“三园一方”（葡萄园、石榴园、樱桃园、科学苗木千亩方）高效生态园项目，每年吸引采摘游客 4 万余人，2018 年村集体经济收益达到 65 万元。

（三）发展服务输出产业

一些村庄利用靠近开发区、农业园区、大型居住小区的优势，成立服务团队或公司，为企业、园区、居民居住小区等提供各种生产性、生活性有偿服务。例如，南京市江宁区麒麟街道泉水社区组建拆迁公司服务园区，六合区竹镇镇竹墩社区成立专业绿化养护团队承接政府和企业的绿化养护业务，溧水区石湫镇社东村组建劳务公司服务园区企业，高淳区桠溪镇瑶宕社区组建劳务公司服务国际慢城等。徐州市沛县 92 个村发展社区物业服务，开展环卫保洁、绿化管护、家政等服务，村均服务年收入达 48 万元，成为村级集体收入新的增长点。沛县杨屯镇杨屯村成立物业公司为新村安置居民水电、环卫保洁等服务，年收入 50 多万元。铜山区黄集镇黄西村成立江苏黄西建筑工程公司，承接村内村外建设工程及“一事一议”筹资筹劳、“户户通”道路建设等项目，年收益 230 多万元。

（四）发展集团化综合产业

一些经济实力雄厚的村庄完成了从“村庄型公司”到“公司型村庄”的转型，采取集团化经营的方式去发展农村集体经济，将村集体收入和集团经营效益紧密挂钩，且集团多元化经营也让村庄逐步向中小型城镇演变。例如，以南京市高淳区古柏镇武家嘴村为例，村集体出资成立南京武家嘴集团，集团经营范围覆盖内河沿海运输、船舶制造与维修、生态休闲农业、地产商贸、酒店金融、文化教育、养老医疗、油气经营等多个领域，拥有 15 家全资子公司、2 家控股子公司和 5 家参股子公司，2018 年村级总收入 6 533 万元，其中企业上缴利润 1 140 万元。苏州市张家港市南丰镇永联村集体拥有永钢集团 25%的股份，向农户流转 8 000 亩土地发展现代农业，兴建江南农耕文化园发展乡村旅游业，还有 362 个商铺发展物业经济，每年村集体经营性收入超过 500 万元。

四、探索创新合作经营方式发展农村集体经济

从经营方式看，发展壮大农村集体经济的一种方式是一村独立经营，采取这种经营方式的多是已完成前期资本积累且经济实力雄厚的村庄；另一种方式是两村或多村抱团合作经营，采取这种经营方式的可以是众多弱村之间的“弱-弱”合作，也可以是强村带动弱村的“强-弱”合作，还可以是强村与强

村的“强-强”合作。合作经营可以实现村际要素集聚并产生规模效益，形成多村共赢的局面。

（一）开展农地股份合作

在农业型村庄，由村集体经济组织牵头组建土地股份合作社，村集体以集体的机动地、产业扶持资金等入股土地股份合作社，一般按 1 亩土地 1 年的租金折算为 1 股，此外土地规模经营中通过农田整理溢出的土地也作为集体股份。农民以承包地入股土地股份合作社，一般 1 亩地为 1 股。村集体经济组织负责土地股份合作社的经营管理，产生收益在村集体和农户股东之间按股分红。这种合作经营方式既解决了农户家庭细碎化经营的弊端、农地抛荒和“谁来种地”的困境，又实现了农户的土地财产权益和增加了村集体经营性收入。淮安市淮安区“党建引领、一点五试”模式较为典型，该区集成了“扶持村级集体经济发展、社区股份制改革、产业扶贫、粮食生产全程机械化、农业生产社会化服务”五项省级以上改革试点，先在 6 个省定经济薄弱村开展试点，共统一连片流转入股土地 5 110 亩发展规模经营，2019 年又增加 9 个非省定经济薄弱村开展试点。试点村全部成立了土地股份合作社，由村集体经济组织经营，给农户每亩 800～1 000 元的保底租金，扣除租金、成本外，经营获得的收益再按股分红。2018 年淮安区 6 个试点村集体经济共增收 210 万元，入股农户“保底＋二次分红”收入 470 万元，带动低收入农户 262 户，增加农民务工收入 68 万元，实现农民和村集体双增收。泗阳县鼓励村集体以集体机动地或资金入股等方式，领办村级土地股份合作社，探索聘请职业经理人经营、委托大户经营、村干部分包经营模式，累计建成土地股份合作社 47 家，村居覆盖率达 40%。

（二）开展全产业链服务

在一些农业型村庄，村集体经济组织除了牵头成立土地股份合作社外，还将服务内容向农业生产的前端和后端延伸，通过提供农业全产业链服务增加集体收入。例如，淮安区丰年村依托土地股份合作社和农机（耕作）专业合作社两大平台，在开展农业规模经营外，分别建设粮食烘干中心、高标准工厂化育秧中心等服务中心，增加现代农业服务收入。淮安区卢滩村围绕芡实产业开发，建立冷藏库，与龙头企业合作开发新产品，带动建立了 2 万亩左右的规模基地，促进了全产业链增值。张家港市南丰镇永联村由村集体经济组织流转全体村民 8 000 亩土地用于现代农场建设、农耕文化园建设等，兴建粮食加工厂，合作成立物流配送公司，将生产的粮食、蔬菜等配送到周边的工厂、学校、餐馆等，通过延长产业链服务环节将经营收益内部化，增加集体收入。

（三）生产要素入股分红

一些村集体整合土地资源、厂房设备、资金等要素，通过对外投资入股、购买标准厂房等形式，获取稳定投资收益。铜山区张集镇孙湾村利用交通便利的区位优势，把集体预留地、“四荒地”以及失去耕种价值的废地盘活，以土地入股的形式提供给企业经营，村集体每年获取分红收入 30 多万元。盐都区将经济薄弱村农村宅基地有偿退出形成的“城乡增减挂钩”土地指标，以 40 万元/亩价格众筹，定向投资于盐城高新投资公司，在盐城高新区新建标准厂房、发展智能终端等高新技术产业，按众筹投资额的 5%～8%进行固定分红。还有一些村将财政帮扶资金入股企业获取分红收益。例如，2018 年响水县政府多方筹集资金，为 97 个集体经济薄弱村每村配股 200 万元，入股政府投资平台灌江控股集团有限公司，发展光伏项目和购建规模养殖场房屋出租，当年每个村实际到账股金分红收入 16.14 万元。

（四）镇村抱团联合经营

在激烈的市场竞争中，村自为战、单打独斗的发展方式日益受到人才、资源、环境、资金等多种要素的严重制约，以资源、资产发包出租收入为主的村级集体经济要想实现持续增长和快速发展的难度越来越大。在此背景下，镇村联合、村级联合、组团发展的共识在经济发达地区农村已然基本形成。江苏省一些经济发达的地方已探索出农村集体经济抱团发展的新路径。抱团发展模式主要是指引导村（社区）改变单打独斗的经营方式，通过采取镇村联合、村村联合、村级投资入股等联合、抱团发展等方式，共同建造标准厂房、物业用房，或投资购买门面房、优质办公房，壮大集体经济。例如，南京市江宁区、栖霞区有 67 个村组建了 4 家集体资产股份联合社，资本金约 2.6 亿元，通过购买优质资产（股权）、承担实施配套项目，每年获得近 10%的稳定收益；六合区龙池街道四柳社区花园片区 16 个组联合组建组级集体股份经济合作社，将 5 000 万元生态补偿资金确权量化，实现托底保障、按股分红。

五、发展壮大农村集体经济的基本经验

江苏省农村集体经济发展起步早，发展路径多元化，发展成效显著，积累了宝贵经验，为其他地区发展壮大农村集体经济提供了有益启示。

（一）因村制宜创新发展路径

江苏省的实践表明，因村制宜选择合适的发展路径是发展好集体经济的根本出路。要引导支持农村集体经济组织结合自身资源禀赋、经济状况、区位优势和社会条件等，拓宽发展路径。一方面是向内挖掘资源资产增值潜力，开展农村公共空间治理，通过综合整理“做多”集体资源，清理盘活闲置资源资产；另一方面是向外拓宽发展空间，加大乡镇或县级统筹力度，整合各类资金项目，大力发展“飞地经济”等。

（二）明晰产权激活内生动力

2018 年以来，江苏省各地区以农村集体产权制度改革整省推进试点为契

机，聚焦集体经营性资产股份合作制改革，积极推进集体资源资产化、资产资本化、资本股份化，进一步发展壮大农村集体经济。通过清产核资、股权界定、股份量化，将集体经营性净资产量化到集体经济组织成员，明确农村集体资产权属关系。农村集体资产的产权明晰是发展农村集体经济的前置条件，清晰回答了发展集体经济依靠什么、谁可受益、受益多少等问题；依法设立的（股份）经济合作社享有特殊法人地位，内部治理结构完整，是独立运行、管理规范的市场主体，解决了集体经济“谁来发展”的问题。深化农村集体产权制度改革有助于充分调动村集体经济组织和成员协力发展集体经济的积极性，激活内生发展动力。

（三）评估风险审慎选择产业

发展农村集体经济，产业是关键。要抓住产业兴旺这一根本，贴近需求侧，做靓新型产业，做新乡村业态，培育更多的新经济增长极，努力提升集体经济发展质量。调研发现，江苏省有不少村庄发展农村集体经济走的是资本经营、资源资产租赁和承包经营的路子，普遍的做法是兴建标准化厂房、打工楼、商业用房等物业用于出租，经营风险小，收益持久而稳定。不同的产业有着不同的风险和收益，而农村集体经济组织还没有破产清算的法律规定，对集体成员的分红和福利分配又往往存在只增不减的刚性，这些原因迫使农村集体经济组织不得不探索选择进入风险小且收益稳定的产业，规避市场竞争较大的产业。需要注意的是，在农村集体经济发展初期是“稳”字诀，优先选择风险小且收益稳定的产业，这既是为了培育集体成员的发展信心，又是村集体完成初期资本积累的必经阶段。待集体经济壮大到一定程度后，其市场风险抵御能力有所增强，应逐渐进入竞争较强的领域，适时进行产业升级转型，拓宽集体经济发展空间。

（四）政社分设减轻发展负担

过去的农村是“政社不分”，村集体既承担着管理经营集体资产、增加集体收入等职能，又承担着社区公益事业等支出，一方面是村集体的经济负担非常重，另一方面是村级干部什么事都负责但又什么事都不“精”和“专”。近期，南京市和苏州市正在积极探索推进有条件的村社实行政社分设，推进村委会与集体经济组织职能分开、人员分开、财务分开，赋予集体经济组织独立经营职能，更好地发挥好农村集体经济组织在经营管理集体资产、开发利用集体资源、发展服务农业生产、财务管理与收益分配等方面的功能作用。村社的公共管理职能、服务职能和相应的经费由财政去保障。政社分设改革既减轻了集体经济组织的发展负担，又让集体经济组织能专门负责经济发展，因此，这一探索对振兴乡村意义非凡。

村级联合发展壮大农村集体经济的昆山探索

江苏省昆山市连续多年位居全国经济发展百强县之首，自 2007 年实施富民强村工程以来，昆山市的村级集体经济得到了快速发展。截至 2018 年年底，全市 166 个行政村（涉农社区）村级集体资产总额 84.6 亿元，村级集体经济总收入 12.55 亿元，比 2017 年增长 5%，村均 756 万元。其中，村级集体经济稳定性收入 9.7 亿元，比 2017 年增长 4.8%，村均 585 万元。村级集体经济总收入超 1 000 万元的村达到 37 个，500 万～1 000 万元的村 79 个，农村居民人均可支配收入 3.29 万元。多年来，昆山市以增加村级集体经济收入为核心，以促进农民增收为目标，以村级集体经济转型发展为重点，成功走出了一条具有昆山特色的村级联合、组团发展的强村新路。

一、昆山市村级联合发展的背景

（一）村社单打独斗的发展方式面临的资源环境约束日益趋紧

昆山市的村级集体经济大多起步于苏南乡镇企业大发展时期，当时为了支持乡镇企业发展，各项政策措施比较宽松，企业很容易获得土地、资金等生产要素，环境保护、镇村规划等要求也较为宽松，村办企业呈现出“村村点火、处处冒烟”的景象。经历市场经济转轨期后，大部分有经营头脑的村办企业骨干转型为民营企业老板，政府对土地保护、生态环境、城乡规划等各个方面的要求也越来越严。在激烈的市场竞争中，村自为战、单打独斗的发展方式日益受到人才、资金、资源、环境等多种要素的严重制约。面对新形势，发展村级集体经济由原先的一村独自发展向多村抱团发展转变，促使各村的生产要素由村内配置转向村际配置，实现更高层级、更有效率的配置无疑是缓解资源环境约束的一种可行途径。

（二）简单的资源资产租赁收入难以实现村级集体经济持续快速发展

乡镇企业改制后，昆山市的村级集体经济由企业经营收入为主转为以物业租赁收入为主。除少量村社依靠土地和水面等集体资源发包收入外，大部分村社的集体经济收入是依靠标准厂房、打工楼、商铺店面房等集体资产的出租。有的村社甚至没有自主产权的物业类集体资产，而是使用拆迁补偿资金或生态补偿资金先租入外部的物业再转手出租而形成集体收入，这种物业收入虽然经营风险小且稳定，但投资回报率偏低，难以实现持续增长。由于园区化成规模的物业楼宇的建设投资较大，单个村社凭一家之力往往难以承担，因而多个村社组建新的联合经营主体，以公司化方式投资建设并出租管理厂房、商铺等，将楼宇建设和管理环节的利润都留在联合经营主体内部，即实现外部利润内部化，从而为村级集体经济发展培育出新的持续增长点。

（三）解决村际发展不平衡问题需要多村联合抱团实现合作共赢

由于各村社的资源禀赋不同，村级集体经济发展差别较大，有的村因地处基本农田保护区而缺少商机，有的村因优质资源不足而发展空间受限，有的村因基础较差、人才紧缺而发展严重滞后等，如不打破已有的发展“惯性”，发展好的村越来越好，差的村越来越差，村际发展不平衡问题将会加剧。要解决这一问题，需要各村形成合作共赢的共识，转变村级集体经济发展方式，变单打独斗为合作经营，变单一的物业经营为资产资本经营并举，在更大范围内实现资源资产优化组合，走村级联合、集中资源、集约发展的创新之路，使强村弱村共同发展，众村共享发展红利。

二、村级联合发展的形式和成效

经过十多年探索，昆山市关于村级联合发展村级集体经济的探索已形成多种形式，较具代表性的有如下三种。

（一）突破村域界限配置共享优质资源

这种形式的村级合作是指区镇政府为辖区内的村社统筹配置优质资源供各村分享发展红利。各村因资源禀赋、地理区位、产业基础等存在差异而呈现发展不平衡的格局，如有的村地处工业园区或临近园区，有的村紧邻高速公路，有的村集体资源资产较多，而有的村却在基本农田保护区内，有的村交通不便等。陆家镇全镇 8 个村就属于前述情况。解决村社发展不平衡问题需要在村社以上的层级进行统筹安排。为了促进这 8 个村发展村级集体经济，陆家镇实行“一盘棋”统一配置资源，由各村联合投资开发，如各村通过入股开发参股白杨湾物流中心，包装开发经营高速公路和国道路边广告牌，建设合丰综合市场和社区服务用房等物业载体。不管是道路广告牌还是物业载体用地，这些由镇政府配置的准公共资源的受益权都不归属于单一村社，而是由 8 个村共用共享。

（二）多村联合兴建经营性物业载体

这种形式的村级合作是指多个村社组建联合经营体，共同投资建设经营性物业载体，收益按各自股份比例分配。例如，花桥经济开发区的 15 个村开展合作，在顺杨与星浜原创基地、邻里中心和星光创业园建造 43 幢打工楼、62 幢标准厂房共 34 万米^2，由村级集体资产经营管理办公室负责出租和经营管理。锦溪镇为了扶持全镇 21 个经济薄弱村发展集体经济，将这 21 个村的扶持资金投向锦溪镇生态产业园，建造了 16 幢标准厂房、21 幢打工楼、公寓房及商业用房，由成立锦溪镇富民物业管理有限公司负责物业出租和管理，经营收益由 21 个村按各自扶持资金比例分享。

（三）多村联合兴办集体股份制企业

这种形式的村级合作是指多个村社以各村股份经济合作社作为股东共同投资组建强村联合发展主体（称“强村公司”），由联合发展主体经营各类项目，各村按股受益。例如，玉山镇组织全镇 22 个村联合投资 3 000 万元成立昆山成基新型建材有限公司，生产各种规格粉煤灰砖，回报率可达15%～20%。2010 年 4 月，淀山湖镇 11 个村共同出资 3 000 万元组建了淀山湖强村联合发展有限公司，该公司除出租厂房外，还成立了 5 个营运中心、4 个子公司，承接市政工程、绿化景观设计、会展等各类经营项目，在 2011 年便实现可支配总收入 3 769 万元，比 2010 年增长 74.4%，其中可分配利润 1 682 万元。2011 年 10 月，张浦镇 22 个村社共同投资成立了昆山市乐浦强村投资发展有限公司，该公司瞄准镇内德国工业园这一优势平台，主动承接园区企业溢出效应，拓展“强村公司＋德园”发展模式，主抓两大业务：一是投资运作商业资产，包括 6 862 米^2 人才公寓、17 805 米^2 商业店面房、28 700 米^2 张浦生活广场的建设和资产管理；二是开发运作工业资产，主要是配合德国工业园招商引资，共投资建设厂房 66 480 米^2，承接政府委托管理厂房 22 046 米^2。

村级联合发展方式在昆山市普及非常快。到 2014 年年底，全市 3 个区 8 个镇全部完成了区镇、村级联合经济实体注册登记，全面进入转变村级经济发展新模式，注册资金总额达 10.25 亿元，全市村级联合经济实体资产总额达 37.36 亿元，占村级全部集体资产总量的 57.5%。到 2017 年年底，昆山市强村公司资产总额增加至 61.42 亿元，总收入 2.19 亿元，村级投资收益 1.4 亿元。从发展成效看，村级联合发展方式撬动了昆山市村级集体经济快速发展。2011 年，昆山市村均集体经济收入 472 万元，到 2013 年增至 670 万元，到 2018 年提升到 756 万元；同期，村级集体经济收入超千万元的村也从 9 个增至 21 个，再到 2018 年的 37 个。

三、村级联合发展的基本经验

昆山市村级联合发展集体经济的成效明显，为其他地区发展壮大村级集体经济积累了宝贵经验。

（一）保持扶持政策措施的稳定性和连续性

为扶持村级集体经济发展，昆山市先后出台了一系列政策措施，且这些政策措施兼具连续性和针对性。2013 年出台了《关于扶持村级联合发展促进强村富民的意见（试行）》，引导村级经济走联合发展、抱团发展、集约发展之路。2015 年出台了《关于扶持村（社区）集体经济组织“一村二楼宇”建设的实施意见》，鼓励盘活存量建设用地，允许土地使用权等价置换到合适区域进行异地建设和多村联合建设。2016 年出台了《关于深入推进富村迈上新台阶的若干政策意见》，从收费减免、建设用地利用、项目优先安排、贷款贴息等方面扶持村级联合发展实体。2018 年出台了《昆山市农村集体资产分类处置管理工作实施意见（试行）》，鼓励支持村集体或强村公司在城镇规划区、各类开发区等优势地段开发建设或者投资、购置农贸市场、城镇综合体等经营性项目。根据村级集体经济的发展形势，昆山市适时调整了政策的扶持方向和扶持力度，使政策更加"解渴"。

（二）因地制宜探索多元化的村级联合发展

昆山市村级联合发展集体经济始终坚持因地制宜的原则，由各村立足资源禀赋和市场需求，选优合作领域，采取相宜的合作方式，共同谋发展。合作领域方面，有现代农业型的，如建设集体经营的特色农产品种植基地、农业休闲观光、乡村旅游等；有资源开发型的，如建设标准厂房、邻里中心、农贸市场、商业用房、集宿楼等；有资产管理型的，如承接政府委托管理厂房；有项目经营型的，如保洁、绿化养护、广告业务等。运作模式方面，有委托有资质的公司或机构管理、联合组建平台公司运营、聘请职业经理人等。合作要素方面，各村以股份制形式联合投资，资本金可以是货币资金出资或者经营性资产作价出资。总体而言，采用什么样的联合合作方式是由各村根据实际情况灵活变通。

（三）建立扶持集体经济薄弱村发展制度

除了为村级联合发展实体提供多种扶持措施外，昆山市对集体经济薄弱村给予了倾斜支持，积极培育经济薄弱村的内生发展能力，缓解村际发展不平衡问题。2016 年，昆山市对全市 40 个集体经济薄弱村实施帮扶转化工作，由市、区镇两级财政给予每村 100 万元资金补助，用于薄弱村富民强村载体项目建设，2017—2020 年实施新一轮的帮扶工作。鼓励薄弱村以组团合作方式参与加油加气（含站内充电功能）站点经营。实行行政村公共服务开支补贴，其中对薄弱村的补贴力度是非薄弱村的 1.5～2.0 倍，以切实降低薄弱村的经济负担，如户籍人数在 1 000 人以下的村补贴 20 万元，但列入经济薄弱村的补贴 40 万元。针对苏州市级经济薄弱村，落实"经济薄弱村第一书记"制度，帮助制定发展规划、提供政策技术指导和协调解决实际困难。2018 年，昆山市最低村级稳定性收入比 2014 年增长 70%，薄弱村的集体经济发展水平不断提高。

四、村级联合发展的思考和建议

近年来，昆山市发展村级集体经济确实取得了明显成效，但部分村社仍存在发展要素不足、经济转型不快、造血功能不强等问题。怎样进一步释放村级联合发展的能效，深入推进村级集体经济迈上新台阶？笔者有如下三点思考。

（一）在更广的业务领域开展合作

目前，昆山市村级联合发展集体经济总体上仍以物业发包租赁为主，自身发展后劲不足，应探索扩大业务合作范围。一是试点2.0版本的集体新型合作农场，发挥东临上海西接苏州的市场优势，以“互联网＋农业”模式发展订单农业、认养农业，增加集体直接经营性收入。二是发展集体“农文旅”新业态，充分利用闲置宅基地、农房和“三优三保”土地，探索“集体＋旅游”模式，联合建设一批精品民宿、田庄等乡村旅游配套设施。三是尝试开展城市休闲“夜间经济”项目，改造近郊区集体商业店面和闲置用地，试点村级联合投资建设深夜食堂、24小时经营店等高品质夜间经济示范街区或站点。四是积极探索村级抱团“飞地经济”，整合各村闲散资金“走出去”开展异地收购、入股、投资兴建一批项目载体，破解资源瓶颈拓宽发展空间。

（二）在更多的要素层面开展合作

昆山市村级联合发展集体经济的要素合作以资本合作为主，且以各村社的自有资金、动拆迁补偿资金、生态补偿资金等货币资金和经营性资产作价入股居多，还未能充分调动社会各界的力量开展多元化的要素合作。发展壮大村级集体经济离不开各个层面的生产要素合作。一是推动多种要素合作，除了资金外，应扩大可用于作价入股的资源性资产、经营性资产的范围，有条件的村级联合发展实体应考虑将企业家才能、技术、劳动力、无形资产等生产要素的折股量化方式，扩大要素合作类型。二是推动各类资本合作，除了各村社的资本外，应在防止外部资本侵占集体利益的前提下，推广村级联合发展实体和社会资本合作，撬动工商资本、民间资本更多参与村级集体经济发展。三是健全要素合作利益分配机制，合理评估各类要素的价格，尤其是企业家才能，按要素贡献分配村级集体经济收益，保护要素拥有者的合法权益，增强要素合作“黏性”。

（三）在更高的区域层级开展合作

当前，昆山市村级联合发展实体的各个股东基本是同一区镇范围内的行政村（社区）股份经济合作社，是区镇范围内的村集体经济组织抱团合作，在地理空间上尚未突破区镇层级，相应的生产要素合作也是区镇层级的合作。现阶段村级联合发展集体经济所面临的生产要素约束可能不会太大，但当村级集体经济进入更高的发展阶段后，区镇层级的要素合作的约束将会显化和趋紧。对此，应提前谋划比区镇层级还要高的区域合作机制，如在昆山市层级的要素合作，即构建昆山市层级负责统筹、区镇层级负责协调、村社层级具体执行的市、区镇、村三级合作机制，从而在更大空间范围内实现要素有效配置，增强村级集体经济发展动能。当然，未来可能还要在比昆山市更高的层级探索开展合作，将合作边界调整到和村级集体经济量能相适应的水平。

发展村级集体经济助推乡村振兴的金华村模式

金华村位于昆山市张浦镇西北侧，市交通主干道江浦路穿城而过，交通便捷，区位优越。2001 年，金华村由原金华、北村两村合并而成，村域面积 3.4 千米^2，有 26 个村民小组、14 个自然村，农户 1 003 户、户籍人口 4 150 人。目前，金华村仅保留南华翔、北华翔 2 个自然村，村内保留农户 240 户，常住人口 1 580 人。2001 年刚并村时，金华村集体总资产只有 204 万元，其中村级集体经营性资产 50 多万元，村级集体总收入不足 24 万元，到 2019 年拥有固定资产 8 272 万元，其中经营性资产 7 186 万元，村级稳定性收入达 2 118 万元，村民人均纯收入 47 078 元。经过十多年的发展，金华村已从昔日的经济薄弱村成长为远近闻名的经济强村，是昆山市首个全国文明村、中国美丽宜居示范村，2019 年又获评为首批江苏特色田园乡村。金华村不仅探索出发展村级集体经济的成功经验，它更是乡村振兴走“农文旅”道路的典型。

一、金华村发展壮大村级集体经济的探索

金华村由穷变富的历程就是一个村庄的奋斗史，是村庄抓住一切机遇发展集体经济和凝聚人心的发展史。

一是发展物业经济奠定产业基础。2001 年，金华村获知昆山市出台了鱼塘复耕奖励政策，当时每复耕 1 亩鱼塘，村里会得到 1 万元奖励，镇里也能增加 1 亩土地指标。金华村将全村 110 亩鱼塘全部复耕，获得了 110 万元集体收入，这成为金华村壮大村级集体经济的“第一桶金”。为了适应城镇化和工业化发展，金华村在 20 世纪 90 年代就开始建设标准厂房等“筑巢引凤”。2004 年以后突破村域范围，在异地共建造简易厂房 2 万米^2、打工楼 3 万米^2、标准厂房 2.6 万米^2。2006 年开始推出商业用房，利用镇区规划积极进行配套，先后建造和购买镇中心各类商业店面房 1.6 万米^2，每年带来 400 多万元收益。为了突破村域内的资源要素发展“瓶颈”，金华村又和张浦社区、横贯泾工业园、南港工业区等合作，异地投资建设商业用房。2011 年，金华村出资 550 万元，入股张浦乐浦强村有限公司，投资建设德国工业园标准厂房、参与物业管理和资产投资等，随后增加股金累计入股 2 000 多万元成为最大股东，每年按持股分红，年均分红率不低于 8%，2019 年分红达 169 万元。经过近 20 年的艰苦创业，金华村形成村级集体经营性资产近 1 亿元，村级集体资产由少到多，村级实力由弱变强，为百姓谋福利、办实事奠定了物质基础。

二是组建三大合作社强村又富民。金华村在发展村级集体经济时非常注重

调动村民的参与积极性，采取村集体领办合作社的方式将村集体的生产要素和村民家庭的生产要素进行联合配置，既为发展村集体经济提供便利又为村民增加财产性收入拓宽渠道。2004 年，金华村成立金华富民合作社，入股户数 451 户，先后投资 632 万元建设的 6 818 米^2 厂房及 7 612 米^2 打工楼，取得明显收益。2008 年，金华村成立社区股份合作社，实行股权固化，村民人均分红逐年递增，规定每年从村级集体经济收入中拿出约 30%进行分红，让全村人共享集体经济发展红利。2 014—2019 年，每年分红总额在四五百万元，累计分红 2 600 多万元。其中，2019 年村民人均分红 1 360 元，全年分红总额 560 余万元。2009 年，金华村又成立土地股份合作社，有 528 户村民参股，流转土地面积 673 亩。2018 年，金华村和常州薰衣草庄园合作组建菁华生态农业发展有限公司，流转村内 230 亩土地建设薰衣草庄园，助力乡村旅游业发展。村集体获得股权分红收入，农户获得土地租金，还可以在薰衣草园区就地就业。

三是盘活闲置宅基地和规范租赁程序。2016 年，金华村根据昆山市《关于扶持村（社区）集体经济组织“一村二楼宇”建设的实施意见》，申请利用村内闲置宅基地建造集体用房，用于发展民宿经济。于 2017 年建成标准农房 3 栋，其中 2 栋已打造成特色民宿“菁华宿院”，并和上海民盟书画院合作，共同创建田园创作室，打造以艺术为主题的民宿集群及特色乡村旅游目的地，民宿经营收益纳入村级集体经济收入。此外，为了确保村级集体资产经营公开透明，金华村依托昆山市农村产权交易中心管理平台对村级集体资产实行线上交易，以第三方询价评估的形式去规范租赁程序，并通过苏州市农村集体“三资”监管平台，做好“三资”管理。

四是借助乡村振兴契机推进一二三产业融合发展。在省级特色田园乡村建设的基础上，金华村探索发展乡村“农文旅”产业，积极打造乡村振兴综合示范区。2019 年金华村与北京田园东方集团合作，制定金华村乡村振兴总体规划，走一二三产业融合发展的路子。第一产业方面，根据金华村得天独厚的水文情势，大力发展生态种养殖业，打造四季景异的特色田园风貌，形成了以“苗木＋果林＋荷塘＋农田＋花海”为特色的田园乡村。第二产业方面，探索发展腊肉衍生农副产品加工，让腊肉与文化邂逅。金华村村民有着制作火腿腊肉的传统，全村 200 多户村民几乎家家户户都腌制腊肉，2018 年全村销售腊肉 3.5 万腿（方），净收入达 180 多万元。为了规范腊肉生产，金华村注册了腊肉协会，还申报了非物质文化遗产，在村里建造农夫超市向游客介绍腊肉文化。第三产业方面，金华村将原来村庄的老厂房腾退，搭建田园客厅新平台，兴建金华村史馆、田园市集、田园村厨、田园大讲堂、拾房书院等，打造集农事体验、艺术田园、乡村众创、亲子度假为一体的产、学、创、游相结合的乡村生活体验地。

二、金华村实施乡村振兴的若干做法

金华村紧紧围绕“产业兴旺、生态宜居、乡风文明、治理有效、生活富裕”20字总要求去推进乡村振兴，产业上已然形成以村级集体经济组织为载体去推动一二三产业融合发展的格局，其他方面也正在同步推进。

一是实行“一控二改三清”举措推动生态宜居。金华村共有党员160人，党员充分发挥先锋作用，带头拆除违章建筑3 000多米^2，近年来共拆除违章建筑、乱搭乱建1万多米^2。所谓“二改”是指改房和改厕。2015年，金华村全面启动农房翻建工程，保留“白墙黑瓦，清清爽爽”的江南水乡特色。截至2019年6月，金华村北华翔农房翻建完成率达到80%。2017年，金华村下大力气推动农村厕所革命，两年来新建改建公共厕所2座，通过多种方式广泛宣传卫生意识，显著提升了村民的健康知识知晓率和个人卫生行为形成率。“三清”是指每月定期带领村民清理房前屋后乱堆乱放的杂物，使村庄环境干净整洁有序。近些年，金华村共清理房前屋后和村道杂草杂物、积存垃圾200余处，清理沟渠池塘溪河淤泥、漂浮物和障碍物40余处，清除农户土灶头485只。

二是开展多项活动促进乡风文明。金华村每月搞一次道德讲堂，让村民自觉参与、自我教育、自我评价和自我提升；每年开展新乡贤、五星家庭等评优评先活动，形成人人参与、家家行动、你追我赶的浓厚氛围；大力弘扬家庭美德，注重家庭、家教、家风的共识，以好家风好家训促好乡风好民风。此外，金华村还设有乡风文明志愿岗，弘扬雷锋精神，并每年评选志愿者优秀代表。

三是健全“三治”基层治理体系。金华村全力推动村规民约落地落细落实，奖励先进，惩罚后进，引导村民共同遵守规范，在全村营造了人人有责、人人尽责、人人享有的治理氛围。针对村庄环境问题，经村民代表大会全票通过，金华村出台了具体的实施细则，对每户村民进行测评打分，年底按照得分高低进行奖惩，并通过“金华三治融合平台”公示。例如，制定村民红黑榜考核奖惩办法，打分在90分及以上的同时享受股权分红和奖励，在70～90分的只享受股权分红，低于70分的当年的股权分红被取消。从治理体系看，金华村设有党群服务中心、公众参与协会、社会协同服务中心三大模块，其中党群服务中心下设青农讲习所、村卫生室等8个站所室，公众参与协会包括腊肉协会、红白理事会等7个协会议事会，社会协同服务中心包括养老、家庭互助等4个服务中心，整套基层治理架构相当完善。

四是多措并举发展集体经济实现村民生活富裕。金华村每年拿出村级集体经济收入的30%左右反哺村民，2018年村民人均分红1 300元，2019年增加至1 360元，是昆山市老百姓得益最大的村庄。从金华村农民人均年纯收入看，2007—2009 年平均每年为 16 155 元/人，2010—2012 年平均每年为23 349 元/人，2013—2015 年平均每年为 32 141 元/人，2016—2018 年平均每年为 40 926元/人，2019 年为 47 078 元/人，农民收入稳定持续增加。从养老保险看，全村村民 100%参加养老保险，其中参加社会养老保险的占 90.2%，参加农村养老保险的占 9.8%。从消费支出结构看，村民的食品支出约占消费总支出的 28%，该村居民的恩格尔系数已然比较低。

三、几点思考和启示

金华村的村级集体经济不断发展壮大，打破了“贫者愈穷”的发展惯性，穷村逆袭为富村的奋斗史有如下几点启示。

一是始终把村集体经济组织作为壮大村级集体经济和带领农民致富的有效载体。不管是金华村集体经济发展积累的“第一桶金”，还是后来向物业经济进军，再到近期走一二三产业融合发展的“农文旅”发展道路，村集体经济组织始终都发挥着凝聚人心和配置各类生产要素的重要作用，突出体现为村集体经济组织是村三大合作社的领办人角色，这反映出村集体经济组织确实是能够强村富民的组织，必须借助农村集体产权制度改革的契机制定特殊支持政策，让大多数村集体经济组织能够成长起来并切实发挥作用。

二是坚持把村集体经济组织作为基层实施乡村振兴战略的重要主体。实施乡村振兴战略需要以农民为主体，但农民需要被有效组织起来。谁来组织农民？毋庸置疑，村集体经济组织具有天然的地缘优势和群众基础优势，在联结村集体成员的过程中具有较强的经济激励功能。

三是发展壮大村级集体经济必须要善于把握时代机遇。金华村的集体经济之所以能壮大起来，究其原因，是抓住了每一次的发展机遇，如从最初的鱼塘复耕奖励到物业经济黄金期，再到当前的村级联合发展时代，金华村都是走在前面的政策受益者。当下发展村级集体经济是一种市场化的经济行为，是要参与到激烈的市场竞争中去的，唯有在市场浪潮中胜出才是名实相符。但发展村级集体经济在未来一段时期内仍会有倾斜的政策支持，紧盯政策、熟悉政策、获取政策红利是每一个村庄谋求生存发展的必修课。

案例报告

江苏省苏州市农村集体产权制度改革的实践及经验

2001 年，苏州市启动了社区股份合作制改革，为农村集体产权制度改革拉开了序幕，2016 年，苏州市全面完成农村社区股份合作制改革任务。多年来，苏州市始终走在农村改革发展的前沿，在推进农村集体产权制度改革方面取得了积极成效。苏州市作为经济社会快速发展的城市，其在农村集体产权制度改革中面临的问题也将是很多地区正在面临或即将面临的问题。旨在为更多地区顺利开展集体产权制度改革提供参考，农业农村部农村经济研究中心课题组于 2019 年 12 月 30 日赴江苏省苏州市展开调研，现将调研情况汇报如下。

一、改革进展及成效

苏州市始终把加强党对“三农”工作的领导作为推进农村改革的政治保证，扎实稳定推进改革工作。苏州市作为全国农村改革试验区，先后承担了 12 项全国农村改革试验任务，覆盖了农业农村领域多个方面，其中，在农村集体产权制度改革试验方面，城乡发展一体化改革试点主题下的农村土地经营管理制度改革试验任务（2011—2015 年）、吴中区发展农民股份合作赋予农民对集体资产股份权能改革试点任务（2015—2017 年）已完成，并通过验收；土地承包经营权有偿退出试点（2016—2018 年）任务已完成总结工作；吴中区农民集体收益分配权退出试点任务（2017—2019 年）正在有序开展。苏州市稳步推进清产核资、成员确认、股权设置、折股量化、建立组织等关键任务，深化改革，截至 2018 年，全市 1 311 家社区股份合作社的股权固化改革基本完成，惠及 122 万户农户，467 亿元集体经营性资产折股量化到人、固化到户、权证证书发放到户①。

二、创新经验及做法

苏州市在农村集体产权制度改革实践中起步早、发展快，分领域、分阶段、分步骤有序推进，使集体所有制焕发出新的活力和生机，现将改革重点环节、主要创新经验及做法汇总如下。

（一）全面提升“三资”监管水平

苏州市创新性地加强农村集体“三资”管理，推动规范建设。一是搭建专业化信息平台。苏州市建设全市统一平台系统，2017 年，实现集体资产地理信

① http://zgjssw.jschina.com.cn/shixianchuanzhen/suzhou/201806/t20180622_5475544.shtml。

息全部“上图”，着力构建完善的集体资产数据库。二是引入专业第三方代理，健全监管机制。苏州市在全市推行村级财务第三方代理，由政府购买服务，形成了出纳驻村、会计驻镇、中介代理、在线管理的“三资”监管新模式，同时，推行村级资金非现金结算，并形成“村务卡”、市民卡“双卡”支付体系。

（二）鼓励合作社股权固化

面对因人口增减、股份变动引发利益纠纷的情况，苏州市扎实推动股权固化。一是出台文件强化指导。苏州市出台《关于社区股份合作社股权固化改革的指导意见（试行）》，指导全市全面开展社区股份合作社股权固化工作，实行“固化到户、户内共享”的静态管理。地方也出台相关文件指导落实，如《吴中区社区股份合作社股权固化改革实施意见》《关于推进农村社区股份合作社股权固化改革的实施意见（试行）》等。二是因地制宜稳妥推进。股权固化具有系统性和复杂性，苏州市积极组织领导力量、制定工作方案、强化宣传培训、抓好群众思想，力求合理确定股权固化时间，截至2018年，全市社区股份合作社的股权固化改革工作基本完成。

（三）探索资产运营新模式

苏州市创新集体资产运营模式，多措并举壮大发展村级集体经济。一是建设农村产权交易市场。2015年，苏州市组建了农村产权交易中心有限公司，此后，开展全市所有镇（街道）农村产权交易分中心（窗口）建设，2018年，苏州市“三资”管理信息化平台与市产权线上交易系统完成对接。线上电子竞价交易不仅能充分发挥市场在资源配置中的决定性作用，更有利于集体资产透明流转，保障农民权益不受侵害。二是联合抱团发展。苏州市建立了完善的区镇抱团发展平台，以村集体资产入股镇级抱团发展载体，通过共同建造标准厂房、物业用房，或异地购买优质资产等方式，构建村级经济长效发展机制。截至2017年，全市已组建镇级以上牵头的村集体联社（公司）等统筹发展平台90个，累计完成投资66.2亿元，建成经营性物业面积3 172万米^{2}①。三是鼓励创办农村旅游产业。苏州市大力支持集体经济发展乡村旅游服务业，一方面可以有效利用乡村闲置房屋资源；另一方面可以将成熟的农村公共服务配套项目纳入政府定点采购范围，着力拓宽村级集体经济增收渠道。

（四）有序推进“政经分离”

苏州市探索“政经分离”是新时代提升农村基层社会治理水平的重要手段。一是上级领导高度重视。2014年，苏州市委、市政府发布《关于进一步发展壮大村级集体经济的意见》，提出全面推行“政经分离”改革；2015年，市委主要领导再次提出要深入推进“政经分离”等农村改革，为城乡发展一体

---

① http：//www.js.gov.cn/art/2018/6/22/art_33718_7714930.html。

化提供强大内生动力。二是试点不断纵深推进。截至2017年年底，苏州市共有415个行政村（社区）开展试点，并按照组织机构、管理职能、成员对象、议事决策和财务核算“五个分开”要求，探索“政经分离”，提升基层公共服务水平和集体资产经营管理水平，高新区枫桥街道经验还被写入中共中央办公厅、国务院办公厅《深化农村改革综合性实施方案》，在全国推广。

三、存在的主要问题

（一）法人地位不明确

在现有法律制度体系下，农村集体经济组织法人地位并不明确。虽然江苏省做出变通，通过《农民专业合作社条例》赋予了农村社区股份合作社法人地位，并准予登记为专业合作社法人，但两者产权制度安排和承担义务责任不一致，经营方式和内容也有较大差异。法人地位不明确导致农村集体经济组织独立自主从事经济活动的功能被削弱，并将引致农村集体经济组织不健全等问题。因此，从法律层面为肩负经济发展和公共服务功能的农村社区性集体经济组织单独设立法人资格比较迫切。

（二）税费负担较重

税费负担重是困扰农村社区股份合作社发展的一个重要问题，也是大多数社区股份合作社不愿意进行工商登记的重要原因之一。农村社区股份合作社兼具农产品加工行业和工商企业特点，税费问题比较复杂，涉及营业税、企业所得税、印花税、契税和个人所得税等。在苏州市调查时发现，一般农村社区股份合作社需要缴纳的税费大致涉及12种，综合税率在30%以上[①]，在农村集体经济组织在市场中总体处于弱势地位的背景下，集体增收雪上加霜。因此，应妥善处理税费过重的问题，助力农村集体产权制度改革顺利推进、农村经济持续健康发展、农民收入日益增长。

（三）产权交易平台层次较低

产权交易平台层次低是制约苏州市农村产权流转交易的突出问题。具体而言，一是农村产权交易市场多数在乡镇，平台层次低；二是农村产权交易所性质不明，运行困难多、利益分配机制不健全；三是产权交易品种较为单一，交易区域较为狭窄。因此，应继续提高农村产权交易平台建设水平，而其本质在于加速农村社会主义市场经济体制改革进程，突破城乡二元结构产权制度约束，推动农村产权、资产、资源，特别是土地承包经营权的资本化、市场化。

（四）基础设施建设落后

基础设施和配套设备落后，严重制约了集体经济增收。农村公路、水

① 江苏农村产权改革激扬前行[J]. 农村经营管理，2015(1)：19-20。

利、水电等基本生产生活基础设施的不健全为村级招商引资带来了很多困难，如苏北很多地区旅游文化资源丰富，但资金支持力度不足，难以实现村集体通过发展休闲观光经济带动增收的目标。因此，应加快补齐基础设施短板，配套农村基础设施建设，特别是加大农村新产业、新业态发展的基础设施投入。

四、进一步推进产权制度改革的重点任务

结合苏州市农村集体产权制度改革发展现状，课题组认为，在今后一段时期，苏州市应在坚持集体所有制不动摇的前提下，扎实做好改革“回头看”工作，继续强化制度体系建设，通过创新发展形态激发集体经济组织活力，形成推动农村集体产权制度改革的长期动力。

（一）坚持集体所有制不动摇

坚持集体所有制不改变、不动摇是农村集体产权制度改革的根本前提，也是苏州市能够取得积极改革成效的基本经验。随着城乡一体化的发展，苏州市农村集体资产的存在形态、经营方式以及集体经济组织成员的生产生活方式都发生了新的变化，但量化到人的股权只作为成员享受所在集体经济组织收益分配的必备依据，其所有权仍归属所在集体经济组织的全体成员的核心要义不能改变。对农民集体所有权实现形式的探索，包括对农民集体主体的改造等，均应以坚持农民集体所有为前提，不能违反土地公有制的底线要求。需要明确无论是宅基地制度改革还是集体经营性建设用地入市改革，都不应涉及所有权的变更，基于土地市场化使用的“两权分离”与“三权分置”，以及其他各种形态的改革土地使用制度的创新举措，均不能触及所有制与所有权的变更，也不应越过土地公有制底线。

（二）做好改革“回头看”工作

苏州市农村集体产权制度改革走在全国前列，无现成的经验和路径可循，需要摸着石头过河，在改革进入深水区以后，扎实做好“回头看”工作，及时发现问题及纠正偏误显得无比重要。农村集体产权制度改革是涉及成千上万农民群众切身利益的重大决策，特别需要正确处理加快推进改革与保持农村社会和谐稳定的关系、严格依法依规与特殊情况实行“一村一策”的关系、激发农民群众积极性与强化政府指导力的关系，确保改革工作平稳有序推进。在改革推进过程中，一方面，要积极放权探索，充分发挥一线指导服务和管理职能，分解落实改革任务，逐个指导改革实践，直接组织改革实施；另一方面，要及时组织实施“回头看”，总结发现薄弱环节和存在的问题，制定整改完善工作计划，确保改革工作决策民主、方案科学、操作规范，确保改革经得起历史和群众检验。

（三）继续强化制度体系建设

通过局部地区先行先试，探索形成制度化、体系化的试点经验，是苏州市开展农村集体产权制度改革的重要使命，强化制度体系建设成为未来改革的重点任务。一是继续规范和强化集体资产管理体系。切实抓好农村集体资产管理规范化建设，重点抓好村级非生产性开支、财务票据和集体资产财务公开等制度落实，确保资产安全运行和保值增值；强化农村审计监督，落实审计整改和结果公开，严堵管理漏洞，保障农民合法权益。二是建立健全农村产权收益管理制度。按照产权“谁所有谁收益”的原则，对产权交易产生的收益分配作出规定，建立公正、公平、合理的利益分配机制。三是理顺“政经分离”后集体经济组织的监管体系。集体经济组织与村（居）自治组织、村民的关系错综复杂，普遍存在治理结构不够合理、内部运作不够规范、发展缺乏动力，以及股权纠纷、换届选举等矛盾。在“政经分离”后如何进行归口管理变得更为复杂，需要加快研究明确集体经济组织的监管责任和监管方式。四是强化民主决策、民主管理和民主监督制度。全面落实重大事项审查和报告制度，健全集体事务公开制度，建立行之有效的监督管理体系，提高集体产权收益分配的透明度，切实保障广大社员的知情权、参与权、表达权和监督权，不断提高集体成员参与公共事务的积极性。

（四）创新发展形态

推进农村集体产权制度改革的最终目的在于增加农民收入，凡是有利于增强经济规模、增加集体资产收益的发展方式和路径都应该允许探索。在推动农村集体产权制度改革的过程中，必须根据资产类型和分布情况，积极引入市场竞争机制，因地制宜采取多种方式，切实提高运营效率，增加资产经营收益。积极开展以资源有效利用、资产物业租赁、设施统一服务等为主要内容的集体经济发展路径，不断夯实党在农村执政的物质基础，不断增加集体经济组织成员财产性收益。具体包括：推进集体经济组织联合升级发展，以股份化、集团化为手段，打破行业和地域界限，整合资源、资产、资金，通过参股、联营、长期投资等多种方式扩大联合与合作，以乡镇为单位甚至跨乡镇、跨市联合组建联合社、联合公司等联合发展平台，加速升级改造，做到“市、乡镇主导开发，市、乡镇、村三级分利”，实现抱团发展、优势互补、资源共享。鼓励集体经济组织异地发展，盘活存量土地，通过集体非农建设留用地、存量建设用地异地置换等形式，进入城镇和开发区发展，参与城镇化和城乡一体化建设。此外，还应坚持开源节流，科学界定资产收益用于发展再生产、内部管理和公共服务的比例，引导和鼓励集体经济组织持续合理地提高成员分配水平，让发展成果更多惠及农民，构筑起农民与集体经济更为紧密的利益联结关系。

江苏省苏州市“政经分离”枫桥经验的思考与借鉴

深化农村集体产权制度改革是党中央、国务院作出的重大决策部署。江苏省作为早期农业农村部、中央农村工作领导小组办公室选定的试点单位，在农村集体产权制度改革中积累了丰富的经验。江苏省基础条件好，经济发展与城镇化进程在全国领先，在镇改街道、村改居委会的过程中，创新激发集体经济活力、重构新型农村治理模式，形成了典型的“政经分离”枫桥经验。为了在新时代、新形势中总结宝贵实践经验，为更多地区顺利开展集体产权制度改革提供参考，农业农村部农村经济研究中心课题组于 2019 年 12 月 30 日赴江苏省苏州市高新区枫桥街道展开调研，并考察了枫桥街道开展股份合作制改革的两个试点村之一的联港村。

一、“政经分离”枫桥经验

在新型城镇化过程中，苏州市高新区枫桥街道不断创新完善集体经济管理体制，并且在集体经济组织与基层自治组织职能分开的探索中表现出特色。

（一）“迫不得已”的“政经分离”

2004 年，枫桥街道经历了“村转居”的变革。原有 24 个行政村合并为 7 个社区，撤销村委会建立居委会，并以原有行政村为单元形成股份合作社。据枫桥街道工作人员反映，村落聚居格局初被打破时矛盾重重，面对老百姓“找上门”的情况，由原来各村干部分流而来的社区干部们往往采用传统农村人情化管理手段解决问题，但这种工作方法形成了更多新问题，导致上门群众越来越多。同时，枫桥发达的工业经济也使当地流动人口大幅增加，进一步提升了社区治理难度。

治理难度的增加令社区管理层达成了共识，政府的经济职能与社会管理职能必须剥离，让干部们各司其职，至此，“政经分离”概念初步形成。

（二）“政经分离”的实践探索

顾名思义，“政经分离”即“社会职能划归社区、经济职能留在股份经济合作社”。在“政经分离”开展初期，枫桥街道主要实施三大举措，一是妥善分流村级干部，二是建立专业化服务管理团队，三是确定公共服务承担主体。在枫桥街道的高效推动下，成功做到了 218 名村干部和 139 名村用工人员合理分流；将 24 个村股份合作社定性为“纯经济”的富民平台；由 7 个社区承担原行政村负责的行政事务，定性为“纯管理”的服务平台，实现了分工专业化高效管理[①]。

（三）“政经分离”的发展成效

“政经分离”的高效管理模式使枫桥街道集体经济建设与基层自治建设均取得了良好的效果。

在集体经济建设方面，枫桥街道完成“三步走”战略。一是利用村股份经济合作社实现“纯经济”富民。枫桥街道顺利完成清产核资、成员界定、资产量化、股权设置和成立股份经济合作社等环节，将符合条件的4万多农民全部按农龄折股量化，每年按股分红。据统计，仅2016年，枫桥街道24个村股份合作社实现净收入5 232万元，兑现分红4 667万元[②]。枫桥街道居民获得稳定的财产性收入，一方面，依托多元化集体资产运营：枫桥街道探索多层次、多渠道、多形式促进村集体经济持续健康发展，打造了商业街、打工楼、产业园、购物中心、精品酒店“五位一体”的富民项目，确保了集体资产收益稳定持久；另一方面，有赖于规范透明管理手段：枫桥街道24个股份经济合作社建立健全管理机构、照章规范运作，定期公布合作社财务状况，强化常态监督，主动接受群众检阅，使集体资产安全得到保障，避免了集体资产流失，切实保障股民合法权益。例如，联港村通过村股份合作社监事会定期开展民主理财、定期上墙公开财务，同时也在“风清高新”平台公开，方便股民通过手机查看，增加了村股份合作社运行的透明度，建立了新型民主监督机制，改善了党群、干群关系。二是搭建村民投资平台引导投资增收。2007年，枫桥街道成立了“民发富民合作社”，进一步为农民资产谋出路，提高财产性收入。民发富民合作社承诺保本和8%的年收益，考虑到投资的稳定性，民发富民合作社将筹集到的资金投入到“景山公寓打工楼”和“木桥公寓打工楼”。据统计，2016年，民发富民合作社实现分红5 129万元。三是成立合作社联社抱团发展。枫桥街道24个村股份合作社一起抱团投资组建苏州市首个村股份合作联社——联枫建设发展有限公司，通过抱团经营，使联社有能力开展更高水平的投资，进一步壮大村股份合作社集体经济。联港村加入联社后，分红水平从2005年的每股40元增长到2018年的每股85元，村级分红翻番，截至2018年年底，已累计分红2 596万元，人均分红14 319元。

在基层自治建设方面，枫桥街道秉承专人、专业、专心的原则进行高效管理。一是组建知识化社区服务队伍。枫桥街道高薪聘请大学生加入社区管理队伍，有效提升业务水平。二是不断升级社区管理系统框架。为更好地服务社区居民，起初枫桥街道推行“三位一体、四级网络”的社区管理体制，但由居民

① http：//www.cgbchina.com.cn/newDetail.gsp?id=6664150。

② http：//wm.jschina.com.cn/9654/201705/t20170511_4072496.shtml。

骨干和热情党员构建的三、四级网格服务水平参差不齐，枫桥街道通过聘请第三方专业服务人员化解该难题。三是探索“政居分离”新模式。枫桥街道优化资源配置，在中、东、西 3 个区域设置 3 个社区服务中心，形成“中心＋社区”管理模式，由服务中心提供包括市场监督、城市管理、积分等 68 类 209 项业务，是“政经分离”的进一步探索。“中心＋社区”模式中，将工作人员分流重组，一部分负责政府延伸职能，另一部分下沉社区服务，精简管理人员、明确工作任务、压缩管理费用、提高服务效率。

二、“政经分离”枫桥经验的思考

（一）“政经分离”的合理化探讨

“政经分离”是在“政经合一”的基础上演化而来。一直以来，“政经合一”是补充国家在公共财政投入上不足的重要手段，由村集体经济维持基层村庄治理，一定程度上促进了村级治理的稳定有序发展。同时，“政经合一”充分利用村民和集体经济组织成员身份重合的特点，为基层社会管理提供了便利。但随着经济社会发展，资本的流动、资源的流动、人口的流动成为新常态，流动性冲击了村庄传统秩序，人们对村庄的物质与情感依赖不断被削弱，“政经合一”的乡村治理体系不断受到挑战。此外，“政经合一”模式使流动人员失去了原有的权利及权益享受，极大地损伤了人们的安全感、获得感和幸福感。

“政经分离”不能靠“一刀切”推动。理论上讲，由“政经合一”到“政经分离”是一种制度上的变动，而任何制度变动都存在改革成本。农民长期以来处于“政经合一”的乡村治理体系下，已经形成了心理上的“路径依赖”，若让农民适应新规则，意味着其必须能够从制度变迁中获得更多资源，克服转型成本。目前，全国“政经分离”条件差异较大，村“两委”干部威信、集体经济收入、成员民主参与意识等都将影响改革进程。因此，必须立足实际，逐步推进，条件成熟的地区实行“政经分离”，条件不成熟的地区则由“半政经分离”过渡，让农民从获益中转变，由“要我改”变为“我要改”。

（二）“政经分离”的发展思路

一是认清要素流动的新常态。家庭承包经营制实施以来，农民重获个人劳动力支配权，在户籍制度改革的助推下，农民可以进一步按照自己的意愿流动，调整生活与居住地点和方式，由此涌现了一批农民工、外嫁女、新户籍人口等。此时，如何强化外来人口管理和服务成为新时代社会治理面临的新挑战。必须要站在维护农民利益的视角，突破固化思维，创新管理体制，这不仅是对基层经济建设的“松绑”，更是令本地居民与外来人员平等享受管理与服务，加速流动人口与社会大融合，消除社会隐患，释放经济活力。

二是适应把权力关在制度的笼子里。“政经分离”的难题之一是村干部思想“不通”。“政经合一”赋予了村干部更多的权力，由于政治经济两手抓，“自己监督自己”“左手监督右手”，极易滋生腐败行为。“政经分离”形成了一种新制约，是从选举开始的政治生态净化，一定程度限制了“小官巨贪”的产生，有利于保持“两委”的先进性、基层社会治理的稳定性，搭建更好的社区服务平台。

三是以集体经济稳定发展为基础。集体经济收入越高，“政经分离”越容易实现，一方面，经济发展水平高有助于提高公平意识、市场意识，农民的思想更加开放包容则有利于加速改革进程；另一方面，稳定的集体经济收入也从物质基础上保证了管理人员工资待遇，提高了其工作积极性。

“政经分离”枫桥经验是农村集体产权制度改革中的创新尝试，是新型城镇化中的宝贵探索，各地区应因地制宜，适度推进，推进集体经济与基层治理共同发展。

河北省保定市定兴县农村集体产权制度改革试点报告

2018 年 6 月，河北省保定市定兴县委、县政府发布了《关于稳步推进农村集体产权制度改革的实施意见》，全县按照“两年试点、三年推开”的工作安排，到 2021 年年底基本完成农村集体产权制度改革工作。2019 年 5 月，河北省入选农村集体产权制度改革整省试点单位名单（第四批），根据进度安排，试点任务到 2020 年 10 月底前基本完成。由此，定兴县的试点任务相应提前到 2020 年 10 月底前基本完成。

为全面掌握试点工作完成情况和改革成效，及时总结改革经验成果，2020 年 11 月 23—24 日，农业农村部农村经济研究中心课题组赴保定市定兴县就农村集体产权制度改革试点工作开展调研。本次调查召开了县、乡镇、村三级 3 次座谈会，随机抽取实地调研了定兴县的李郁庄乡侯官营村、彭各庄村，北田乡西章村、内章一村，共 1 县 2 乡 4 行政村，通过听取汇报、查阅档案、进村走访、群众交流等方式，力求从点到面对定兴县农村集体产权制度改革试点情况进行细致调查。总体来看，定兴县此项改革试点工作做得比较扎实，档案资料管理规范，改革成果深得干部群众认可和满意。

一、试点任务完成情况

按照河北省和保定市关于农村集体产权制度改革工作的统一部署，定兴县按照试点带动、全面推进的程序、科学设计、细化目标，强化落实，高标准完成了各项改革任务。

（一）规定任务全面完成

一是清产核资工作全面完成。定兴县制定并印发了专项实施方案，县、乡镇均制定资产登记、保管、使用、处置、清查和定期报告制度。通过清产核资，全县 274 个村级集体经济组织，清理各类资产总额 45 403.57 万元，负债合计 3 415.0 万元，所有者权益总额 40 838.6 万元。通过清产核资，全县流动资产减少 29.0 万元，农业资产增加 55.94 万元，固定资产增加 5 317.7 万元；清理集体土地总面积 102.3 万亩，其中农用地 77.7 万亩，建设用地 22.55 万亩，未利用地 2.05 万亩。县和各乡镇对清产核资数据进行认真审核校验，确认数据准确无误。全县 274 个村级组织全部完成清产核资，并录入清产核资系统，完成和录入比例均达到 100%。

二是成员身份界定工作全面完成。定兴县参照有关法律法规政策，结合该县实际情况，制定并印发了《定兴县农村集体经济组织成员身份确认的指导意见》，指导各个村级集体经济组织开展成员身份确认的具体程序、标准和管理办法。截至 2020 年 11 月，全县 274 个村均已完成成员身份确认工作，共统计人口 53.597 万人，确认为成员的有 53.563 4 万人，未确认为成员的有 336 人。这 336 人属于人在村但户籍不在村的情况。

三是折股量化工作基本完成。定兴县农村集体产权制度改革领导小组制定了集体资产股权设置与管理办法，规定了政府拨款、减免税费等形成资产折股量化的具体办法。严格按照国家批复的试点任务要求，开展以资产量化、股权设置与管理、收益分配等主要内容的集体资产股份合作制改革。全县 274 个村全部成立股份经济合作社，其中 37 个村全部进行股份量化，占有经营性资产的村的比例为 100%；剩余 237 个村没有经营性资产，但采取设置虚拟股的方式，一步到位进行股权量化。274 个村全部建立了股权台账，占比 100%，股东 16.58 万户 53.56 万人，设置基础股 3 800 多万股。

四是农村集体经济组织全面建立。定兴县制定了农村集体经济组织登记管理办法，研究制定了农村集体经济组织示范章程。全县成立 274 个村级集体经济组织，成立了股份经济合作社，合作社赋码全部完成。

（二）自选任务积极探索

一是有效探索确权赋能。定兴县制定了《农村集体资产股份有偿退出和继承管理办法（试行）》《农村集体资产股份抵押、担保贷款办法（试行）》等制度，在集体成员股份的有偿退出、转让、继承及抵押、担保等方面进行了积极探索。全县 274 个股份经济合作社，全部完成股权证书制度，发放股权证书达到 80%，2020 年年底前有望全部发放到位。

二是积极尝试“政经分离”。定兴县 274 个村完成了股东会、董事会、监事会的“三会分设”，进一步规范了集体资产运营和管理。不少村正在积极推进“政经分离”，力求充分发挥改革效益。

三是积极壮大村级集体经济。定兴县把消灭“空壳村”存量、提高村集体经济收入作为改革重点，截至 2020 年 11 月中旬，全县累计消除集体收入“空壳村”58 个，集体经济“空壳村”已全部消除，集体经济年收入 5 万元以上的村 236 个，占 86.13%。

四是进一步规范日常监督。定兴县建立健全 274 个村集体资产登记、保管、使用、处置等制度，全部实行专人专责、台账管理。建立农村集体资产信息化监管平台，推动农村集体资产财务管理制度化、规范化、信息化。在做好日常财务收支等定期审计的同时，扎实开展村干部任期和离任经济责任等专项审计，建立问题移交、定期通报和责任追究查处制度。

五是产权流转初显活力。定兴县制定了《农村产权流转交易实施细则》，构建了县、乡镇、村三级农村产权交易市场，三级体系逐步形成，注册成立了县级农村产权交易中心，各乡镇成立了产权交易服务站，各村又成立了产权交易服务点，完成了统一挂牌工作。截至2020年11月中旬，全县已完成交易1笔，涉及1个村（易上村）517亩集体荒滩，采取现场竞价会的方式，竞拍成功，保证了村集体利益，维护了全体村民的权益。

二、主要做法和经验

（一）强化组织领导

定兴县成立了由县长任组长，县委副书记、副县长任副组长，县政府相关部门主要领导为成员的领导小组，负责全县农村产权制度改革的谋划部署、统筹协调、整体推进、督导落实。领导小组下设办公室，办公室设在县委农办（县农业农村局），承担日常事务工作。县委、县政府主要领导定期召开县委常委会、政府常务会、县长办公会，安排部署、调度推进，为农村集体产权制度改革提供了强有力的组织保障。

（二）做实财力保障

为推动农村集体产权制度改革工作稳步有效开展，定兴县按照每村3 000元的标准安排产权制度改革专项经费，2019年、2020年累计安排乡村工作经费82.2万元，重点用于乡村资料印制等支出。累计支付县级工作经费30万元，重点用于清产核资委托验收、股权证书印制、档案资料的整理及电算化，为农村集体产权制度改革工作的顺利开展奠定了坚实基础。

（三）落实工作责任

该县深入研究上级政策，吃透改革精神，明确目标任务，制定责任分工方案，明确责任主体，县、乡、镇村各级党组织书记是农村集体产权制度改革的第一责任人，建立县领导包乡镇、乡镇领导包村的全程负责机制，层层落实责任，确保有人管事、有能力办事。农村集体产权制度改革由县委、县政府总负责，县委农办（县农业农村局）牵头，财政局、自然资源和规划局、水利局、教育体育局、卫生和计划生育局、交通局、妇女联合会、档案管理局、供销社等相互配合的工作机制，全县上下一盘棋，形成了县直接领导、乡镇组织实施、村组具体操作、部门协调配合的纵横交织、全面推进的工作机制。

（四）搞好业务培训

定兴县多次聘请省内外领导、专家开展农村集体产权制度改革专项培训。强化对县委农办（县农业农村局）工作人员政策培训，各乡镇业务人员业务要点、操作流程培训，对村组人员进行具体操作培训，县级聘请省市专家累计召开培训、调度、会商会20多场次，1 000余人次。各乡镇召开村级各类业务培训80多场次、5 000余人次。县委、县政府主要领导多次深入乡村指导调研，多次带队到行唐、望都等先行试点地区学习交流农村集体产权制度改革经验，结合行唐县实际，形成了“建立机构、制定方案、宣传培训、清产核资、成员界定、股权设置、注册登记、规范运营”的便于操作、高效实用的工作流程。

（五）强化宣传发动

为降低农村集体产权制度改革的阻力，定兴县充分利用广播电视、宣传栏、网络等媒介，采用电视、网络、微信、明白纸等形式加大工作宣传，累计下发宣传图册 10 万份，力求做到家喻户晓。对于在改革过程中遇到的疑难问题，由乡镇统一收集，县统一研究解答，并装订成册，形成《定兴县农村集体产权制度改革股权设置、经济组织设立等参考资料》《定兴县产权制度改革相关制度》等，然后下发到乡村，指导乡村开展具体改革工作，累计印发 100 余本。

三、改革亮点和创新

从定兴县农村集体产权制度改革的四个关键步骤看，其亮点和创新之处在于前瞻性地设置多种类型股权。

（一）设置基础股

坚持“依法合理、集体所有、因村制宜”的原则，结合各村实际，股权设置以成员股为主，根据具体情况设置基本股、奖励股、贡献股、计生股等，原则上不设置集体股，但可以在集体收益分配中提取公积金、公益金、管理费，提取比例或数额由成员或代表会议民主讨论决定。

（二）设置特殊股

对确因特殊情况需要设置集体股的，由村集体经济组织成员民主讨论决定。如果设置了集体股，在量化资产总额中，集体股一般不超过 30%。

（三）设置虚拟股

对于没有净资产或净资产为负数的村集体经济组织，通过设置虚拟股的方式按成员数分配股权，作为将来资产量化的依据。虚拟股数量统筹考虑乡村家庭人口数量，如有的村设置了每人 60 股，有的村设置了每人 100 股，这些设置方式都是方便将来成员后代对其股权的继承和拆分。

在具体实践中，各村根据实际情况进行必要调整。例如，李郁庄乡的股权配置工作于 2019 年 9 月启动，根据 12 个村都没有经营性资产的实际情况，各村只设基本股（人口股），每人 60 股虚拟股，每股金额 0 元，不设其他股。

在股权管理上，定兴县实行“静态”管理，一次配置保持不变，实行“生不增、死不减、长不加、走不收”的方式。例如，北田乡为 39 948 名村民配置股份，村民拿到股权证后普遍反映，“股份还能传给儿孙，不管人到了哪儿，按股分红永不变！”“确权到人、发证到户，户内共享、社内流转，长久不变、静态管理”，群众的主人翁意识在明显提升。

四、存在问题及原因

定兴县的农村集体产权制度改革取得了阶段性成效，但随着改革的深入，一些新情况、新问题、新矛盾逐渐突显，必须引起足够重视并加以解决。

一是农村经营管理队伍力量薄弱。当前农业农村基层工作的经营管理任务越来越多，县、乡镇农村经营管理队伍要承担农村改革的具体工作和改革后的规范运营管理任务，同时还要做好农村土地承包与流转、农村土地纠纷仲裁、村集体“三资”管理与监督、土地规模经营、农民负担监督、农村宅基地管理等大量农村经济工作。但对农经队伍建设的支持明显不足，农经队伍待遇偏低。在工作中存在工作人员与承担事务的倒挂问题突出，主要原因是当前从上到下的农村经济经营管理编制、队伍弱化，特别是乡镇一级没有专属农经编制和人员，农经工作政策性、专业性较强，在具体履职中有难度。

二是农村集体经济组织权利不够明确。农村集体经济组织的法人地位在《民法总则》中得到确立，但其相关权利尚无法律规定，影响了集体经济组织作为市场主体经营集体资产的进程。新的村集体经济组织成立后，村民委员会与村集体经济组织的职责权限还没有从法律层面详细确定。

三是集体经济组织成员权能实现难度较大。定兴县是平原大县，实行家庭承包经营后，多数村的集体资源资产较少，村级经营性收入较低，村集体创收缺乏有效途径，要想真正实现分红非常困难。有的村即使有一些经营性收入，但因成员人数多、可用于分红的金额少、缺少明确具体的分配方案，集体经济组织成员还没能享受过分红福利。另外，农村集体经济组织的股份抵押、担保等权能实现难度较大。在实际工作中，由于集体经济组织的股权抵押担保具有低利润、高风险特点，金融机构的积极性不高，加上缺乏上级机构的政策支持，造成开展抵押担保工作难度非常大。

四是农村专业人才特别是会计队伍需要加强培养。农村产权制度改革是农村经济管理的一次全面升华，随着改革的深入和农村经济的发展，各村经济组织管理特别是经济组织账务处理要求更加严格。但村集体经济组织多数处于运营初期，需要专业的会计人才进行业务登记，村集体原有的出纳型会计无法适应业务的需要，而聘请专业会计却是一笔不小的开支。农村会计人员队伍薄弱，专业人才偏少，不利于后续工作的推进。

五、完善法律法规政策的建议

农村集体产权制度改革的最终目的是通过改革赋予农民更多财产权利，明确产权、完善权能，壮大集体经济实力，增加农民收入。

一是加强农经队伍建设。建议从中央到地方切实加强农村经营管理队伍建设，乡镇级强化农经队伍建设，县级赋予农经机构主体地位，真正实现人员、编制、经费、职权到位，从根本上做到事有人干、责有人负。

二是加快制定村集体经济组织法规。建议尽快制定和出台农村集体经济组织方面的法律法规，完善农村集体经济组织的法人地位，促使农村集体经济组织发展有法可依、有章可循。明确农村集体经济组织的主体地位、职责权限，对组织登记制度、成员确认和管理制度、组织机构设置和运行制度、资产财务管理制度、法律责任制度、监管制度等作出全面规定。通过立法保障农村集体经济组织平等使用生产要素、公平参与市场竞争、同等受到法律保护。

三是尽快完善相关配套政策。资金问题是当前农村集体经济组织面临的普遍性问题，建议政府及金融部门及时出台抵押担保方面的具体支持政策，降低抵押担保门槛，解决融资难问题。尽快制定具体的促进农村集体经济发展壮大的金融、土地、税收等相关政策，同时完善集体收益分配制度，探索农民对集体资产股份有偿退出的条件和程序，保证农村集体经济组织的正常运营。

四是强化农村会计队伍建设。探索完善农村会计队伍建设管理机制，制度出台相关政策。采取政府买单，委托专业人员担任村级专职会计方式，提高村级财务制度管理水平。

河北省邢台市任泽区农村集体产权制度改革试点报告

一、工作组织实施

（一）明确调研对象与内容

1. 调研对象。本次调研对象为河北省邢台市任泽区，分别为邢家湾镇杨家庄村、滏西村，西固城乡赵村和韩西周社区。

2. 调研内容。调研主要包括四个方面内容：一是客观总结各项试点完成情况、做法经验以及主要成效。细致检查各项试点任务的完成情况以及完成质量；系统梳理落实试点任务的工作举措；客观总结试点工作取得的效果。二是提炼总结推进试点的主要亮点以及创新之处。重点提炼总结试点地区在核心环节和关键任务上进行的具有理论价值和推广价值的实践探索和制度创新。三是分析存在的问题及其原因。深入分析试点地区在改革任务试点过程中遇到的制度性问题和操作性问题以及可能面临的潜在风险。四是提出进一步深化改革的对策建议。

（二）选择科学调研方法

本课题组综合采用以下科学调查方法：

1. 座谈交流。与邢台市、任泽区有关部门负责同志、从事具体工作同志、村干部、农民群众等开展座谈，听取面上工作汇报，围绕产权制度改革过程中的主要做法和经验等进行交流讨论。

2. 查阅资料。对任泽区以及部分乡镇进行资料查阅，包括改革方案、政策文件、台账名册、证书簿册、会议记录、公示信息、统计报表、总结材料、宣传材料、项目资料等，并进行集中收集。

3. 实地走访。选择西固城乡、邢家湾镇 2 个乡（镇）和 1 个社区进行实地调研。同时，在实地调研中，选择个别农户进行访谈交流，深入了解改革动态。

4. 随机访谈。采取随机抽样方法，了解农民群众对改革的真实想法和对改革工作的内心评价，并根据抽查结果推断总体情况。

（三）开展实地调查

本课题组综合运用集中座谈、查阅资料、随机走访、问卷调查、暗访访谈等方式开展实地调查，共随机走访 2 个乡（镇）、4 个村（社区）（表 1）。

表 1 实地调查地区情况

试点区县	乡（镇）	村（社区）	村（社区）类型	调研方式
任泽区	邢家湾镇	杨家庄村	“农业＋加工业”	实地走访、查阅资料
		滏西村	农业村	实地走访、查阅资料
	西固城乡	赵村	农业村	实地走访、查阅资料
		韩西周社区	商业	实地走访、查阅资料

二、重点任务完成情况

任泽区2020年6月撤县设区，位于河北省南部、邢台市东北部，距离市区15千米，是省定贫困县，辖4镇4乡2区，人口38万人，195个行政村，总面积431千米^2，耕地面积45.5万亩，2019年农村人均可支配收入14 227元。2019年被农业农村部确定为全国首批乡村治理体系建设试点县和全国农民合作社质量提升整县推进试点县，是全国粮食生产先进县、国家园林县城。任泽区委、区政府高度重视农村集体产权制度改革工作，认真贯彻落实党中央和省市的安排部署，将之作为深入实施乡村振兴战略的有效抓手和深化农村改革的重要内容。在省市农业农村部门的大力支持和指导下，通过加强组织领导、周密安排部署、严格步骤程序、加强培训指导、强化督导调度等工作措施，努力把农村集体产权制度改革向纵深推进，取得了阶段性成效。截至调查日期，清产核资、成员界定、股权设置、成立组织、登记注册等各项任务均已按时保质保量完成，全区195个行政村成立了193个村级股份经济合作社和5个组级股份经济合作社，发放了《农村集体经济组织登记证》。整个农改过程平稳有序，完成任务的同时，没有出现一起矛盾纠纷和上访问题，为进一步发展壮大村集体经济、保持农村社会长期和谐稳定，奠定了坚实的基础。

（一）做实清产核资，全面摸清家底

任泽区清产核资工作按照先账内、后账外、实事求是的原则，参照自然资源、交通、教育、文化体育、卫生健康等部门数据，各村将集体资产逐一核实登记，做到物、款、证、表、账数据真实、相符，并全部录入全国农村集体资产清产核资管理系统。完善了村集体“三资”管理台账，严格做到“五相符”，即账物相符、账款相符、账账相符、账证相符、账表相符。根据清查，截至2017年12月31日，全区农村集体资产账面数总额7 135.30万元，核实资产总额2.20亿元。通过清查，全区农村集体资产总额增加1.49亿元，其中经营性固定资产由19.43万元增加到1 668.58万元；集体土地总面积60.52万亩，其中农用地49.20万亩，建设用地11.31万亩，未利用地103.30亩。

（二）精准成员界定，维护群众利益

按照“12346”工作方法，对任泽区所有农村集体经济组织成员进行了身份界定，“1”即1个基准日，全区统一按照2019年3月31日为成员界定的基准日；“2”即户籍在村和户籍不在村的人员都要摸底登记；“3”即经该户户主同意签字按手印，召开村民大会或村民代表大会，三榜定案进行公示，确保成员身份的准确性；“4”即以“有法依法，无法依规，无规依民，村民自治”为基本理念；“6”即按照“依据法律的原则”“尊重历史的原则”“照顾现实的原则”“程序规范的原则”“发扬民主的原则”“维护稳定的原则”逐户进行筛查，填写成员确认登记表，三榜公示接受社会群众监督，公示无异议后召开村民代表大会审议确认，保障了成员身份的准确性。根据监测，共界定农村集体经济组织成员10.509 5万户355 062人，并纳入综合管理平台系统登记备案。

（三）合理设置股权，明晰产权管理

结合实际制定了股权设置指导意见，将股权设置工作分为股权量化和股权配置两个阶段。有集体经营性资产的村围绕经营性资产开展股权量化，没有经营性资产的村按照确权确股不确值的方式进行。任泽区各村没有设置集体股，只设成员股，股权实行“静态”管理，即“生不增、死不减、进不增、出不减”，同时健全了集体收益分配制度。全区198个村组中，7个有经营性资产的村成立了股份经济合作社，全部进行了股份量化、建立了股权台账，占有经营性资产村的100%。全部股东4 714户17 537人，股份175 370股，股金总额1 688.014 7万元。

（四）组织登记赋码，完善管理机制

任泽区制定了村股份经济合作社章程（样本）。全区198个村组均成立了股份经济合作社，依法产生股东代表大会、理事会、监事会、理事长、监事长，通过农村集体产权制度改革，使村级组织架构由村“两委”变成“两委一社”，实现了村党支部、村民委员会、村股份经济合作社“三驾马车”并行的新型农村社会治理模式，鼓励村股份经济合作社的理事长由村级党组织负责人兼任，严格按照现代财务管理制度、收益分配制度规范运营管理，提速农村经济发展。目前，全区198个村组实现了村党支部书记、村股份经济合作社理事长“两职一人兼”。全区198个农村集体经济合作组织已全部完成登记赋码，并全部发放了《农村集体经济组织登记证》，开设了基本账户，股权证书已全部发放到户。

（五）积极探索，赋予农民资产股份权能

任泽区区级层面制定了集体资产股份有偿退出办法、集体资产股份继承办法和集体资产股份抵押、担保贷款办法及配套政策，指导农村集体经济组织建立健全集体资产收益分配制度。全区198个股份经济合作社，全部发放股权证

书，落实占有权和收益权。

（六）因地制宜，多种形式壮大集体经济

任泽区结合实际，制定了关于发展壮大村集体经济的实施方案，制定了支持农村集体经济发展的财政、税收、金融、土地等政策。结合各村实际和“三资”存量，因村制宜分别制定壮大集体经济的具体路径。创新模式，活用扶贫资金，任泽区探索实践扶贫资金股权化路径，把扶贫资金投资形成资产交公司运营管理，全区村级光伏电站为每个贫困村增加收入 2 万元。2020 年又实施了光伏回购，所有权归农村集体经济组织，预计每个村年收入 10 万元以上。截至调研日期，集体收入 5 万元以上的村组 139 个，占比 70%，50 万以上的村组 8 个，占比 4%。

（七）打造信息平台，规范资产管理

通过产权制度改革，原村集体资产由村委会代管转变为农村集体经济组织自管，保证了成员对集体资产的自主决策运营权。区农业农村局与中国农业银行任泽区支行、中国邮政储蓄银行任泽区支行、河北新中大数据有限公司签订了三方协议，打造任泽区农村集体产权制度改革综合管理服务平台。该平台集“三资”管理服务多种功能于一身，股权登记、变更、交易也纳入农村集体资产监管平台归档管理，有力提升了任泽区农村集体事务信息化、公开化管理水平。

三、采取的主要工作举措

（一）强化组织领导，落实工作责任

任泽区将农村产权制度改革纳入全区深化改革的重要内容，实行重点管理、重点调度。强化顶层设计，成立了由书记、区长任双组长，区委副书记任常务副组长的农村集体产权制度改革领导小组，制定出台了《中共任县县委、任县人民政府关于稳步推进农村集体产权制度改革的实施意见》《任县人民政府办公室关于印发任县农村集体资产清产核资工作方案的通知》等一系列文件，明确了路线图、时间表和责任人，做到明确改革的目标要求，理清工作思路，细化步骤措施。任泽区委、区政府主要领导定期召开区委常委会、政府常务会、区长办公会，安排部署、调度推进，为农村集体产权制度改革提供了强有力的组织保障。全区 10 个乡（镇）198 个村（社区）都分级制定了实施方案，成立了相应的工作领导小组，一级压一级，层层抓落实，加强了对产权制度改革工作的统筹、协调和督导，确保农村集体产权制度改革工作扎实、顺利、有序、高效推进。区农业农村局不间断对各乡镇、各村的进展情况进行督查、指导，定期通报各乡镇任务指标完成情况，对进展缓慢的乡镇下达督办函，提出书面整改意见并限期完成整改；对工作迟滞、整改无效果的，由区

委、区政府领导进行调度、约谈，将压力传递到基层，确保各项改革任务落地落实。

（二）加强业务培训，稳步推进改革

任泽区在产权制度改革过程中，多次聘请省内外领导、专家开展农村集体产权制度改革专项培训。对区农村集体产权制度改革领导小组办公室工作人员进行封闭式集中培训，真正吃透政策、把握方向。区农村集体产权制度改革领导小组办公室按照“1＋10＋X”的原则，对改革的每个阶段开展“三级培训”，即：“1”是每个改革阶段召开一次全区范围的培训会；“10”是分别到10个乡（镇、区）对村支书和包村干部开展政策讲解会；“X”是哪个村需要到村讲解，就到哪个村去讲解。累计开展培训80多场次、2 600余人次。区领导多次带队到厦门、深圳、宁波等先进地区学习交流农村集体产权制度改革经验，结合任泽区实际，形成了“成立机构、制定方案、清产核资、确认身份、股权量化、股权设置、制定章程、设置机构、完善制度、审核注册”的便于操作、高效实用的十步工作流程。

（三）广泛组织宣传，营造浓厚氛围

为让群众明白什么是农村产权制度改革，为什么改？怎么改？坚持把宣传发动贯穿在农村集体产权制度改革的各环节、全过程。任泽区累计分发明白纸10万余份、宣传折页3万多张、宣传手册3万余册，条幅2 000多条，用群众听得明白的语言、看了清楚的典型、通俗易懂的讲解，认真全面解读好政策精神，统一思想，消除顾虑，让广大人民群众全面了解农村集体资产产权制度改革工作的目的、意义，提高广大农民群众对改革工作的知晓率和参与度，主动熟悉、参与、宣传、推动农村集体产权制度改革工作。

（四）实施清产核资，为改革夯筑坚实基础

一是按照中央及省、市关于农村集体资产清产核资的具体要求，将农村集体资产按照资源性资产、经营性资产、非经营性资产进行清查核实。清产核资过程中坚持完善工作流程，实行三榜定案，并经成员大会或者成员代表大会确认。按照尊重历史、兼顾现实、实事求是、依法依规的原则，将农村集体资产分别确权登记到相应的集体经济组织。二是搞好清产核资的验收工作。按照《河北省农村集体资产清产核资工作验收实施方案》的有关要求，组织开展了省、市、县三级验收，通过三级验收，及时查漏补缺，确保清产核资精准到位。三是做好数据的汇总上报。

（五）组织身份界定，以改革明确利益主体

做好农村集体经济组织成员身份确认，重点解决好三件事：一是怎么干。县级政府出台指导意见，村级细化制定实施方案，坚持把选择权交给成员，让农民群众通过民主协商的方式研究解决矛盾问题，既让多数人认可，又防止多

数人侵犯少数人权益。二是怎么确。实行“一统、二分、三确认”。“一统”就是对与本集体经济组织有密切关系的户籍人口和非户籍人口进行全面统计；“二分”就是对户籍人口、非户籍人口按照户籍、生产生活关系、人员身份等进行详细分类；“三确认”就是尊重历史、结合现实，按照“有法依法、无法依规、无规依民”的原则进行成员确认。三是怎么管。就是建立健全农村集体经济组织成员登记备案制度，成员身份认定履行民主程序，公示无异议，并经农户签字确认后，建立名册，乡镇审核，县级备案，有效维护农村集体经济组织成员权利。

（六）推行股份合作，以改革保障成员利益

任泽区农村集体资产股份合作制改革主要有三种形式：一是对经营性资产开展股份合作制改革。重点针对有经营性资产的村镇，将村集体经营性资产以股份或者份额形式量化到本集体成员，作为收益分配的基本依据。这是各县（市、区）在改革中普遍采取的一种改革形式。二是分类施策、统一开展。在配股上采取“确权确股确值”，经营性资产少或无资产的村（居）在配股上采取“确权确股不确值”，使整县域范围内的股份合作制改革一步到位。三是针对资源性资产特别是土地资源非常丰富的特点，提倡农村具有未承包到户的机动地较多的村进行股份合作制改革，并成立股份经济合作社。对于经济欠发达地区通过政府拨款、减免税费等方式形成的集体资产，特别是向贫困村投入的大量项目、资金等，要根据现实情况变化，积极建立健全农村集体经济组织，探索将这些资产量化为本集体成员特别是贫困人口持有的股份，开展多种形式股份合作，推动更多贫困户实现脱贫致富。

四、主要改革成效

（一）摸清了农村集体资产的家底

通过清产核资，各村集体经济组织对集体经营性资产、非经营性资产、资源性资产和债权债务进行了全面彻底清查，摸清了其存量、分布、价值、使用和效益等情况，明晰了集体资产权属，向群众亮明了“家底儿”，体现了集体经济组织成员的主人翁地位，避免了集体资产流失，化解了干群矛盾。例如，任城镇张家庄在清产核资工作中，清理规范了一批历史集体合同，收回被占用集体用地 60 亩，既摸清了集体家底，也为发展农村集体经济奠定了基础。

（二）确认了集体经济组织成员身份

通过成员身份界定工作，结合区指导意见及各集体经济组织实际情况，理清了成员界限，确定了成员资格，使成员更加关注集体资产的保值升值，推动了村干部和群众都想着如何盘活壮大集体资产以分得更多红利，增强了干群之间干事创业的凝聚力、战斗力。例如，赵村在成员确认过程中，针对个人实际

情况，对部分离婚后户籍迁回本村的妇女及其子女进行多重考虑，经成员代表大会讨论最终将其确认为成员身份，有效保护了妇女在农村集体经济组织中的合法权益，让成员确认工作有了“温度”。

（三）规范了集体经济组织正常活动

各村均成立了股份经济合作社，明确由合作社负责集体资产、资源的经营管理，建立了股东代表大会、理事会、监事会“三会”治理机制，实现了村集体资产管理由村干部说了算到理事会集体议决的转变，干部轻装上阵谋发展，群众齐心聚力想办法，形成了大家遇事共同商量、共议良策的干群氛围和良好的发展环境。

（四）赋予了农民完整的股份权能

任泽区制定了《农村集体资产股权有偿退出和继承管理办法（试行）》等7项制度文件的通知，规定了集体资产股份运营、监督、管理和收益分配顺序、比例和操作程序，赋予了农民对集体资产股权占有、收益、有偿退出、继承、赠予、转让、抵押担保的权利，从政策层面为股份权能改革提供了支撑。

（五）建立了可监控可预警的信息化管理平台

通过建立农村集体产权制度改革信息服务平台，区级管理部门可以实时监控各乡镇、村集体经济组织的财务状态、资产变动、合同签订和履行等情况，实现了线上线下双项管理。针对集体资产异常变动、大额资金使用、经济合同签订履行和终止等经济活动情况，可以自动做出风险提示或预警，切实起到防范重大违法、违规问题；平台的成员身份确认检索功能可以检测成员的错误和重复登记，规范村集体经济组织成员管理，维护了成员利益，能够动态掌握和规范化管理成员股权内部转让、继承和变更等信息。

（六）长效管理机制进一步健全

任泽区印发了《农村集体资产债权债务核销及账务处理办法（试行）的通知》《邢台市任泽区××镇（区）××村股份经济合作社示范章程（试行）》等21个指导性文件，捋清了每项任务的时间表、路线图。乡镇、村结合区相关方案要求和本地实际，制定了实施细则，在成员身份确认、股权配置、收益分配等重点环节，采取把问题交给群众的做法，让村民在政策框架内召开民主会议作出决定，既尊重了群众意愿，也利于问题解决。

五、存在问题

（一）人才力量不足

从调研来看，目前任泽区仅有部分乡镇有个别能人大户带动发展农业产业，但大部分村在发展农业产业上能人极其缺乏，缺乏健全有效的激励机制，能人带动发展集体经济积极性较低，农村集体经济增收的渠道单一，这在很大程度上制约了集体资产运营效益，影响了集体经济组织的持续发展。

（二）管理人员薪酬不高，积极性不高

村股份经济合作社管理人员（尤其是理事长、村会计）付出的工作量较大，但现阶段来看并没有一定的薪资报酬，管理政策不完善，不利于调动合作社管理人员的积极性，一定程度影响了农村集体经济组织发展的可持续性。

（三）总结宣传度有待提升

从实地走访中发现，部分地方由于基层干部理论水平和业务能力有差距，在经验总结、典型培树方面做得还不到位，存在“做得好，但说不出来”的困境。尤其对于产权制度改革中一些具有推广性、复制性的典型经验，还需进一步提炼、总结、宣传。

六、相关建议

下一步，为了进一步深化农村集体产权制度改革，结合任泽区目前发展现状，提出几点相关建议。

（一）持续规范资产监管

进一步完善任泽区农村集体资产监督管理综合平台建设，要充分发挥平台功能，对农村集体经济组织财务工作、资产管理、土地承包、产权交易加强实时监控和动态监管，对重大经济活动及时做出风险提示或预警，防范重大违法、违规问题发生，严密做好资产的监督管理，提升资产管理水平。

（二）完善激励机制，加强人才力量

要结合乡村人才振兴，加大经营管理人才的教育和培训，吸引理念新、善管理、带动强的农村能人、家庭农场经营者等加入农村集体经济组织。同时加强对返乡人才、大学生等群体参与集体经济发展的吸引力，建立合作机制，为农村集体经济组织注入活力。要搭建跨区域的集体经济组织人才交流平台，开阔视野，共享经验，提升整体专业化管理能力。

（三）因地制宜，多样化发展壮大集体经济

发展壮大集体经济，是农村集体产权制度改革的出发点和落脚点。要深入落实“以改革激发乡村振兴新活力”的理念，牢牢把握好改革机遇，创新思路举措。要充分利用闲置校舍、卫生室、仓库等资产，盘活集体资产，尽快把农村祖祖辈辈的闲置资源变成“摇钱树”“聚宝盆”；要以当地特色产业为抓手，通过探索多种合作经营模式，提升农村集体经济发展后劲，进一步激发乡村振兴的内在动力。

河北省唐山市迁安市农村集体产权制度改革试点报告

一、工作组织实施

（一）明确调研对象与内容

1. 调研对象。本次调研对象为河北省唐山市迁安市，分别为大五里乡山叶口村、大石河村，建昌营镇乔庄村、文化村。

2. 调查内容。调查主要包括四个方面内容：一是客观总结各项试点完成情况、做法经验以及主要成效。细致检查各项试点任务的完成情况以及完成质量、系统梳理落实试点任务的工作举措、客观总结试点工作取得的效果。二是提炼总结推进试点的主要亮点以及创新之处。重点提炼总结试点地区在核心环节和关键任务上进行的具有理论价值和推广价值的实践探索和制度创新。三是分析存在的问题及其原因。深入分析试点地区在改革任务试点过程中遇到的制度性问题和操作性问题以及可能面临的潜在风险。四是提出进一步深化改革的对策建议。

（二）选择科学调查方法

本课题组综合采用以下科学调研方法：

1. 座谈交流。与唐山市、迁安市有关部门负责同志，从事具体工作同志、村干部、农民群众等开展座谈，听取面上工作汇报，围绕产权制度改革过程中的主要做法和经验等进行交流讨论。

2. 查阅资料。对迁安市以及部分乡镇进行资料查阅，包括改革方案、政策文件、台账名册、证书簿册、会议记录、公示信息、统计报表、总结材料、宣传材料、项目资料等，并进行集中收集。

3. 实地走访。选择大五里乡山叶口村、大石河村，建昌营镇乔庄村、文化村进行实地调研。同时，在实地调研中，选择个别农户进行访谈交流，深入了解改革动态。

4. 随机访谈。采取随机抽样方法，了解农民群众对改革的真实想法和对改革工作的内心评价，并根据抽查结果推断总体情况。

（三）开展实地调查

本课题组综合运用集中座谈、查阅资料、随机走访、问卷调查、暗访访谈等方式开展实地调查，共随机走访 2 个乡（镇）、4 个村（表 1）。

表 1 实地调查地区情况

试点市县	乡（镇）	村	村类型	调研方式
迁安市	大五里乡	山叶口村	“农业＋旅游”	实地走访＋查阅资料
		大石河村	“农业＋旅游”	实地走访＋查阅资料
	建昌营镇	乔庄村	农业	实地走访＋个别访谈
		文化村	商业	实地走访＋个别访谈

二、迁安市改革工作进展

（一）完成集体资产清产核资

制定出台了《农村集体资产清产核资工作实施方案》，指导乡镇有序开展清产核资工作，为保证清产核资质量，各清查小组走田间、进地头，认真清点、逐一核实，坚持时间服从质量、人数服从需要。各村安排懂业务、有威望的老会计、老干部、老党员、老代表 6 000 多人参与清产核资工作。各村清产核资小组成员按照电算化数据清查村级固定资产明细账、债权债务明细账、现金日记账、银行存款明细账；债权、债务要求当事人签字同意，投资、借款要有合同佐证，货币资金要查询对账单，清查结果要有清查人员签字证明。经过清查，全市共核实各类资产 24.66 亿元，其中经营性资产 7 亿元、非经营性资产 17.66 亿元，总资产比账面核减 1.1 亿元，主要是原来多数村未及时提取固定资产折旧、年终部分化解农村级债务未及时入账所致，负债 8.93 亿元，所有者权益总额 15.73 亿元。集体土地面积 116.7 万亩，其中农用地面积 93.66 万亩、建设用地 20 万亩、未利用地 3.04 万亩，“四荒地”9 万亩。村集体清产核资完成率 100％。

（二）完成成员资格认证

出台了《关于农村集体经济组织成员身份界定的指导意见》，指导乡镇、村产权制度改革工作小组以公安户籍为基础开展成员身份界定，对于外嫁女、新生儿、在读大学生、军人、服刑人员等特殊群体的界定召开村民代表会，本着尊重历史、兼顾现实、尊重和保护妇女儿童权益的原则对有争议的问题进行民主表决，表决结果进行公示、公开，履行充分的民主程序，厘清了村集体经济组织的边界，全市共界定村集体经济组织成员 648 401 人，村集体经济组织成员资格认证完成率 100％。

（三）合理进行股权设置

出台了《迁安市农村集体产权制度改革领导小组办公室关于农村集体经济组织股权设置的指导意见》，按照公平、公正、依法、依规、因村制宜的原则进行农村集体资产量化、股权设置，采取“量化到人、确权到户、户内共享、社内流转、长久不变”的静态管理办法，明确了利益分配与分红原则。全市共折股量化资产 15.73 亿元，每股 1 元，平均每人 2 882 股。

（四）组建集体经济组织

按照文件要求指导乡镇、村制定了股份经济合作社章程，成立了“三会”。收集整理全市 534 个村的档案资料，在农业农村部网络平台上录入了数据信息，开展了农村集体股份经济合作社的登记赋码工作。在 21 个乡（镇、街道）的 534 个行政村建立了 534 个农村集体股份经济合作社，颁发了村集体经济组织登记证，赋予了农村集体股份经济合作社的法人地位，使之真正成为能够参与竞争、独立经营、独立核算的市场经济主体。组建农村集体股份经济合作社比率 100％。

三、改革主要做法

（一）领导重视是改革成功的前提

迁安市建立了“市级督促指导、乡镇组织实施、村级狠抓落实”的领导体制和工作机制，落实了党政一把手是第一责任人，亲自挂帅，承担领导责任的要求。建立了以市委书记为组长，市农业农村局、市财政局、市国土资源局、市水利局、市林业局、市教育局主要领导为成员的农村集体产权制度改革领导小组，领导小组下设办公室，负责改革工作的指导、联络、协调和督查工作，制定出台支持改革的具体政策措施。各乡镇、村也建立了相应的领导机构和工作组织。

（二）政策落实到位是改革成功的关键

一是开展政策宣传。迁安市利用微信、宣传手册、公开信、横幅标语、广播电视等媒介，采取群众喜闻乐见的方式积极开展政策宣传，做到了村村公示、户户清楚、人人明白。二是专题部署。对全市农村集体产权制度改革工作进行专题研究安排、动员部署、推进调度，明确了工作任务，提出了工作要求。三是出台文件具体指导。在广泛征求村意见的基础上出台了农村集体产权制度改革的指导意见，各乡镇结合本地实际情况制定下发了农村集体产权制度改革工作方案、成员界定意见、股权设置意见等大量政策文件资料。四是落实经费保障，市本级财政共调配了农村集体产权制度改革工作经费 155 万元，用于保障改革工作顺利开展。

（三）工作措施得力是改革成功的保障

一是全面清产核资。各村集体资产清产核资工作小组制定了详细的工作方案和措施，以村级财会人员和乡镇农经站保管的账目为依据，坚持账内账外相结合，应清尽清。二是成员界定兼顾多数村民的权益。坚持公平、公正的原则开展成员界定，兼顾历史、照顾现实，应确尽确，确保成员身份既不能两头空又不能两头有，注意保护妇女儿童的权益。三是股权设置实行静态管理。股权配置宜简化，不宜复杂，尽量平衡各方面利益关系。只设置成员股，凡符合条件的农村集体经济组织成员，无论年龄大小，一律享有股份。

（四）学习吃透上级政策是改革成功的关键

各乡镇立即召开专题会议讨论研究、安排部署，明确重点环节应把握的原则：一是固定资产以账面数字与现场清点相结合；二是土地资源以实地丈量与国土部门数据相结合；三是在农村集体经济组织成员界定过程中兼顾各类成员群体的利益，特别注重保护妇女、儿童等弱势群体的利益；四是农村集体资产股权实行“生不增、死不减”的静态管理模式，一次配置永久不变。

（五）开会动员，组织培训，做好准备工作

市委、市政府召开了各乡镇、市直有关部门主管领导、农经站长及业务科长参加的全市农村集体产权制度改革工作动员会，会上进行了政策宣讲，发放宣传资料和宣传册 10 000 多份。分批次对各乡镇、村干部进行了业务培训，各乡镇农经站又对辖区村清产核资工作小组成员进行了业务培训，接受培训达 25 000 多人次。

四、改革工作的成效及评价

（一）摸清了农村集体家底

通过改革，量化了农村集体资产，成立了合作组织，有了经营发展的主体地位，可以把集体资产、资源调动起来，进行投资、融资、参股、注册新的企业，最大限度地参与到市场经济运行当中，实现集体资产的保值增值。

（二）加快了农村城镇化的步伐

通过改革，农民变成了股民，获得了长期而稳定的股权，既可以安心地进城工作、生活，也可以将量化的股权转让、继承，从更大范围、更高层次、更多渠道上实现了土地、资本、人口等生产要素的合理流动，为统筹城乡发展，推进农民向市民、农村向城市、村庄向社区转变奠定了坚实基础。

（三）促进了集体资产依法监管和民主决策

监管机制上，农民成为股东后，集体资产的经营情况与自身利益密切相关，会更加关心集体经济组织经营管理，合作社的重大事项均需经过民主表决程序，保障了股民的知情权、决策权、监督权；在决策机制上，通过建立理事会、监事会、股东（成员）大会，使决策机制更加科学和完善，经营者的决策行为也更加民主和慎重，基层组织依法治理水平不断提升。

（四）有效化解了矛盾纠纷

通过改革，每个集体成员都实现了身份清、资产清、股份清、权利清，有效保护了成员合法权益，减少了因产权纠纷引发的社会矛盾。特别是使外来

户、农转非、外嫁女等特殊群体的权益保护及历史遗留老大难问题得到根本解决。改革后的农村集体经济组织实行现代化的法人治理结构，涉及成员利益的重大事项实行民主决策，由过去“替民做主”变为现在“由民做主”，维护了农村社会的和谐稳定。

（五）增强了党在农村的执政基础

在完成改革的农村集体经济组织中，其理事会成员或合作社管理者经民主推选仍由村“两委”干部兼任，起到了强有力的组织保障，成为践行党管农村政治优势的最佳体现。通过改革，村民对村“两委”班子更加信任、更加拥护。

（六）基层干部和农民群众对试点工作的评价

目前全市 534 个村完成农村集体产权制度改革，64 余万名农民实现身份转换，广大农民共享了改革成果，得到广大农民的认可，尚未出现矛盾纠纷。绝大多数乡镇、村级干部认为集体产权制度改革是集体经济实现飞跃式发展的契机，他们富有成就感，同时实现了集体资产公开透明，也是“还干部一个清白”的好机会，对改革持积极的态度。

五、改革过程中的创新经验及做法

（一）各自发挥职能优势，共同完成清产核资

迁安市制定了《农村集体资产清产核资工作实施方案》和《关于政府拨款、减免税费形成资产的移交办法》，按照文件要求市、乡镇两级主管部门进行业务指导，各村农村集体资产清产核资工作小组具体进行资产清查、数据先期录入，再由市、乡镇进行审核、校验，最终完成清产核资工作。在清产核资过程中创新性地总结了“12345”工作法，即：一流程——清产核资工作坚持宣传发动、成立机构、制定方案、开展培训、清查核实、两次公示、财务调整、确认结果、建立台账、信息录入、完善制度一套流程；二全面——对农村集体所有各类资产全面核查登记，对农村集体所有各类资产的结构、存量、分布、效益全面核实摸清；三准确——量准确、核准确、评准确；四结合——依法依规与民主决策相结合、程序规范与全程公开相结合、专业清查与群众自查相结合、账实清查与账外核实相结合；五相符——账物相符、账款相符、账账相符、账证相符、账表相符。

同时，迁安市借助清产核资工作，重新评估各业承包合同价值。按照省委农办、唐山市委农办文件要求，开展清理规范农村集体经济合同专项行动，到 2020 年 3 月底对全市农村集体各业承包进行全面摸底核查，乡镇土地、司法、农业等职能站所人员合作，成立审查小组，依照相关法律条款，区别不同情况予以分类处理并组织实施：对挤占、强占村集体机动地或其他资产、资源的，由村集体依法收回或按程序发包租赁；承包集体机动地超过 5 年的，根据《河

北省农村土地承包条例》有关规定予以纠正；对长期欠缴承包租赁费的，要依法催缴，拒不缴纳的，在继续追缴的同时，依法解除合同并重新发包租赁；对合同条款含糊不清，表述不确切的，予以补充完善；对没有签订书面合同，只有口头协议的，由乡镇政府督促签订正式书面合同；对不按合同约定擅自改变资产资源用途的，对承包租赁方予以纠正，拒不配合纠正的，村“两委”可依法解除合同并收回，情节严重的提交相关部门进行查处；对其他违法及侵害集体利益的合同，应予以纠正或解除。对私自转包、擅自改变用途等明显违反法律规定的合同约定，一律予以终止；对低价承包、违约承包等显失公平的，通过协商进行适当调整或按有关政策重新评估审核；对新收回的集体土地，按照市场价格重新进行发包，明确租金增长方式，依法确定发包年限，确保村集体收益最大化。督促乡镇、村对长期恶意拖欠承包费的，加大追缴清欠力度，保障集体经济收入不受损失。

（二）坚持九个步骤合理界定了成员

出台了《迁安市农村集体产权制度改革领导小组办公室关于农村集体经济组织成员身份界定的指导意见》，成员身份确认工作坚持成立机构、人口摸底、公示草案、入户征求意见、修改草案、召开专门会议审议修改稿、二次公示草案、村民会议表决、最终方案公示9个工作步骤。成员身份确认过程中创新性地总结了“1234”工作法，即一统——对户籍人口、非户籍人口进行全面统计。二分——对户籍人口、非户籍人口按照生产生活关系、人员身份进行分类。三原则——有法依法，无法依规，无规依民。四保障——保障户籍在本村，已经取得本村土地承包经营权的农户及其衍生的农业人口；保障户籍农转非，在大中专院校读书的本村集体经济组织成员子女；保障本村中拥有土地承包经营权的义务兵和符合国家规定的士官、服刑人员；保障本村干部、党员、村民代表大会认定的其他人员。

工作推进中，遇到了两个普遍性问题，在充分调研的基础上妥善处理。例如，外嫁女问题，主要表现在外嫁女的户籍和承包地在娘家，但是长期居住在婆家。通过走访，绝大多数外嫁女都希望将集体经济组织成员身份确认在婆家村。根据以上情况，迁安市采取让外嫁女或入赘男自愿选择的方式选择确认村，同时填写承诺书放弃另一村集体经济组织成员身份。国企工作人员确认问题，工作中发现一部分人虽然都在同一国企工作，但是工作身份区别很大，如首钢股份公司迁安钢铁公司（国企）存在长期合同工和只签订两年、三年合同的学艺工，长期合同工相对来说有一定的保障。为此，迁安市在确认国企工作人员集体经济组织身份中，采取了查看务工合同的方式实施了确认。

（三）量化集体净资产，进行折股量化

从清产核资后的净资产总额中按有关政策提取统筹保障金，预留给改制后

的农村集体经济组织，专门用于支付原农村集体经济组织负担的养老、伤残抚恤、村办公益事业、公用设施的运行等费用，不足部分由改制后的农村集体经济组织负担。剩余的净资产及农村集体资产损益确定的量化资产，折股量化到农村集体经济组织成员，凡经农村集体经济组织成员身份界定的成员均享有资产量化资格。由于80%以上村集体没有净资产，负债经营的村居多，很多百姓担心改革后村集体的债务会转嫁给村民。为了打消百姓这方面的顾虑，在广泛征求意见的基础上，将村集体净资产进行折股量化，而且只设置成员股，每股价值1元，不设置其他股。这种做法的好处是能够有效减少社会矛盾，能够从长远保护多数群众的利益，维护农村社会的和谐稳定，为下步工作开展打下良好的基础。

股权配置宜简化，不宜复杂，但应尽量平衡各种利益关系，以有利于今后集体经济组织的发展壮大为目标。没有经营性净资产的村，虚拟设置股权，只设置成员股，每股价值1元，每人1股，凡符合条件的农村集体经济组织成员，无论年龄大小，一律享有股份。有经营性净资产的村，按照配股办法编制股东清册，计算出总股数，再用清产核资结果中的所有者权益总额（经营性净资产）除以成员人数，得出每个成员享有的股数和金额。完整权利义务成员（年满18周岁）享有集体经济组织的所有合法权益，承担所有应尽的义务。部分权利义务成员（未满18周岁）仅享有部分权利，承担相应的义务，不享有表决权、选举权、被选举权。《农村集体产权制度改革股份设置与股权配置方案》必须经村民会议或村民代表会议讨论表决，2/3以上参会成员同意，并公示7天无异议后，再报乡镇核准后实施。

（四）建立党领导的民主议事的工作机制

农村集体股份经济合作社建立后，制定《农村股份经济合作社章程》，在本村党支部领导下，依法开展经济活动，并接受乡镇人民政府（街道办事处）和县级以上农业农村部门的指导和监督。迁安市深入推进村级事务“小微权力清单”制度规范运行工作，以清单式、流程化的形式，对涉及村级权力事项进行全面梳理、分类，并通过强化村级权力运行过程监管，积极构建决策、执行、监督“三位一体”的村级权力运行体系。充分发挥党组织在农村的领导作用，促使村干部依规用权，引导党员群众依法参与村务，发动群众广泛监督村务运行，实现了“还干部一个清白，给群众一个明白”，密切了党群干群关系，提升了基层党组织的组织力，凝聚了干事创业合力，实现了党建对农村各项工作的有力推动。

按照“社会职能划归村委会管理，经济职能划归村股份合作社管理”的原则，解决好“人员如何调、事由谁来做、钱从哪里来”三大问题，迁安市探索推进“政经分离”改革工作，力争达到“五分开”：组织功能分开、选民资格分开、人员管理分开、议事决策分开、财务资产分开。

(五)建立农村集体资产监管平台

迁安市21个乡(镇、街道)的534个村全部实行农村财务委托乡(镇、街道)代管的管理机制,自2014年开始使用河北省农村“三资”监管网络平台,以村集体账务处理系统为基础,涵盖财务报表系统、资产资源管理系统、合同管理系统、监测预警系统等多个功能管理模块。各村财务收支票据经过村务监督委员会审核通过后按月上报到乡镇农经站,由乡镇农经站按照《会计法》及《村集体经济组织财务制度》对各村票据录入河北省农村“三资”监管网络平台进行账务处理,各级根据本级权限可以调取辖村财务数据,农村集体资产、财务的监管已经实现了省、市、县、乡镇四级联网。农村集体资产财务实现网络监管率100%。

建立综合信息服务平台,按照市级部署,与中国农业银行唐山分行合作建设“智慧农经+”大数据管理服务平台,将产权制度改革、土地承包确权、经营权流转、宅基地管理、土地承包纠纷仲裁、农民专业合作社与家庭农场项目建设、农业社会化服务、承包地经营权抵押贷款以及乡村治理等各项农经管理工作纳入平台管理。集成产权交易、“三资”监管、合同监管等11项功能于一体,并与市管局、税务局、银行、供销社等单位跨平台对接,数据资源充分共享,为领导决策提供参考依据,实现农经工作信息化、数字化、智能化管理。

(六)进一步发展壮大农村集体经济

通过农村集体产权制度改革,进一步盘活了农村集体闲置资产资源,有效激发了农村集体经济组织的活力,近几年各村根据自身资源条件谋划实施了果蔬大棚、农产品加工、农家乐、冷库、养殖、生物有机肥、光伏发电等一大批发展壮大村集体经济项目,其中2020年实施发展壮大集体经济项目16个,有效增加了村集体经济收入。2019年全市农村集体经济组织总收入2.52亿元,其中经营收入0.24亿元、发包及上交收入1.22亿元、其他收入0.57亿元。从各村的各项收入占总收入的比例看,经营收入占9.5%,发包及上交收入占48%,补助收入占22.5%,其他收入约占20%。全市534个村无经营收益的村409个,有经营收益的村125个。预计到2020年年底,各村集体经济收入全部达到5万元以上,培育发展一批年收入百万元以上的集体经济强村,村级集体经济发展后劲较足。

六、存在问题

(一)农经队伍薄弱,老龄化严重

目前农经主管部门3个农经科室,共10人,年龄在45岁以上的9人,占90%,其中50岁以上4人,占40%;乡镇农经管理人员120人,40岁以上的

98 人，占 82%。农经队伍人员缺乏，难以适应日益繁杂的农经管理工作。同时，从年龄结构来看，老龄化态势严重，缺乏新鲜血液和活力，在改革推进过程中缺乏创新意识，尤其是在农村集体经济发展探索中，做法不够活，内生潜力并没有得到有效发挥。

（二）农村集体经济组织立法需求迫切

从调研中了解到，目前各地对农村集体经济组织立法的呼声较高，且较为迫切。对于一些集体资产不是很大的村，大多数农村采取集体经济组织理事长与村支部书记一肩挑的做法，但是 2021 年面临村支“两委”换届的关键节点，农村集体经济组织理事长是否要同时换届、还是继续由原村支书担任成为目前基层干部所关心的最核心问题。

七、相关建议

（一）加强人才队伍建设

人才力量是农村集体经济发展的核心，也是促进乡村振兴战略实施的关键点，建议下一步继续深入研究制定相关人才吸引激励机制，通过招录对口大学生、推荐当地发展能人等途径，为农经管理队伍注入新鲜血液，从而进一步加强农经管理。

（二）分地区探索村集体经济有效实现形式和运行机制

对于一些集体资产相对较大、集体经济发展模式较为成熟的村，可以尝试村委会与村集体经济组织“政经分离”，进一步理顺农村基层治理体制，探索剥离村“两委”集体资产经营管理职能，破解更多体制机制难题。

（三）利用好“智慧农经＋”大数据综合管理服务平台

要通过“智慧农经＋”平台，进一步规范村股份经济合作社发展，发挥好村集体经济组织功能作用，加强农村集体“三资”管理，整合资源，深入挖掘集体资产潜力，因地制宜谋划经济项目，将农村集体经济发展与乡村振兴有机衔接起来，将改革成果最大程度惠及于民，为实现乡村振兴作出应有贡献。

河北省保定市定兴县李郁庄乡彭各庄村案例分析

一、彭各庄村基本情况

彭各庄村位于李郁庄乡东部，相传明末清初有彭姓人家迁此定居，以姓氏取村名彭家庄，后因异姓迁入此庄，更名为彭各庄。全村经济以农业种植为主，兼有养殖、设施蔬菜种植，村域内有天兴农副产品等企业。全村耕地面积3 104.8亩，村民的主要经济来源为种植、养殖收入，有劳动能力的村民多通过外出务工、附近企业打工等增加收入。目前，全村人均收入达到18 000元以上。经产权制度改革认定成员634户2 006人，集体资产343.5万元，集体土地面积4 224.75亩。2019年10月，经股东代表大会选举股东代表27名，董事会成员3名，董事长为村支部书记，监事会成员3名。

二、彭各庄村产权制度改革完成情况

自2018年6月启动实施，经过动员部署、清产核资、成员界定、股权配置、成立合作社5个步骤于2019年7月完成，彭各庄村获得农村集体经济组织登记证，标志着彭各庄村集体产权制度改革工作全部完成。清产核资总资产343.5万元，由于全村没有经营性资产，只设基本股（人口股），每人60股虚拟股，全村共设120 360股，每股金额0元，不设其他股。目前已将股权证发放到了村民手中。成员界定的基准日为2019年7月31日24时，先行开展一户一表普查，后经村“两委”3次召开会议，对照身份界定标准进行审核，经过3轮修改并公示。

三、产权制度改革主要做法

（一）有序开展改革工作

彭各庄村于2018年6月开展农村产权制度改革工作，进行了广泛的动员部署，成立由村“两委”组成的领导小组，制定实施方案，安排部署，强力推进工作落实。县、乡镇两级主管部门对该村参与改革的工作人员进行了业务培训，讲解了改革的有关政策、操作规程等，并与档案局合作，对产权制度改革的档案进行规范化管理。根据《李郁庄乡集体产权制度改革工作方案》，结合村内实际情况，制定了《彭各庄村集体产权制度改革工作方案》。《彭各庄村集体产权制度改革工作方案》结合村集体各小组的分工安排，对工作任务进行了细化分解，进一步明确了责任。

（二）加强宣传教育

彭各庄村通过召开村民会议，充分利用村喇叭、宣传资料、宣传栏等媒介宣传农村集体产权制度改革的相关法规政策、基本原则、主要工作内容和有关要求，力求做到家喻户晓，让广大村民了解集体产权制度改革的重要性。在宣传过程中遇到的疑难问题，村里集中收集汇总，与上级部门沟通，及时回答村民疑惑。

（三）清查核实资产

彭各庄村认真贯彻落实全国农村集体资产清产核资工作推进会议和保定市农村集体产权制度改革工作动员部署暨清产核资培训电视电话会议精神，制定专项清产核资实施方案，清产登记时间节点为 2017 年 12 月 31 日，2018 年 6 月启动，对清产核资数据进行认真审核校验，经过登记核实、公示等环节，清产核资后资产总额 343.5 万元，并全部如实录入清产核资系统。

（四）成员身份界定

彭各庄村根据定兴县农村集体经济成员界定的指导意见，认真履行集体经济组织成员界定的具体程序、标准和管理办法。身份界定工作自 2019 年 7 月启动，成员界定的基准日为 2019 年 7 月 31 日 24 时，先行开展一户一表普查，后村“两委”3 次召开会议，对照身份界定标准进行审核，经过 3 轮修改并公示后，最终于 9 月形成成员名册，共 634 户 2 006 人。

（五）合理股权配置

彭各庄村没有经营性资产，只设基本股（人口股），每人 60 股虚拟股，全村共设 120 360 股，每股金额 0 元，不设其他股。目前已将股权证发放到了村民手中。在股权管理上，实施静态管理模式，不随人口增减变动而调整；折股量化的股权落实到人，确权到户，并以户为单位发放股权证书。

（六）成立合作社

彭各庄村根据产权制度改革要求，起草了合作社章程，召开了第一届股东代表大会、董事会、监事会，选举产生了股东代表、董事长、监事长及成员，股份经济合作社挂牌成立。彭各庄村根据组织登记证书，办理了银行开户、税务登记等相关手续，依法开展经营管理活动。

四、村集体经济面临困境及发展思路

（一）农村经营管理队伍建设要进一步加强

当前乃至今后一个时期，农业农村集体产权基层管理任务要求会越来越细、越来越多，但彭各庄村的管理人员不足，尤其是年轻人，因为村里没有经营性资产，加之距离北京很近，大部分年轻人在北京务工，收入较稳定，所以很少有年轻人回村，导致管理人员外面引不进，村里又没人的紧缺局面。

(二) 农村专业人才特别是村级会计需要加强培养

随着改革的深入和农村经济的发展，各村经济组织管理特别是经济组织账务处理要求更加严格，但当前农村会计人员队伍相对薄弱，专业人才偏少，不利于后续工作的推进。会计队伍建设不光是彭各庄村的难题，如何培养乡村会计人才，也是未来农村集体经济发展的一个难点。

(三) 集体经济组织制度设计需完善

党支部、村委会、合作社成员既重合又交叉，“两委”换届选举应同步，而且建议任期为 5 年。目前合作社与“两委”选聘任期并不同步，虽然当前没有经营性资产，产生矛盾的概率较小，但是一旦集体经济组织发展起来，在实际运营过程中就会有实际问题产生，容易造成内部矛盾，亟须完善集体经济组织的管理制度，建议实现同步选举、同步管理，增强村庄的凝聚力。

(四) 合作社运行后的财务管理制度不明晰

当前村财乡管，合作社正式运行后是否也采取同样的财务管理制度尚不明确。随着社会主义市场经济的发展和农村产权制度改革的深化，农村经济进入了一个全新的发展时期，不断完善财务公开和民主管理制度，对推动农村集体经济的持续发展有较大帮助。农村财务管理工作关系到农民的切身利益，搞好农村财务管理工作，是农村基层民主建设的重要内容与农村经济持续稳定增长的前提和保证，也是维护农村稳定的基石。建议完善农村财务管理制度，以便适应集体资产的运营。

党的十九大提出实施乡村振兴战略，党的十九届五中全会进一步强调，要全面推进乡村振兴，加快农业农村现代化。农村集体产权制度改革的后续目标是壮大村集体经济，从而推进乡村振兴，而壮大村集体经济离不开政策支持和政府引导。建议平原地区农村找出基础较好、有一定经营性资产的村庄做试点，帮助这些村庄选择适宜的项目去盘活闲置资源和进行产业转型，挖掘亮点，先行探索管理模式、土地利用、税收优惠、金融扶持等配套政策应如何调整以助力农村集体经济发展。在试点摸索过程中逐步完善村集体经济组织法规，保障农村集体经济组织公平参与市场竞争、同等受到法律保护。

河北省保定市定兴县北田乡西章村案例分析

一、西章村基本情况

西章村位于北田乡西部，现有人口 1 655 人、556 户，耕地面积 1 413 亩，全村经济来源以种植小麦、玉米为主。林果、蔬菜和畜牧业发展迅速，农民增收明显。第二产业为服装和箱包加工，2019 年村民可支配收入 10 928 元。村里群众性文化娱乐活动活跃，活动内容以大秧歌为主。全村道路全部硬化，主要街道安装了路灯，随着高速公路两侧"花海"建设规范提升，以及金台经济技术开发区延伸，高速公路引线开通和高速公路路口游园的建成，西章村人居环境得到显著改善。

二、西章村产权制度改革完成情况

西章村于 2018 年 6 月启动清产核资，经过全面开展农村集体资产清产核资、科学确认成员身份、股权配置、成立合作社等步骤于 2019 年 7 月完成。自农村集体经济组织登记证颁发，西章村集体产权制度改革工作全面完成。清产核资过程中，清理出村集体边角地 300 多亩，确认集体组织成员 1 655 人，设置基本股，每位村民 100 股虚拟股，全村共 165 500 股，每股金额 0 元，不设其他股。集体组织成员均拿到了股权证书。

三、西章村产权制度改革主要做法

1. 加强领导，稳步开展。为全面贯彻落实《定兴县关于稳步推进农村集体产权制度改革的实施意见》和《北田乡关于稳步推进农村集体产权制度改革试点的实施意见》文件精神，积极探索农村集体所有制有效实现形式，按照北田乡关于农村集体产权制度改革试点工作要求，结合西章村实际情况，成立了村工作小组，实行责任从上向下传递，数据从下向上汇总，保证政策贯彻落地，清查结果真实准确。

2. 宣传发动到位，营造良好的舆论氛围。西章村所在的北田乡采取集中培训与逐村培训相结合的方式，对农村集体产权制度改革中集体经济组织成员身份界定工作的界定标准、成员身份确认、界定程序等环节进行详细解读，确保各村干部及工作人员切实弄懂吃透身份界定工作相关文件精神和政策，明白为什么做、做什么、怎么做，乡农业发展中心实行全程指导，在全乡上下营造出良好的舆论环境，为扎实开展好产权制度改革打下坚实的基础。

3. 成立清产核资领导小组，由相关村民推选出村民代表参与清产核资。按照清查、登记、核实、公示、确认、建立台账等规定步骤完成了清产核资工作。全面核查村集体森林等资源性资产、村办企业等经营性资产和用于公共服务的非经营性资产。由于程序公正、过程透明，全村群众对核资结果没有一个人有异议，群众满意度较高。

4. 科学认定集体经济组织成员。按照依据法律、尊重历史、发扬民主、程序规范、维护稳定的原则，统筹考虑户籍关系、农村土地承包关系以及在本村生产生活等因素，进行成员身份界定，做好成员登记备案工作。明确成员登记严格做到“成立组织、发布公告、摸底登记、制定方案、审核公示、上报备案”等步骤，坚持尊重历史与现实相结合，按照“有法依法、无法依规、无规依民”的原则进行成员确认，全村共确认成员 1 655 人。

5. 在股权设置上，设置虚拟股，实行静态管理。坚持“依法合理、集体所有、因村制宜”的原则，结合西章村实际，股权设置以成员股为主，按照“1＋X”方式，即“基本股＋贡献股/计生股”。原则上不设置集体股，在集体收益分配中提取公积金、公益金、管理费，提取比例或数额由成员或代表会议民主讨论决定，股权实行静态管理，一次配置保持不变，实行“生不增、死不减、长不加、走不收”的方式，为 1 655 名村民配置股份。村民拿到股权证后普遍反映，“股份还能传给儿孙，不管人到了哪儿，按股分红永不变!”“确权到人、发证到户，户内共享、社内流转，长久不变、静态管理”，群众的主人翁意识明显提升。

6. 激发源生动力，壮大农村集体经济。农村集体经济组织不断发展壮大，但由于不能注册登记、没有法人资格等原因，在一定程度上束缚了农村集体经济组织进一步发展。如何壮大村集体经济，将“蛋糕”做得更大，让村民收入更多，是此次改革的最终目标。西章村在实现登记赋码的同时，成立了以村支书为理事长的集体经济组织，制定了股份合作社章程以及集体经济组织产权制度改革资产量化和股份配置工作方案。在工作中坚持身份确认与股权量化、建章立制与设置机构、建立集体经济组织与壮大集体经济 3 个同步推进，村集体资产从共同共有变为按份共有。村民通过农村集体经济组织成员身份界定，其集体收益分配权和对集体经济活动的民主管理权利得到进一步落实，真正实现“资金变股金，资产变股权，农民变股东”。

四、西章村产权制度改革工作主要成效

1. 群众主动参与社会事务工作意识明显提高。通过农村集体产权制度改革，改变了过去农村集体经济“人人有份，实则人人无份”的局面，实现了“资金变股金，资产变股权，农民变股东”，真正调动并激发了群众的内在动

力，从被动变为了主动。随着改革工作的深入，广大村民对集体产权制度的精髓会更深入了解，在村“两委”带领下，积极探索适合本村发展的模式，逐步增加村民的收益。

2. 群众的幸福指数日趋提升。通过股权设置农民成了股东，村集体经济组织围绕资源开发利用、统一提供服务，在保证质量的同时，还能降低成本，为广大村民提供外出务工的便利条件，外出务工加上未来的集体分红，农民收入将稳步增加，生活水平将逐年提高，幸福感、成就感跃然于群众的举手投足之中。

3. 明晰了产权。根据集体资产的形成过程和历史沿革，从有利于管理实际出发，从兼顾国家与集体利益、维护西章村稳定的大局出发，按照尊重历史、兼顾现实、实事求是、依法依规的原则，将集体资产确权到村（组）集体经济组成员，不能打乱原集体所有权界限。清产核资和成员身份确认以后，明确了集体资产的产权主体，使农民明白了自己所拥有的资产和资源份额，保护了农民的合法权益。

4. 农村天地，大有作为。积极探索农村集体经济新的实现形式和运行机制，尝试开展承包地托管、宅基地盘活、机动地规模流转等。探索混合经营、异地置业等多种方式，如支持集体经济组织利用未承包到户的集体“四荒地”、果园、养殖水面等资源，采取股份合作形式，进行资源开发，加大农村资源有效开发利用力度；探索农户以宅基地使用权及农房财产权入股发展农宅合作社等模式，不断提高村集体经济收入，进一步增加农民财产性收入。

五、西章村产权制度改革面临的问题与发展思路

1. 农村经营管理队伍建设需要进一步加强。当前农村发展翻天覆地，最迫切的需求就是人才，目前生活在村里的村民一是年龄老化，思想固化，接受领会新鲜事物慢；二是专业知识匮乏，文化素质层次较低；三是当前农村经济管理和社会治理工作任务日趋繁重，工作力量薄弱。

2. 发展壮大农村集体经济的质量需要进一步提升。经过集体产权制度改革，西章村摸清了家底，也明晰了未来发展思路，和改革前相比虽然有了较大提升，但是在发展质量和数量上仍有文章可做，如何做大、做强、做优仍然是今后一段时间内一项最重要的工作。

3. 科学管理的方式方法还需要进一步优化。当前西章村存在管理人才短缺的现状，在有限的管理人员情况下，探索适合本村发展的管理模式、管理方法尤为重要，如何更好地保护、优化农民合法权益，实现利益的最大化，让本村农民享受更多、更好、更优的改革红利，还需要加强研究，不能停留在改革带来的红利面前。

农村集体产权制度改革后的后续目标是增加农民收入，如何增加收入，就是要壮大村集体经济，建议：一是开阔思路，加强交流学习。组织农村干部走出去交流学习先进地区的经验做法，结合实际，把外地经验本地化，本地经验科学化。二是创新举措，培育经济增长点。发展壮大农村经济的根本落脚点在于大力发展实体经济，市、县、乡镇要加大政策扶持力度，优化招商引资环境，指导农村基层经济社会发展，实现农村经济发展的可持续性。三是规范运行管理。建立健全各项规章制度，分层规范权力运行机制，通过制度保障农村集体经济组织公平参与市场竞争，提升市场竞争力，调动农村资本参与市场的积极性和主动性。

河北省邢台市任泽区邢家湾镇杨家庄村案例分析

一、基本村情

杨家庄村位于邢家湾镇南部，在镇政府驻地东南1.5千米处。据《杨家家谱》记载：明朝永乐年间（1403—1424年），杨姓数户从山西省洪洞县迁此落户，定居立庄，故名杨家庄。

目前，全村在册农户75户，在册农业人口301人。全村集体土地面积592.2亩，其中未承包到户的耕地面积为0亩。主要农作物为玉米和小麦，人均年收入大约为12 000元。村民主要收入来源为开办小型机械生产加工厂、发展电商产业、就近打工等。自2017年开展农村集体产权制度改革工作。截至2019年，共有301人完成农村集体产权制度改革。

二、主要改革举措

（一）组织前期宣传，营造浓厚氛围

为了提高村民对农村集体产权制度改革工作的了解，杨家庄村广泛宣传，通过喇叭广播、发放明白纸等宣传农村集体产权制度改革，营造良好氛围。此外，杨家庄村成立了农村集体产权制度改革小组，积极组织各组成员参加乡镇培训会。组成员在组织实施、宣传发动、问题处置等方面全程参与，认真解读政策精神。

（二）做实清产核资，摸清本村家底

根据邢台市任泽区清产核资工作先账内、后账外、实事求是的原则，杨家庄村将集体资产逐一核实登记，并全部录入全国农村集体资产清产核资管理系统。切实做到“摸清家底”，向群众“亮明家底”。通过清产核资，杨家庄村无经营性资产，非经营性资产为76 730.55元，无负债。

（三）精准成员界定，保障成员利益

在任泽区组织指导下，杨家庄村制定了《杨家庄村农村集体经济组织成员身份界定实施方案》，按照方案要求的界定标准和操作程序，对本村集体经济组织成员进行身份确认。拉网摸排登记工作以户口簿为基础，安排村干部逐户进行成员摸排登记，尤其针对因务工经商、就学参军、投靠子女、婚姻嫁娶等户籍迁出的原住人员开展重点摸排，根据其实际情况，通过民主讨论最终决定是否确认为成员。目前，杨家庄村已全面完成人员确认工作，最终确认村集体经济组织成员75户，共301人。

（四）合理设置股权，明晰产权管理

在股权配置方面，根据县、镇两级文件精神，杨家庄村制定了《集体股权设置实施方案》。在股权设置上只设基本股，不设集体股，实行股权静态管理。由于本村没有经营性资产，暂不进行资产量化，只确权、确股、不确值。根据成员身份界定确定本村共计 301 人，经核算，共设置基本股（成员股）3 010 股，每人 10 股。

（五）成立股份经济合作社，完善管理机制

在完成农村集体经济组织折股量化和股权配置工作后，杨家庄村成立了以村支书为理事长的集体经济组织，制定了股份经济合作社章程。严格操作程序，按照信息公示、会议表决、公布结果的步骤，全面、细致、准确地做好本村的集体经济组织组建工作。

三、主要改革成效

一是摸清了本村集体资产的家底。通过清产核资，杨家庄村对集体经营性资产、非经营性资产、资源性资产和债权债务都进行了全面彻底清查，明晰了集体资产权属，向群众亮明了“家底”，体现了杨家庄村集体经济组织成员的主人翁地位，避免了集体资产流失，为后续集体经济发展奠定了坚实基础。

二是确认了集体经济组织成员身份。通过成员身份界定工作，结合任泽区指导意见，杨家庄村理清了成员界限，确定了成员资格，大大提升了成员对集体经济发展的归属感，使本村成员更加关注集体资产的保值升值，推动村干部和群众集思广益盘活壮大集体资产以分得更多红利，增强了干群之间的凝聚力。

三是规范了集体经济组织正常运转。杨家庄村成立了股份经济合作社，明确由合作社负责集体资产、资源的经营管理，建立股东代表大会、理事会、监事会“三会”治理机制，有效规范了村集体经济组织正常运转，形成了大家遇事共商量、齐心协力找方法的干群氛围和良好的集体经济发展环境。

四、改革存在的问题及建议

（一）改革中存在的问题

一是基层干部、群众对农村集体产权制度改革工作了解不够，改革观念相对滞后。由于基层干部理论水平和业务能力上存在一定差距，对于农村集体产权制度改革的相关理论和政策缺乏深度解读，因此在改革过程中存在思想跟不上实践、创新跟不上需求的现象，在深化改革方面还需要进一步深入探索。

二是经济整合度较低，发展潜力有待开发。在调研中发现，目前杨家庄村的电商、加工业已小有成效，发展态势较好。但是大多数都是小规模作坊，并

没有形成规模，发展潜力没有得到有效开发。农村集体经济组织在整个发展过程中的作用不凸显，“农村集体经济组织＋家庭作坊＋农户”的利益联结机制没有建立起来，资源未得到有效整合。

（二）未来改革建议

一是要进一步增强农村集体产权制度改革的理论培训和模式推广。第一，要加大对基层干部的理论学习。可以通过组织定期培训、互动交流等形式来学习相关农村集体产权制度改革理论。只有基层干部全面认真解读好政策精神，才能更好地上传下达，做好改革工作。第二，要加大对村基层干部的经验交流和模式推广，要以学习和交流为主题，组织多个村跨区域进行产权制度改革经验交流活动，将各地所做的有成效的、值得推广的好的模式通过多种形式进行分享，激发基层干部的发展思路，为集体经济发展拓宽路子。第三，要继续广泛宣传集体产权制度改革。集体经济组织成立后并不意味着结束，而是刚刚开始，要进一步加大对发展壮大村级集体经济的宣传力度，把村集体后续发展思路和想法贯穿到老百姓心里，提升大家的干劲，增强村集体的凝聚力。

二是要借鉴别处经验，典型带动区域发展。农村集体产权制度改革开展已久，前几批试点的改革探索给现在的农村集体产权制度改革闯出了路子，积累了经验，提供了学习模板。杨家庄村可以结合当地实际，通过借鉴前几批集体经济发展较好地区典型案例中的经验，完成改革规定“动作”。此外还可以因地制宜，通过发展“一村一品”等特色产业，大力培育具有地域特色的农业品牌，同时增强与企业、家庭农场以及农户的战略性合作，发挥农村集体经济发展的可持续性。

河北省邢台市任泽区西固城乡赵村案例分析

一、基本村情

赵村隶属于河北省邢台市任泽区西固城乡，位于西固城乡政府驻地西 1.5 千米处。全村共 442 户，人口 1 311 人。全村总面积 2 625 亩，其中耕地面积 1 471 亩。

二、改革主要举措

赵村高度重视农村集体产权制度改革工作，成立了书记武计东为组长，“两委”干部为副组长的农村集体产权制度改革工作领导小组，重点进行了前期宣传、清产核资、成员界定、股权设置、成立合作社 5 个阶段的工作，有力保证了产权制度改革的工作进度和质量。

（一）组织前期宣传，营造浓厚氛围

宣传工作是确保农村集体产权制度改革落地的首要工作环节。赵村积极组织开展产权制度改革宣传活动，通过发放传单，召开村务会、党员会、村民小组座谈会、村民代表会、村民大会等方式，广泛收集村民意见，提升村民对产权制度改革的知晓度。此外，充分利用广播、黑板报、宣传册、村务公开栏等载体，向广大村民宣传开展农村集体产权制度改革的目的、意义和相关政策，统一思想认识，为农村集体产权制度改革营造良好的舆论氛围。

（二）做实清产核资，摸清全村家底

西固城乡农村集体产权制度改革工作领导小组成员、村干部联合组成村集体资产清产核资小组，严格按照相关规定，对赵村集体经济组织账内、账外的全部资产、债权、债务及资源等进行彻底清理、核实，确认量化资产。对固定资产等实物性资产进行实地盘查，对往来款项须经当事人或单位证实；区分经营性资产、非经营性资产和资源性资产，分别登记造册。经清算，赵村集体资产共 56.620 5 万元，集体土地总面积 2 626.82 亩，摸清了集体的家底，为发展壮大农村集体经济发展奠定了基础。

（三）精准成员界定，保障成员利益

在确认集体经济组织成员身份工作环节中，赵村坚持遵循四个原则：一是依法登记取得集体经济组织所在村的常住户口，并长期在村内生产、生活的；二是取得原所属村集体经济组织的第一轮农村土地承包经营权，并享有第二轮农村土地延包经营权；三是与所属村集体经济组织形成事实上的义务及管理关

系；四是重点考虑村内特殊人群的处理。例如，对于赵村服刑人员李某的身份界定，村内争议一直较大，但是考虑到其家庭条件较差，经过两次村民代表大会深度研究，三次公示，终于确认李某为农村集体产权制度改革成员。

（四）做好股权量化，合理设置股权

为确保成员保留长期的集体资产收益权，股权在一般情况下不得转让。股权管理原则上实行“生不增、死不减、进不增、出不减”的静态管理制度。因特殊情况而需扩股、缩股或调整的，须经村集体经济组织成员代表大会 2/3 以上成员同意。例如，赵村集体经济组织成员李某在服刑期间无法对村带来贡献，因此只给予他 10 股虚拟股，在服刑期间不参与分红，等他服刑结束，回到村里，再将他的股份变为实体股，开始参与分红。

（五）成立股份经济合作社，完善管理机制

赵村有几户散户种植金银花、菊花，规模小、影响力小、信誉低，每年难以找到足够的工人进行采摘，严重影响了经济效益。2020 年赵村把种植户进行了整合，统一归合作社管理经营、统一用工、统一销售，形成了“农村集体经济组织＋农户”的经营模式，既解决了用工旺季招工难的问题，同时每年增加 5 万元的集体收入，从而提高了股份经济组织、党支部、村委会在群众心中的地位。

三、改革主要亮点

一是农场大户与村集体两大主体相结合。在无经营性资产的情况下，赵村充分发挥主观能动性，一方面利用村集体的组织功能把赋闲在家的劳动人员发动起来，进入农场务工，有效解决了农场大户招工难的问题；另一方面，通过召集本村及邻村的农户进行务工，农户们有了收入来源，从而提高了农户家庭收入。此外，对于农场收益，农场大户与村集体各占 50％的比例，村里拥有了集体收入，这在一定程度上也壮大了集体经济。

二是成员身份界定中对特殊群体细致化、准确化的处理。对于组织成员中的特殊群体，赵村具体问题具体分析，实行一事一议，民主讨论。例如，考虑到妇女儿童的权益不易受到保障，避免“两头空”的情况，赵村召开多次村民代表大会进行研究，最终同意本村外嫁女及入赘男要提供未在其他村确认身份的证明，才可在本村确认身份。此举在很大程度上维护了妇女和儿童等特殊群体的合法权益，避免少数人侵犯多数人的利益。

四、下一步发展计划

一是充分利用赵村废弃宅基地，建设美丽乡村。目前赵村共有 77 处废弃宅基地，其中 10 处已用于文化广场、游园及绿化建设，效果甚好，2019 年被

河北省评为“省级森林乡村”。在今后要拓宽思路，变废为宝，把废旧宅基地变成益于村民发展的大舞台。

二是深化产业结构，促进产业优化升级。赵县当地家具工艺发展较好，但是目前家具工艺作坊不集中，没有形成规模。今后发展过程中可以充分利用农村集体经济组织将家具工艺等资源进行整合，统一平台、统一管理、统一销售，把家具工艺进一步标准化、品牌化，推动本村家具工艺“走出去”。

河北省唐山市迁安市大五里乡山叶口村案例分析

一、基本村情

山叶口村位于迁安市西南部，是一个典型的山区村。目前全村农户共有132户，人口共计508人。全村耕地面积401亩，建设用地面积125亩。截至2017年年底，全村账面资产总额251万元，固定资产原值237万元，公积公益金164万元，负债总额58万元。

二、主要举措

山叶口村高度重视农村集体产权制度改革工作，成立专门的农村集体产权制度改革工作小组主持工作。按照乡产权制度改革领导小组的要求，根据山叶口村山场面积大、文化底蕴深、国家集体企业投入多、经营性资产计算复杂这种资源配置和资产特征的特点，村班子多次召开"两委"会、代表会讨论改革的方法和内容。经过乡领导的亲临指导、农经站的清楚记账、村民责任心强的真抓实干，山叶口村于2018年8月完成全村的各类资产清产核资、成员身份确认、折股量化资产、成立股份经济合作社以及股份经济合作社股东代表大会、董事会、监事会"三会"选举和登记赋码等农村集体产权制度改革常规工作。

（一）做实清产核资，摸清家底

在充分尊重民意的前提下，发挥村监会、理财组织、妇联团体等组织的纽带作用，听取群众意见和建议，严格界定集体资产与民营资产的数量，应折尽折，量化到人到户。截至2017年年底，全村账面资产总额251万元，固定资产原值237万元，公积公益金164万元，负债总额58万元。

（二）精准成员界定，做好股权量化，合理设置股权

按照迁安市成员身份界定的指导要求，对本村集体经济组织成员进行身份确认。在股权量化方面，山叶口村按照清产核资结果，将集体账面的净资产部分（即所有者权益总额）按照资产的运营情况界定为折股量化基数，体现全体村民对集体资产的占有权、收益分配权。此外，将本村5 100亩山地自然景区量化成份额折股到户，把资源禀赋变成经营资本。扩大集体收益的同时也解决了村内劳动力就业20余人。

（三）多种方式壮大集体经济

山叶口村在2019年建立村委会培训中心，在服务村民的同时可容纳200

人培训，形成培训一条龙服务。自 2019 年 7 月完工投入使用以来，共接纳 913 人次培训，收入 16 000 元，用于村内公益性的支出，增加集体公益性基础设施建设，解决村内公益事业资金短缺问题。2019 年又将两户闲置民宅收归集体，改建成 1 000 米^2 的餐饮中心。餐饮中心所得收入归村集体，这在很大程度上增加了村集体的收入，壮大了山叶口村集体经济发展。

三、主要亮点

（一）积极探索景区旅游与乡村农宅一条龙模式

山叶口村在乡党委、乡政府的领导下，抢抓发展机遇，努力探索适合本村发展的路子，明确了“村庄景区化、农业旅游化、农宅特色化”的发展思路，探索出了“乡村旅游＋乡村振兴”的发展模式，形成了以“资源变资产、资金变股金、农民变股东”为核心内涵的“景村连体、合作共赢”新形态。将 5 100 亩山地租赁给山叶口景区开发建设，每年收益 10 万元。此外，投资 300 万元新建村委会培训中心，形成培训一条龙服务。这些收入都用于村内公益性的支出，在一定程度上完善了乡村基础设施，群众的获得感、幸福感不断提升。

（二）积极改造闲置资产为经营性资产，增加村民收入

2019 年 8 月，山叶口村利用河北省扶持壮大集体经济资金 50 万元，将一处五保户宅院收回集体建成 200 米^2 的农产品加工基地。基地面向村民收购核桃、板栗、花生等农产品，这样既解决了村民农产品的外销问题，又通过手工加工成了“三酥食品”，面向游客、网络进行销售，供应培训基地食品，实现了农产品再增值。村集体通过出租基地的方式增收 4 万元。

四、发展建议

（一）利用农产品资源，打造农产品优秀品牌

山叶口村西部山区凭借其特有的地理位置，盛产质量上乘的核桃、板栗、花生等农产品。以前那种仅靠单一售卖农产品的方式已很难打动消费者，且农民所获利润较低。在今后山叶口村要积极探索农产品经营新方式。例如，通过目前已建成的农产品加工基地对农产品进行二次加工，建设“三酥食品”品牌，从而增加产品附加值。此外，充分利用旅游景区这个平台，面向游客、网络进行销售，把这个品牌做大、做好、做强。这样不仅能解决村民农产品的外销问题，同时也能实现农产品再增值，农民增收。

（二）流转土地，建设开心农场

除了对闲置房屋进行改造，山叶口村还流转了村里的土地，用来完善景区的配套设施，正在建设的智慧生态型收费停车场工程占地 80 亩，其中来自村

集体的有 44 亩，来自村民的有 36 亩，共涉及 60 户。村“两委”将土地收回后，以合同形式投资入股景区，村集体享有股份权利和股金效益分红，然后再通过二次分红给村民。停车场由景区负责建设，这样既解决了景区停车难的问题，又实现了村民增收。并且按照这种模式，山叶口村现在正在为景区的开心农场项目进行土地收储，预计会把开心农场建设成集体验、休闲、科普等功能为一体的新型农旅发展模式。

河北省唐山市迁安市建昌营镇文化村案例分析

文化村是河北省唐山市迁安市建昌营镇下辖的行政村。近年来，文化村紧紧围绕乡村振兴战略要求，以维护农村集体经济组织及农民的合法权益为核心，以壮大农村集体经济为载体，以增加农民财产性收入为目标，扎实开展农村集体产权制度改革工作。全村共清查核实总资产 714 309.35 元，所有者权益总额 200 292.66 元，负债 514 016.69 元；集体土地面积 1 072.2 亩，其中农用地 555.2 亩，建设用地 508.1 亩，“四荒地” 16.1 亩。

一、主要措施

（一）高度重视，强化组织保障

2018 年 11 月在参加了镇组织的培训会议后，立即成立了产权制度改革工作小组。召开了村“两委”干部、村民代表会议，组织学习了相关文件，让群众充分认识产权制度改革的意义和目的，充分了解产权制度改革的重要性和必要性，确保产权制度改革的顺利推进。村工作小组成员参加了镇组织的工作流程等业务培训，确保小组成员懂政策、懂业务。

（二）开展清产核资，确保底数清

产权制度改革工作小组严格开展清产核资工作，凭表查物，以物核账，对集体资产进行全面清查核实，确保资产核实准确全面，产权归属无误。对于债权债务和对外投资以及其他需要与对方核实的数字，通过债权人和债务人以债据本人签字确认的方式锁定债权债务，并经全体村民代表审定通过，及时向群众张榜公开，接受群众监督。清产核资结果进行公示，后经全体村民代表审定通过，并将决议结果上报镇政府，为下一步深入开展产权制度改革打好基础。

（三）开展集体组织人员身份确定

产权制度改革主要是确保各位股东的利益，人员界定是重中之重，既要保护各股东的利益，也要使集体利益减少流失。通过和村民代表走访，收集村里的各种情况，与上级产权办领导请教，深刻领会政策精神，借鉴兄弟村的经验，在户籍人口的基础上，制定并通过了符合实际情况的集体经济组织人员界定办法。依据公平、公正、尊重历史的原则，按照《农村集体经济组织成员身份界定的指导意见》，合理界定集体经济组织人员，经全体村民代表审定通过，并将界定人员结果向社会公示。

（四）深入推进集体经济组织股权制改革

召开村民代表会审议实施方案，选举了股东代表，经全体村民代表决定股东代表由村民代表直接过渡产生。目前，共有股东 860 人，基本股 1 255 元。由股东代表大会审议合作社章程，产生合作社的董事会、监事会成员。通过产权制度改革，成立股份经济合作社是对股东利益的保障，也是对集体资产的保护。股权设置完成后，产权证陆续发到股民手中。

二、主要亮点

（一）有效利用集体资源，探索市场经济发展模式

文化村与别村不同的特别之处在于，当地多年前就有一个建材市场，且凭借地理区位优势，具有稳定的消费群体。因此在集体产权制度改革中，文化村有效利用这个发展条件，将集体所拥有的闲置门面房出租给建材市场，作为村集体经济的主要来源，有效盘活了村集体资源，为发展壮大农村集体经济拓宽了渠道。

（二）有效发挥农村集体经济组织服务管理功能，达到经济与治理双赢模式

文化村建材市场由于长时间管理缺失，卫生环境、治安保障等都存在较大的漏洞，不仅影响建材市场的可持续发展，还对文化村整个环境治安造成威胁。因此文化村借助农村集体产权制度改革契机，有效发挥了村集体经济组织的服务管理功能，一是在县、乡镇相关部门的资金支持下，雇当地村民作为市场保洁员、治安管理员等规范建材市场发展秩序。二是发挥集体经济组织的协调作用，将以前建材市场整体出租变为划片出租，这样不仅有效规范了建材市场的布局管理，避免了摊位与摊位之间的矛盾，同时也通过精细化出租大大提升了村集体经济收入。

三、存在问题及建议

（一）存在问题

一是村集体组织服务功能不凸显，集体经济发展潜力有待挖掘。建材市场是文化村最大的一个发展机遇，但是从现阶段发展来看，村集体经济组织的参与并不深入，带动效应有限，尤其是在服务功能的体现上，并没有充分发挥其协调、管理、引导、带动等作用。

二是人才力量滞后，新型市场管理人员需求迫切。文化村不同于别村的主要特点是，较早地介入市场经济发展轨道。因此农村集体经济组织在此阶段面临较大的机遇和挑战，尤其是在人才力量的配备上，要创新思维，以江浙一带发展较好的村集体经济组织学习，探索聘请职业经理人等提升当地建材市场与村集体经济组织的利益联结，发挥好市场资源对村集体的带动作用。但是从调研情况看，当地并没有此类做法和计划。

三是部分干群对改革的认识不足。有的村集体资产总量小、结构单一，改革试点后资产盘活增收的空间有限、后劲不足，与成员利益的关联度不高，因而关注度不高、热情不够。同时各村负责产权制度改革的人员由于村内事务多，村内缺少专业的人才，导致村内发展思路还有局限性。

（二）发展建议

一是提升村集体经济组织带头人的发展思想工作。思想发展是前提，尤其对于文化村而言更是如此。在现阶段，文化村面临重要的改革期，需要培养一批敢闯、敢干、有头脑、有能力的年轻干部，紧跟市场发展步伐，通过借助当地良好的发展条件进行探索。此外，可通过组织到集体经济发展较好的地区进行参观学习，总结适合自身发展的集体经济发展路径，有效将建材市场与集体经济结合起来，发挥效应。

二是借助建材市场资源，拓宽村集体经济发展渠道。据了解，建材市场具有稳定可观的消费群体，因此下一步可以充分借助这个资源，发展乡村旅游、乡村餐饮、文化活动等多元化发展路径。例如，可以在建材市场建立较为规范的餐饮区，可以组织当地农户发展农家乐、乡村采摘、农家种植等活动，同时可以定期举办一些文化活动，吸引消费者，拓宽村集体经济发展路径。

河南省鹤壁市农村集体产权制度改革试点报告

河南省鹤壁市于2018年6月被农业农村部确定为第三批农村集体产权制度改革整市试点单位，要求试点工作到2019年10月底结束。为全面掌握试点工作完成情况和改革成效，及时总结改革经验成果，2019年11月10—12日，农业农村部农村经济研究中心课题组赴鹤壁市就农村集体产权制度改革试点工作进行调研。本次调查召开了鹤壁市、淇县、浚县的市、县两级3次座谈会，随机抽取实地调研了鹤壁市淇县庙口镇东场村、庙口村，浚县白寺乡白寺村、小河镇小河村共2县3乡（镇）4行政村，通过听取汇报、查阅档案、进村走访、群众交流等方式，力求从点到面对鹤壁市农村集体产权制度改革试点情况进行细致的调查。总体来看，鹤壁市此项改革试点工作做得比较扎实，档案资料管理规范，改革成果深得干部群众认可和满意。

一、试点任务完成情况

鹤壁市农村集体资产清产核资、农村集体经济组织成员身份确认、股权量化及集体经济组织创设工作已基本完成。全市共有885个行政村，其中883个村已完成集体资产清产核资，占99.8%，共清查核实资产30.65亿元，其中经营性资产8.07亿元、资源性资产面积（集体土地总面积）254.72万亩。截至调研日期，全市875个行政村完成农村集体经济组织成员身份确认，占98.7%。875个行政村完成股份设置与量化，占98.7%，共量化资产23.46亿元。875个行政村设立了村级集体经济组织，占98.7%，已颁发集体经济组织登记证书784本，占行政村总数的88.6%，其他村正在发放中。

二、改革试点取得的成效

（一）摸清集体家底，明晰了资产产权

鹤壁市开展农村集体产权制度改革，通过对村集体资产的排查、清理、核实、公示、确认，全面澄清了村集体经济家底，消除了群众疑虑，明晰了集体资产产权，部分资产收回重新发包，增加了村集体经济收入。该市累计账面资产22.66亿元，其中经营性资产4.57亿元；清查核实资产30.65亿元，其中经营性资产8.07亿元。

（二）完善规章制度，创新了运行机制

鹤壁市在推进农村集体产权制度改革过程中，围绕集体资产清产核资、集体成员身份界定、股权量化、村集体经济组织创设等核心环节，分别制定出台

了系列指导意见、通知、办法等文件，不断完善相关规章制度，让集体资产明晰、集体成员明确、股权量化透明、经济组织按章程运营，为有效防止农村集体资产流失和农村集体资产“有人管、能管好、能增值”奠定了制度基础。

（三）盘活闲置资源，壮大了集体经济

“集体有，跟你走；集体空，都不听”是农口干部在农村实际工作中的体会。鹤壁市以农村集体产权制度改革为契机，积极盘活村集体的闲置校舍、厂房、企业用地、水利设施、机械设备等资产，推进承包地流转集约经营、“四荒地”盘活利用，鼓励招商引资，发展乡村旅游等，通过承包、出租、联合经营等多种方式探索壮大村级集体经济新模式，增加村集体收入。例如，鹤山区引导各村盘活利用村集体的坑塘、路肩、河堤等闲置资源为村集体创收；山城区石林镇宋沟村通过清产核资工作收回承包地 300 亩，重新签订承包合同，每年增加村集体收入 6 万元；淇滨区岗坡村建设现代化育苗温室，租借给合作社经营，年收租金 5 万元。

（四）强化民主管理，促进了农村和谐

在农村集体产权制度改革前，农村干群关系紧张、关系松散等现象较为普遍，村庄管理工作非常难做。随着此项改革的推进，村集体成员和集体的关系得以清晰界定，成员在村集体的权利和义务不再模糊，特别是农村集体经济组织的成立让成员对村集体发展享有了知情权、参与权、选举权、决策权和监督权，强化了村庄的民主管理。村集体经济发展壮大也增加了集体组织成员的经济收益，集体组织成员感受到了集体经济优越性，增强了集体荣誉感，凝聚了向心力和战斗力，实现了农村社会和谐稳定。

三、创新经验及做法

在淇县、浚县及相关乡镇、村的实地调研基础上，课题组又召开了鹤壁市层面的座谈交流会，该市淇县、浚县、鹤山区、淇滨区、山城区、城乡一体化示范区、开发区 7 个县（区）和市级农业农村局、林业局等相关部门的干部参加座谈。各县推进农村集体产权制度改革的主要做法归纳如下。

（一）各级领导重视，层层压实责任

鹤壁市成立了以市长任组长的农村集体产权制度改革领导小组及主管副市长为主任的领导小组办公室，全面领导农村集体产权制度改革工作。各县成立了由党政一把手任组长的专门领导机构，乡镇和行政村成立了专门领导小组。由此形成了市、县、乡镇、村四级主要领导亲自抓、分管领导具体抓，一级抓一级，层层抓落实的工作局面。明确各级党政一把手为第一责任人，切实实行市主要领导包县区、县区主要领导包乡镇、乡镇主要领导包村、村“两委”干部包组的层层责任制，构建起从市到村上下纵向贯通、相关部门单位横向联动

的组织体系，还指派专门人员负责上下左右沟通，真正实现事有人干，责有人负，确保改革任务顺利完成。

（二）科学制定方案，强化制度保障

鹤壁市印发了《鹤壁市稳步推进农村集体产权制度改革实施方案》（鹤发〔2018〕9号），农业农村局等10部门联合印发了《鹤壁市农村集体资产清产核资实施方案》（鹤发〔2018〕17号），把产权制度改革工作纳入农口重点改革事项，实行目标管理。市、县、乡镇、村各级分别制定了具体的工作实施方案，明确各级工作任务、工作步骤、工作要求等，把工作和责任进行细化落实。各级相关部门也根据各自职责围绕农村集体产权制度改革制定了工作方案，农业农村部门全面指导各县开展改革工作，财政部门积极落实改革工作经费，自然资源、水利、林业、教育体育等部门积极提供农村集体资产相关资料，形成上下联动、齐抓共管的工作局面。

（三）加强宣传培训，理清工作思路

一是强化宣传。通过新闻媒体、网络微信、乡村广播、张贴标语、悬挂横幅等形式加大宣传力度，确保农民群众的知情权、参与权、表达权、监督权。全市共编印宣传手册14 720本，宣传页51 500份，条幅2 647条，印发简报97期。二是强化培训。市、县邀请外地市、县专家对各乡镇、村进行业务工作人员培训，在完成县级培训的基础上，还根据各自特点，深入乡村，逐级、逐点进行宣传培训，提升基层工作人员的业务水平，提高工作效率。全市共开展专题培训班12期。三是强化外出学习。组织市、县相关人员到濮阳、济源等先期试点地市考察学习，拓宽思路和视野，少走改革弯路。四是强化业务指导。在改革中，坚持培训先行，把培养明白人、启用明白人作为工作的关键，通过市场化运作，聘请外部专业服务公司协助推进改革工作。例如，淇县聘请了河南金大地社会经济咨询有限公司、兴业审计咨询服务有限公司结合各乡镇、村的不同情况，有针对性地开展工作指导。

（四）把握关键环节，发扬民主集中

根据工作实施方案，严格按照工作流程和报批制度推进改革，重点抓好关键环节。一是摸清资产底子，全面清产核资。指导各村成立由村“两委”、村务监督委员会成员、群众代表组成的清产核资工作小组，在尊重历史、正视问题、全面清理的基础上，区分资产属性，分类登记造册，健全完善台账，并召开村民代表大会进行审核确认。二是明确基本标准，确认成员身份。突出群众认可的标准，以户籍登记为基础、法律法规为依据、村规民约为参考、外地经验为借鉴、民主评议为结果的原则，结合村情实际，由各村提出成员身份认定办法，经村民大会表决通过。三是科学设置股权，明确权益份额。因村制宜确定资产量化范围，股权设置以成员个人股为主，股份构成由各村根据实际情况

民主确定，采用一次性平均股份或人口福利股和劳动贡献股构成。原则上不设集体股，民主确定提取一定比例的公积金、公益金用于村级经济发展。四是灵活股权管理，实行静态管理。民主确定股权管理模式，多数村采用“生不增、死不减”的静态管理模式，兼顾实际变化。五是制定示范章程，引导规范运营。指导各村集体经济组织成立“三会”，鼓励创新合作模式，实行股份化运营，确保集体资产保值增值。

（五）严格督导检查，强化推进机制

一是实行工作进度周报制。要求各乡镇每周向县改革领导小组汇报工作进度、存在问题、经验做法，及时收集汇总各县区半月一排名、一月一通报。二是建立督导检查制。市、县、乡镇三级均成立了工作督导组，对工作进行督导检查，督导结果上报党委政府主要领导及分管领导，对工作进展缓慢的及时予以批评并督促整改。三是实行责任追究制。对在农村集体产权制度改革工作过程中隐瞒真实情况，虚报、瞒报、隐匿资产和收入、提供虚假会计资料等行为，从严从快处理。对伺机擅自处置、私分集体资产、损害集体和群众利益的，以及在改革工作中不作为、乱作为、失职渎职的，严肃追究责任人的责任。

四、存在的问题及原因

鹤壁市的农村集体产权制度改革取得了阶段性成效，但随着改革的深入，一些新情况、新问题、新矛盾逐渐突显，必须引起足够重视并加以解决。

（一）农村集体经济基础比较薄弱

据统计，鹤壁市 885 个行政村中，集体经济收入在 5 万元以下的村有 594 个，占 67.1%；在 5 万～50 万元的村有 261 个，占 29.5%；50 万元以上的村有 30 个，占 3.4%。从统计情况看，鹤壁市农村集体经济基础比较薄弱，村集体收入以资源租赁型收入为主，缺少支撑产业、发展资金和资本，农村发展内生动力不足。部分行政村的村集体除一些固定资产外，没有经营性资产，股权量化为零。

（二）农村集体经济组织人才短缺

一是村级干部复合型人才短缺。村干部中缺少有担当、有思想、有能力的领导干部和懂经营、会管理的复合人才。少数村干部的思想不够解放，经营头脑不灵活，主体作用发挥不够，发展集体经济的手脚放不开、胆子不够大，“怕”字思想严重，导致较多村集体资产在“沉睡”。二是专业财会人才短缺。村集体经济组织在运营初期，需要专业的会计人才进行业务登记，村集体原有的出纳型会计无法适应业务的需要，而聘请专业会计却是一笔不小的开支。

（三）农村集体经济组织配套政策缺乏

发展集体经济缺少相关政策引导和金融信贷支持。农村集体经济组织是一个新生事物，在进行经营、管理等经济活动时面临法律和政策风险。农村集体经济组织成立以后，虽然被赋予了统一的社会信用代码，确认其特殊法人资格，但国家层面的法律还没有跟进，有关发展农村集体经济的金融、用地、税费、财务管理等相关配套政策不完善、不到位，也在一定程度上影响了农村集体经济的发展壮大。

（四）农村基层经管队伍建设亟待加强

农村集体产权制度改革的政策性强、工作量大、涉及面广，需要有稳定的人才队伍和充足的资金支持，但从鹤壁市的农村人才队伍建设看，县、乡镇两级存在机构不健全、办公设施不完善、人员不固定和经费不足等问题，特别是县、乡镇农村经管队伍有名无实或有实无名。人员少、改革任务紧张，奋战在一线的相关工作人员经常处于超负荷工作状态，严重影响身心健康。

五、完善法律法规政策的建议

农村集体产权制度改革的最终目的是通过改革赋予农民更多财产权利，明确产权、完善权能，壮大集体经济实力，增加农民收入。

（一）注重改革成效，探索集体经济发展

一是加强业务指导。对已组建的农村集体经济组织及时进行指导服务，使其经营管理逐步实现规范化、科学化。二是树立典型示范。认真总结运行良好的农村股份经济合作社的运营模式、经验教训，逐步建立农村集体资产保值增值和股份分红的长效机制，树立典型示范案例，不断推广成功做法。三是促进多元化发展。充分利用没有承包到户的集体“四荒地”资源，发展现代农业项目。利用人文、历史资源，发展休闲农业和乡村旅游业；利用闲置的集体建设用地、各类房产设施等，发展租赁物业；利用集体积累、政府帮扶等资金，通过入股或参股一些企业、发展“飞地经济”等形式来增加集体经济收入。四是完善农村集体资产交易平台建设。与中央、省级农业农村生产要素交易平台对接，通过信息便捷流通促进农村集体资产供需双方有效匹配。

（二）创新集体经济组织人才引进机制

一是建立薪酬激励机制。结合乡村人才振兴，加大招才引智力度，吸引理念新、懂经济、善管理、能力强的人才加入农村集体经济组织，在尊重集体经济组织成员意愿的基础上，引入第三方专业管理团队参与运营。二是探索人才引进新模式。例如，借鉴“三支一扶”模式，定向招考村集体经济组织财会人员，或者采用第三方代理记账的方式，为村集体经济组织选配合格的财会人才，保证村集体经济组织正常运转。

（三）完善配套政策，深化产权制度改革

一是尽快立法。建议尽快制定和出台农村集体经济组织方面的法律法规，完善农村集体经济组织的法人地位，促使农村集体经济组织发展有法可依、有章可循。二是完善配套政策。尽快制定具体的促进农村集体经济组织发展的金融、土地、税收等相关政策，尤其是要提高税务部门对于农业农村部门颁发的经济组织登记证书的认可程度，向股份经济合作社出具税务登记证，保证农村集体经济组织的正常运营。进一步完善集体资产股权登记制度、集体收益分配制度，探索农民对集体资产股份有偿退出的条件和程序，赋予农民对集体资产股份占有、收益、有偿退出及抵押、担保、继承的权利，切实保障农村集体经济组织成员的合法权益，推进农村集体经济组织健康发展。

（四）加强队伍建设，保障集体经济发展

人才队伍建设是壮大农村集体经济的关键，必须努力加强农村两支队伍建设。一是加强县、乡镇两级管理队伍建设。完善县、乡镇两级农村经济管理体制、机制，增加县、乡镇两级人员编制，配备相应的办公场所及设施，建设县、乡镇、村三级联网的管理、监管平台，为农村集体经济长期发展奠定基础。二是加强村级集体经济组织管理队伍建设。通过业务培训、典型带动等方式，培育一支有文化、懂技术、善经营、会管理的集体经济组织复合型人才，确保集体经济健康稳定发展。

河南省巩义市农村集体产权制度改革试点报告

河南省郑州市巩义市于2018年6月被农业农村部确定为第三批农村集体产权制度改革整市试点单位。为全面掌握试点工作完成情况和改革成效，及时总结改革经验成果，2019年11月13日，农业农村部农村经济研究中心课题组赴巩义市对农村集体产权制度改革试点工作进行调研。课题组通过座谈汇报、查阅资料、实地查看、进村走访、群众交流等方式，召开巩义市、竹林镇两级2次座谈会，并随机抽取该市竹林镇及其下辖社区镇东街社区（1个镇、1个社区）进行实地调研，力求从点到面对巩义市农村集体产权制度改革试点情况进行细致调查。

一、巩义市基本情况

巩义市是河南省省会郑州市的下辖县级市，位于中原腹地、嵩山北麓，东距郑州市82千米，西距洛阳市76千米，属于典型的豫西浅山丘陵区。巩义市辖区总面积1 042.6千米^2，2018年常住人口83.83万人，下辖5个街道办事处、15个镇，2个园区管委会。全市集体土地面积130.80万亩，包括农用地94.23万亩，其中耕地57.77万亩、园地0.44万亩、林地25.09万亩、草地7.37万亩、农田水利设施用地（沟渠）0.55万亩、养殖水面（坑塘水面）0.04万亩、其他农用地2.97万亩；建设用地18.97万亩，其中工矿仓储用地3.83万亩、商服用地0.29万亩、农村宅基地7.44万亩、公共管理与公共服务用地1.79万亩、交通运输和水利设施用地4.02万亩、其他建设用地1.60万亩；未利用地17.60万亩。

二、产权制度改革完成情况

2018年3月，巩义市全面启动农村集体产权制度改革工作。自工作开展以来，巩义市扎实推进产权制度改革各个关键环节工作有序开展，提前10个月完成了产权制度改革各项任务，取得了积极成效。截至调研日期，全市19个镇（街道）有产权制度改革任务的298个行政村（居委会），均已按照规定程序完成了此项改革工作。共清查核实资产51.28亿元，其中经营性资产11.04亿元，非经营性资产40.24亿元，资源性资产面积130.81万亩；成立集体经济组织299个，发放集体经济组织登记证书299个，其中镇级联合总社1个；发放农村集体经济组织股权证书17万余本；确认集体经济组织成员72.039 7万人，量化资产7.47亿元。

三、产权制度改革的主要做法

（一）强化宣传培训，加强督导考核

巩义市政府充分发挥报纸、电台、电视台、微信群等各类新闻媒体作用，通过张贴标语、悬挂条幅、发放公开信等多种形式，广泛宣传动员，积极营造了社会广泛关注农村集体产权制度改革工作的浓厚氛围，形成政府主持引导、群众自觉参与、社会各界支持的工作局面。截至调研日期，共悬挂横幅400余条，印制材料汇编600余本，发放公开信10万多张。在工作启动初期，集中1个月时间，邀请专家在全市范围内分层次、分类别、分区域地举办了一系列的专题培训班，将农村集体产权制度改革的工作重点难点、关键环节、注意事项等知识广泛地普及到市、镇、村三级干部队伍中，打造了一支巩义市推进农村集体产权制度改革工作的核心干部队伍。在工作推进过程中，安排市农经站工作人员到各镇（街道）进行不间断轮训，将培训人员扩大覆盖到村民组长和村民代表，确保培训全方位、不留死角。截至调研日期，累计举办培训班25期，培训人员2 555人次。在宣传培训的基础上，巩义市积极开展督导考核，及时查漏补缺。在督导环节，由市委、市政府督查局牵头，安排专人对各镇（街道）集体产权制度改革工作进行不定期督促检查。在考核环节，将农村集体产权制度改革工作列入市重点工作机制“4＋4＋2”考核指标中，制定了《巩义市农村集体产权制度改革工作考核办法》，明确了考核对象、内容、方式和计分办法。为确保改革成果经得起群众和实践的检验，巩义市坚持“时间服从质量”的原则，及时组织各镇（街道）开展“回头看”工作。

（二）紧抓党组建设，激发改革动力

巩义市成立了农村集体产权制度改革工作领导小组，市委书记任组长，市委副书记、市政府市长任常务副组长。领导小组下设办公室，办公地点设在巩义市农业农村工作委员会（以下简称农委），农委主任兼任办公室主任。领导小组下设8个工作组，分别是综合协调组、政策指导组、宣传报道组、清产核资组、身份认定组、股权经济组、督导督查组和信访接待组。8个工作小组各自设立了组长、牵头单位和配合单位，并明晰了主要职责，共同服务于农村集体产权制度改革。此外，巩义市严格落实三级书记抓改革的工作要求，市、镇、村层层建立领导机构和工作班子，层层分解任务，逐级传导压力。在推进产权制度改革过程中，巩义市提倡党组织书记或支部委员通过法定程序担任集体经济组织负责人，并要求把党建工作写入章程，进一步理顺管理体制，使村委会和集体经济组织都在党支部的领导下开展工作，为党组织发挥领导作用提供有力保障，进一步激发了改革的内生动力。

（三）开展清产核资，亮出集体家底

在清产核资阶段，巩义市不断征求干部及群众代表意愿，充分利用土地确权和卫星测绘成果，严格抓好清理、登记、核实、公示、确认和上报6个环节，对集体所有资源资产进行了精准测量，并分别建立台账，做到三榜公示，确保集体资产不漏、不落、不差，摸清了家底，明晰了产权。针对资产登记和核实环节涉及的审计和评估等专业性、技术性强的问题，巩义市采取政府购买服务的方式，科学引进第三方专业机构，聘请专业人才对各镇、村进行技术服务和指导。在资产清理过程中，巩义市以镇级“三资”平台上各村财务会计账目为依据，坚持账内账外相结合，全面盘点资金、实物、债权债务等资产；以实地勘测丈量方式，查明实际数量，以国土二调数据为参考，结合农村土地承包经营权确权数据，进行权属、边界、四至及面积确认。在清产核资的过程中，巩义市还加强了对各村（居委会）资产的出租合同不合法、不合规、不合理等突出问题的清查清理，做到边清查边整改，发现一处，整改一处，确保农村集体资产资源公平、公正、合理、有效使用。

（四）科学确认身份，明晰成员资格

巩义市农委制定了产权制度改革工作详细的时间任务表，明确了工作节点和要点，要求成员身份确认工作与清产核资工作同步开展。出台了《巩义市农村集体经济组织成员身份确认工作指导意见》，要求成员界定要注重征求农民意见，坚持“众人的事由众人商量”，保证农民的知情权、参与权和选择权，并兼顾土地承包关系和集体经济组织利益关系。在人口摸底过程中，为确保信息的真实准确性，巩义市创新方法，要求除了户主签字和按手印外，2个入户调查人员也要在户口复印件上签字确认，并与当事人合影备案，最终形成成员清册，并实行三榜定案，接受群众的监督。根据《巩义市农村集体经济组织成员身份确认工作指导意见》，四类人被确认为农村集体经济组织成员：一是世居本村且具有本村户籍的；二是二轮土地承包时，取得土地承包经营权的；三是因合法婚姻关系、合法收养关系或根据国家移民政策，户籍迁入本村的人员；四是原户籍在本村的大中专院校在校学生、原户籍在本村的现役义务兵和义务兵现役期满被选取为士官的、原户籍在本村的正在服刑和其他被依法限制人身自由的人员。在身份确认基准日前，七类人员不再确认为农村集体经济组织成员：一是自然死亡或依法宣告死亡的；二是被确认为其他集体经济组织成员或以书面形式自愿放弃本集体经济组织成员身份的；三是大中专院校学生毕业后户籍落户外地的；四是服役期满符合安置条件的退役士兵，已选择政府安排工作的；五是被国家机关、事业单位、群团组织等正式招、录用的在职及退休人员；六是户籍虽迁入本村，未在本村务农务工、未承担义务、未享受福利待遇的外来落户人员；七是将户籍挂在本村的空挂户人员。

（五）统一股权标准，量化成员股份

为了更加规范统一，巩义市就改革的整套工作流程特别是开展股权量化等关键步骤制定了指导意见，出台了《巩义市农村集体资产股权量化管理指导意见》。在股份量化上，将集体经营性净资产折算成股份并量化至每个集体经济组织成员，该净资产为按照清产核资工作程序清理核实的资产。在股权设置上，原则上只设个人股，不设集体股，实行一人一股制。鼓励各村在充分尊重群众意愿的前提下探索创新股权设置办法。如确需设置集体股，可按照经营性净资产的一定比例进行折股量化，集体股占总股本的比例由村集体经济成员（代表）大会讨论决定，原则上不得超过20%。在股权管理上，采取"量化到人，固化到户"的管理模式，原则上实行"两不增、两不减"（"生不增、死不减，进不增、出不减"）的静态管理办法，不随人口增减变动而调整股权，在各户内部实现增人减人的平衡。以户为单位向集体经济组织成员出具股权证书，作为其占有集体资产股份、参与决策管理、享受收益分配的有效凭证。将来子女分户的，原则上不调整原股权设置，股权可以内部继承、转让和赠予，但不得退股提现。

（六）成立经济组织，科学制定政策

巩义市目前的做法是，一个行政村成立一个集体经济组织，即集体经济（股份）合作社，并制定了《××村经济合作社示范章程（试行）》，以及《巩义市村经济合作社财务管理办法》。根据规定，村经济合作社应尊重和支持村委会的工作，合理安排发展科技、教育、文化、卫生等公益事业以及办理公共事务所需的资金。收益少或无收益的经济合作社，应通过发展集体经济取得分红，不得举债或变卖集体资产用于分红。此外，巩义市还成立了一个镇级联合总社，即巩义市竹林镇经济联合总社，并制定了《巩义市竹林镇经济联合总社章程》。该镇级联合总社目前有总股数12 049股（社员股权界定基准日为2018年9月30日24时止），现有各社区经济合作社（以下简称分社）界定的社员按一人一股配股，涉及总社员数12 049人，实际用于折股量化的经营性净资产（总股本）为16 266.57元（原值）。为了增强村级集体经济发展的后劲，巩义市正在研究出台《关于实施扶持壮大村级集体经济三年行动计划的意见（2019—2021年）》《关于盘活闲置宅基地和闲置住宅 增加农村集体经济收入的指导意见（讨论稿）》和《宅基地使用管理办法》等相关配套政策。这些政策的出台将会从财政、土地、项目、金融、人才等方面为集体经济发展提供支持，引导各村通过盘活闲置资产、开展土地流转、发展乡村旅游等途径，发展壮大村级集体经济。

四、产权制度改革的成效

（一）开拓了集体经济发展空间

巩义市把农村集体产权制度改革与农村人居环境治理相结合，集中 3 个月时间（2019 年 5—7 月）在全市农村范围内对违章建筑进行拆除，共拆除违建 16 056 处，啃掉了一批“硬骨头”，解决了一大批集体用地被长期占用的难题。该举措有三方面的成效，一是腾出了更多的公共发展空间；二是腾出了更多绿化和建设用地，通过拆违补绿使村庄环境面貌得到了明显改善；三是解决了一些历史遗留问题，使基层干部在群众中的声望进一步提升，基层干部的群众关系更加和谐。

（二）盘活了闲置宅基地和住宅

依据中央农村工作领导小组办公室、农业农村部发布的《关于进一步加强农村宅基地管理的通知》，巩义市研究制定了《关于盘活闲置宅基地和闲置住宅 增加农村集体经济收入的指导意见（讨论稿）》，旨在盘活农村闲置宅基地和闲置住宅，增加农村集体经济经营性收入。根据农村村民一户只能拥有一处宅基地，严格按照批准面积和建房标准建设住宅，禁止未批先建、超面积占用宅基地的原则，巩义市采取两种方式盘活农村闲置宅基地和住宅。一是农村集体经济合作社对闲置宅基地进行统一管理、使用、收益，包括两种做法，一种是农村集体经济合作社利用自有资金，自主建设、自主运营；另一种是集体经济合作社与其他社会资本成立股份经济合作社分社，共同开发利用闲置宅基地和住宅。其规定使用权期限可以到 2058 年，收益按土地和房屋所占股份分配，土地收益纳入集体经济合作社经营性收入，房屋收益纳入该股份经济合作社分社进行分红。二是鼓励农民盘活利用闲置住宅。农民可通过自主经营、合作经营或委托经营等方式，依法依规发展农家乐、民宿、乡村旅游等。而城镇居民、工商资本等租赁农房居住或开展经营的，要严格遵守《中华人民共和国合同法》的规定，租赁合同的期限不得超过 20 年。合同到期后，双方可以另行约定。通过以上两种方式达到了盘活闲置宅基地、激活闲置住宅、共享农房的目的。该举措成效显著：小关镇南岭新村盘活闲置宅基地和住宅 8 处，发展旅游农家乐共 17 家 140 间，其中农家乐住宿 88 间，夏季（5 月 1 日—11 月 1 日）住宿基本爆满，房间平均价格为 100 元左右，带动农家乐每年增收 10 万～20 万元，带动集体经济增收 1.3 万元。近两年，南岭新村农户通过在本村农家乐务工、工地打零工或卖时令野菜、农副产品等，每户每年增收 1 500～2 000 元。这得益于巩义市得天独厚的地理优势，其位于郑州市和洛阳市之间，距离两市 1～1.5 小时的车程，有着较大的潜在市场需求。

（三）明晰了集体经济发展路径

产权制度改革工作使村级的各类资产得以明晰，为探索集体经济发展道路创造了条件。巩义市各村立足自身优势，通过盘活土地资源、经营资源资产、提供有偿服务、整合多方资金等多种形式，积极探索集体经济发展路径，实现了集体经济不断发展壮大。其中，杜甫街道外沟村通过盘活集体资源，发展资产型经济和物业型经济，村集体经济收入得到持续提高，2018 年该村年集体总收入达到 674 万元。小关镇南岭新村通过整合有关政策性资金，建设 1 800 米^2 村集体标准厂房，按照所有权与经营权适当分离的原则，实行租赁经营，村集体每年可收益 10 多万元，其中 20%作为村级扶贫专项资金，直接用于服务贫困群众发展公益事业。米河镇明月村以农村集体产权制度改革为突破口，通过流转荒山荒坡和集体土地，每年集体经济取得收益 100 万元，村民人均每年增收 2 260 元。

（四）拓宽了集体成员增收渠道

集体产权制度改革建立了集体与农民的利益联结机制，农民通过股份量化，在集体经济增值中获得分红，增加了财产性收入。2019 年春节前，巩义市近 20 个村（组）进行了分红，让群众充分享受了这次改革发展的红利。2020 年 1 月 13 日，竹林镇经济联合总社召开首届社员分红大会，为全镇3 477 户 12 049 人发放股权红利 120 余万元。2020 年 1 月 23 日，米河镇小里河村经济合作社召开了首届股东分红大会，现场为 1 108 户 4 610 人发放分红款 750 万元，通过银行转账的方式打到每家每户的指定账户上，并及时对外公布相关信息，接收全体股东监督。这两次分红让群众充分享受了这次改革发展的实际红利，激发了干事创业的内生动力，为各项经济事业发展奠定了坚实基础。

（五）建立了资产综合管理系统

巩义市农村集体资产综合管理系统于 2019 年 11 月 8 日建立完成。该系统功能主要包括财务监管、资产管理、股权管理、清产核资、地理信息、村务公开、财务公开、产权交易、经济合作社、大数据分析和监管 10 个模块，每个模块包括若干个模块选项。该系统用户分为三级，即县级、镇级、村级，每级用户使用权限不同。县级用户主要对全县数据进行统计分析及审核驳回，如对清产核资数据、集体经济组织大额资金支出、集体经济组织成员信息、集体经济组织分红状况，以及全市集体经济组织资源资产分布位置的查看、审核和分析。镇级用户主要对本镇各村填报的数据进行初审，如对清产核资数据审核驳回、对集体经济组织成员变动审核批准、对集体经济组织小额资金支出进行审核批准等。村级用户是本系统数据的收集者及填报者，如清产核资数据、资金收支、集体经济组织成员信息、各类资源资产地理信息位置的标注、固定资产电子台账的收集填报，以及村务财务信息的公示公开等。

（六）提升了乡村社会治理水平

巩义市在股权量化的基础上，尝试将集体组织成员身份与其权利义务相挂钩，增强了集体组织成员的身份感，也明晰了成员在集体组织内部享受的权利和应尽的义务。一方面通过村规民约对集体组织成员形成一定约束，规范成员的行为；另一方面将成员分红与其在集体组织内的表现挂钩，表现好的会相应加分，增加分红，表现差的会相应减分，减少分红。例如，某户某人未配合村委工作，未尽到应尽的社会义务，或没有善待老人小孩等会酌情减少其集体经济合作社内的分红。目前该项举措尚处于试验阶段，未形成明确的规章制度，但效果较好，加强了村规民约的约束力，促进了农村社会内部的和谐稳定，达到了治理有效的目的。这一探索为进一步发展壮大集体经济，提升乡村治理水平提供了新的思路。

五、产权制度改革面临的主要问题

（一）集体经济组织的法律地位不明确

2017 年 10 月施行的《民法总则》中将机关法人、农村集体经济组织法人、城镇农村的合作经济组织法人、基层群众性自治组织法人规定为特别法人，其中明确提出“农村集体经济组织依法取得法人资格”。《民法总则》赋予了农村集体经济组织法人地位，但尚无配套的法律法规对这一特殊法人进行明确规范，使得集体经济组织的特殊法人地位缺乏法律保护，投资主体地位不明确，税收优惠政策不能落实。法律法规的不完善，增加了巩义市农村集体产权制度改革的难度。

（二）集体经济发展的配套政策不完善

巩义市在农村集体产权制度改革实践中发现，集体经济组织在税务、金融、组织管理上缺乏配套的政策支持。例如，在税务方面，2016 年 12 月中共中央国务院颁布的《关于稳步推进农村集体产权制度改革的意见》中明确指出“在农村集体产权制度改革中，免征因权利人名称变更登记、资产产权变更登记涉及的契税，免征签订产权转移书据涉及的印花税，免收确权变更中的土地、房屋等不动产登记费。”但农村集体经济组织作为特殊法人，在税务部门登记开户时，账户管理、纳税、税收优惠等政策尚不明晰，如何纳税、能享受哪些税收优惠都需要进一步明确。在金融方面，集体经济组织的股权无法在银行部门进行抵押贷款。在组织管理上，当前集体经济组织的理事会、监事会人员资格、选举办法等没有专门的政策规定，村级在操作时主要参照了《农村基层组织工作条例》来执行。

（三）基层的农经管理和专业人才缺乏

农村集体产权制度改革的政策性和专业性较强，需要较为稳定的人才队伍和充足的资金支持，改革需要在市、县、镇农经干部的业务指导下进行。但是，当前巩义市的农经工作人员整体年纪偏大，专业技术人才少，特别是村一级，缺少有担当、有思想、有能力的领导干部和懂经营、会管理的“三农”复合人才。

（四）多部门之间的协调配合仍需加强

巩义市在改革过程中发现，部门之间的协作仍存在一定的问题，具体表现在三方面：一是改革中农业农村部门统计的资源性资产数据与国土二调数据、国土三调的数据衔接不够，存在一定的差异，集中体现在集体建设用地和未利用地的数据统计上，即将发布的国土三调数据与国土二调数据也有一定差异，需要进一步比较确认。二是农村资源性资产的登记涉及农业农村部和自然资源部等多个部委或机构，部门间的协作仍需加强。三是村级学校的土地和建筑物产权归属问题较为复杂，涉及国家所有、集体所有、农户权益等各类问题，需要教育体育局、村集体和农户等多方的合作。

六、进一步推进产权制度改革的政策建议

（一）研究制定集体经济组织相关的法律

针对当前集体经济组织面临的法律地位缺失、市场主体地位不充分的现实情况，认真组织开展调查研究，抓紧研究制定农村集体经济组织方面的法律。通过修订法规，为农村集体经济组织赋权，重点解决以下三个方面的问题：一是对集体经济组织的法律地位、性质、功能和职责予以明确，二是对集体经济组织成员（股东）的标准和进退机制进一步明确，三是对集体经济组织的外部监督管理主体进行明确。

（二）完善集体经济组织发展的配套政策

从税务、金融、组织管理等各方面出台进一步发展壮大集体经济组织的政策或指导意见。例如，出台税收支持政策，对取得集体经济组织证明书的集体股份经济合作社给予一定的税费减免政策；完善集体经济组织的股权抵押贷款功能，充分发挥金融市场的资金优势，为集体经济组织注入发展资金；安排财政专项资金奖励集体经济发展从无到有的“进步村”，扶持无经营性资产的薄弱村；规范集体经济组织的成员管理，资产登记、使用、保管、处置、清查，财务监督管理、档案管理、财务处理办法，股份收益分配、退出和继承等政策。

（三）培养县、镇、村三级农经管理专业队伍

强化县、镇和村级的农经管理队伍建设，注重人才培养，提高各级干部群众发展村级集体经济的能力。分层分级组织培训，对县、镇级有关人员重点培训农村集体经济发展的政策措施和工作要求，对镇、村有关人员重点培训发展

路径、项目管理、经营管理实务操作等内容。选育引领集体经济发展的带头人队伍，重点加强村干部的选拔，优化干部队伍结构，发挥村党支部书记的“领头羊”作用。可探索实施经营管理绩效与经营者收入挂钩、“基本报酬+绩效考核+集体经济发展创收奖励”的村干部报酬补贴制度。

（四）加强产权制度改革的跨部门沟通与协作

农村集体产权制度改革涉及面广，需要多部门通力协作，形成合力才能有效完成改革任务，促进农村集体经济的发展。这次改革中的集体资产包括资源性资产、经营性资产和非经营性资产，其中仅资源性资产就涉及农用地、建设用地和未利用地三大类，农用地又包括了耕地、林地、草地、园地和养殖水面等，建设用地主要涉及集体建设用地和农村宅基地等。这些资源性资产的权属、四至和面积等的核定涉及农业农村部和自然资源部等多部委或机构的职能。在设立集体经济合作社后，集体经济组织的发展又离不开税务部门和金融机构等的支持。

河南省安阳县农村集体产权制度改革试点报告

河南省安阳市安阳县地处豫冀交界、安阳市区东部，现辖9个乡镇307个行政村，辖区面积528千米^2，总人口53万人，耕地面积48.27万亩。2018年6月，被确定为第三批全国农村集体产权制度改革试点县。为全面掌握试点工作完成情况和改革成效，及时总结改革经验和成果，2019年11月14日，农业农村部农村经济研究中心课题组赴安阳县对农村集体产权制度改革试点工作进行调查。

一、试点任务完成情况

两年来，安阳县政府认真贯彻落实党中央、国务院和省、市决策部署，以明晰农村集体产权归属、维护农村集体经济组织成员权利为目的，以集体经营性资产改革为重点，以多种形式的合作与联合为导向，围绕“试点先行、操作规范、压茬推进、突出特色”的工作思路，坚持“县搭框架、乡建支柱、村填砖墙”的工作方式，加强组织领导，注重民主程序，坚持问题导向，狠抓关键环节，积极稳妥推进，基本完成了农村产权制度改革。

截至调研日期，全县307个行政村已全面完成清产核资工作，共清理账面资产5.73亿元，核实资产7.16亿元；核实集体土地总面积66.43万亩，其中农用地面积51.85万亩；清理低价合同、长期合同、口头合同等不规范合同253份，重新规范和补签合同86份，增加集体经济收入800多万元；界定农村集体组织成员12.68万户52.3万人；量化集体经营性资产3 453万元，资源性资产面积（耕地）8.6万亩；各改革村均制定了股份合作社章程，选举产生了理事长和监事会主任，挂牌成立了农村集体经济组织（登记办证正在进行中），完善了农村集体资产各项管理制度，制定了村级集体经济发展五年规划。总体来说，农村集体产权制度框架基本搭建完毕，农村集体产权制度改革试点任务基本完成。

二、创新经验及做法

安阳县坚持依法依规、尊重主体，先行试点、先易后难，分类实施、有序推进，确保改革顺利开展、预期目标真正实现。

（一）提高政治站位，系统集成推进

一是加强组织领导。按照中央“省级全面负责、县级组织实施”的要求，安阳县坚持党的领导核心地位不动摇，全面落实主体责任，成立了由县委书记

任组长的农村集体产权制度改革领导小组，主要领导亲自挂帅、亲自部署、亲自落实、亲自推动，分管领导具体抓、抓具体，有关部门各司其职、各负其责，乡镇、村两级一线运作、一线实施、一线推进，坚决做到“四到位、两确保”，即组织到位、统筹到位、分工到位、责任到位，确保各项措施落到实处，确保改革的目标真正实现。二是科学制定方案。通过认真学习领会上级精神，结合具体实际，安阳县研究制定了农村集体产权制度改革实施方案；配套出台相关指导性文件 34 份，改革工作流程 6 个，参考示范材料 360 多份，印制改革实务工作手册、画册等相关书籍 11 类、3 600 多本，确保改革的整体性、规范性和可操作性，切实守住改革底线，确保改革不走样、不触碰红线。三是坚持试点先行。按照“分类实施、稳慎开展，先行试点、先易后难”的原则，确立了“由点到面、稳步推进、压茬跟进”的改革思路。在选取各乡镇农村“三资”管理基础较好或具有改革特色的 15 个行政村（每个乡镇 1～3 个）的基础上，由县、乡镇组织精干力量进驻到村全程指导，在确保改革顺利推进的同时，重点发现问题、解决问题，积累经验、总结教训，并选取白壁、崔家桥 2 个乡镇作为整乡推进试点。

（二）严把关键环节，大胆改革创新

一是清产核资“468＋521”工作法。“468”，即坚持客观公正、合理合法、群众参与、部门协作“四项原则”；严把资产清理、资产登记、资产核实、资产公示、资产确认、资产上报“六个环节”；强化三圈、三清、三公开、三先后、三全程、三相符、三不准、三不能少“八个要求”。“521”，即要求各村要建立资产、资源、债权、债务、经济合同 5 个台账；健全资金管理、资产管理、资源管理等 21 项管理制度。二是实行“双报表”和多部门联审确认制度。安阳县专门制定清产核资补充报表，用于补充清产核资正式报表中未涉及或涉及不细致的部分，实行双报表填制，确保了清产核资数据的真实性、一致性、准确性和完整性。同时，对涉及政府投资资产界定、国土二调数据衔接、资产移交等清产核资数据，由县、乡镇两级财政、国土、林业、水利、电力、交通等部门联审确定，产权明晰。三是成员界定实行三榜公示、红蓝本造册。在成员界定上，按照“尊重历史、兼顾现实、依法依规、程序规范、群众认可”的原则，实行三榜公示，重点对进城落户农民、外嫁女、再婚成员等实行政策现行、法规为据、民主表决、乡镇把关。同时，对成员名册实行红蓝本管理，红本为已确定成员，蓝本为资格保留成员，为下一步股权证发放和管理奠定基础。四是股权双设置、资产双量化。在充分尊重群众意愿的基础上，探索创新股权设置办法，主要采取简单“1＋1”和加权“1＋N”双设置模式。“1＋1”，即主要设置成员股，一人一股；“1＋N”，即除人口股外再设置集体股、农龄股、发展股、计生股等，一人多股。在资产量化上，将经营性资产和未承包到户的资源性资产量化到人、确权到户；对非经营性资产虚拟量化、不确权。在股权设置上，采用“确权到户、户内共享”的办法，实行“生不增、死不减，进不增、出不减”的管理模式，户内股权分配由各户自行决定，倡导户内股份额均等化。

（三）突出责任落实，营造良好氛围

一是强化督导指导。安阳县在县、乡镇、村三个层面均明确工作任务和职责分工。一方面由督察局牵头，成立专门督导组，对改革进展情况全程督导；另一方面由县农业农村局牵头，成立政策业务指导组，到各乡镇、重点村进行实地指导，确保改革方向正确。二是严格奖惩责任。对工作积极、进度较快、注重创新的乡镇及时通报表彰；对消极应付、敷衍了事，走形式、走过场的，在全县通报批评，并责令限期整改，连续三次整改落实不到位的，约谈乡镇主要领导，启动问责程序。同时，由纪委监委牵头组成问题整改组，对发现的违法违纪甚至涉黑问题，进行及时严肃处理。三是搞好宣传培训。安阳县积极利用村民代表大会、广播、条幅、标语、《致全县群众的一封信》、明白纸等形式展开宣传工作，做到家喻户晓、人人皆知。同时，开展“1（县）＋1（乡镇）＋N（村）”专题培训，累计培训县、乡镇级领导及工作人员 1 600 人次，村级人员 9 600 多人次，确保一线工作人员了解国家方针政策，熟悉改革实务操作，确保改革规范顺利推进。

三、未来发展模式

为进一步深化农村集体产权制度改革，壮大发展农村集体经济，切实提高农村集体经济组织成员财产收入，安阳县按照“因村制宜、分类指导、突出重点、多措并举”的指导思想，坚持自力更生与政策扶持相结合，多层次、多渠道、多形式促进村集体经济持续健康发展，助力实现到 2022 年年底，全面消除集体经济“空壳村”，所有村集体经济收入达到 5 万元以上（其中，收入在 5 万～10 万元的村不低于 80 个，收入在 10 万～30 万元的村不低于 50 个，收入超过 30 万元的村不低于 20 个）。安阳县主要探索模式设计如下。

（一）土地经营模式

一是直接发包。村集体有机动地的，通过对外发包形式获取租金收入。二是股份分红。采取将土地折价入股方式，建厂房、库房、门面、农家乐等，按比例获取收入。三是投资建设。争取资金建设蔬菜大棚、苗木基地等设施，产权归集体所有，以出租、承包等方式增加集体收入。四是反租倒包。村集体没有机动地的，可集中农户分散土地，进行统一规划和布局，将经营权发包给种植大户或公司企业，获取收入。

（二）盘活集体资产模式

一是自然资源租赁。将村集体的矿山、林地、水面、河流等自然资源承包租赁出去，收取承包费，增加村集体收入。二是闲置资产租赁。将村集体闲置的办公用房、校舍、仓库、院落等资产承包给业主经营，收取一定的承包费，增加村集体收入。

（三）开发集体资源模式

一是开发自然资源。坚持开发利用与保护生态环境相统一，在符合国家产业政策和法律法规的前提下，通过招商引资或自主开发等形式，开发利用荒山、荒地、荒水、荒滩、林地等资源，兴建厂房，发展旅游和水产养殖等产业，在开发经营中获取收入。二是自然资源入股。把山地、林地、水面等产权作为股份，采取与投资人合伙经营、按股分红的方式获取收入。

（四）村村、村社联办模式

联办模式即村集体经济组织结合本村产业发展实际，本着集体增收、农民增利的原则，与邻村联合创办股份专业合作社，也可以与有实力的专业合作社进行合作经营。一是参与经营。通过办理各项证件，提供生产、加工、销售等环节的服务，提取利润，增加集体收入。二是股份分红。可将本村土地、资金、农业机械等入股到专业合作社，按收入比例获取分红。三是争取项目。以村集体名义，争取上级政策扶持，资金落地后，按村集体与合作社贡献大小合理分配，再次投资，增加收入。

（五）实体兴村模式

一是创办实体型。依托本地资源或区位优势，利用上级扶持政策、产业项目等，采取自办或招商引资的方式，兴办建材厂、修理厂、酿酒厂、手工制品厂、贸易公司、交易市场、种植养殖基地等实体企业，通过经营获取收入。二是股份合作型。在创办实体的基础上，引导鼓励本村、本组种植养殖大户、农户入股，按股权比例获取收益，实现共同富裕。

（六）服务创收模式

一是生产服务创收。由村集体投入或集体募捐资金购置大型农机具，为农民提供产前、产中、产后服务获取收入。二是劳务服务创收。鼓励村级组织牵头建立劳务服务队或物业公司，组织农民承接工程项目、向外输出劳务，增加收入。三是代理服务创收。为金融、保险、邮政、广播电视、移动通信等企业代理服务获取收入。

（七）电商联盟模式

依托各电商平台，由村集体领办、创办及协调服务，发展青年创业、贫困户创业、返乡农民创业、企业带动、村级服务站带动等模式，通过线下体验、线上订购，代理销售农产品，代购各类生活用品，发展村集体经济。

（八）“异地置业”增收模式

一是鼓励地处偏远、交通不便等在当地发展受限的村，通过土地增减挂、土地流转、帮扶单位赞助等积累原始资金后，到工业园区、城镇等地建厂房、办工厂、办幼儿园、办养老机构等实体经济，增强村集体“造血”功能。二是鼓励采取“村村抱团发展”模式到工业区、城镇等地联建厂房、联购商铺、联办仓储，建成后产权由镇统一管理，通过物业租赁方式取得收入，所有经营收益全部按出资比例归村集体。

四、存在的主要问题

安阳县农村集体产权制度改革工作总体来看目标明确、操作规范、落实迅速、成效明显。但是，也存在一些困难和问题。一是农村集体资产经营管理体系有待完善。安阳县建立了县、乡镇两级资产监督管理委员会，选举了村级农村集体资产管理员，但在县、乡镇两级农村集体资产管理平台和农村集体产权交易中心建设上仍比较缓慢。二是农村集体经济成员界定各乡镇标准不同。相同情况的人员，不同村界定结果不同；拆迁村拆迁方案与界定方案的法律依据不同等，一系列问题后期会逐步显现。三是“一核两翼”管理模式有待继续探索。以党支部为核心，以村委会和村股份经济合作社为支撑的农村“三驾马车并驾齐驱”的治理模式，在具体职能划分、资金配置和使用、村干部管理等方面还有待继续探索。四是电子档案不规范。安阳县已完成纸质版归档整理造册、审核上报备案，但电子档案还不够规范，录入效率较低，电子档案不够全面。五是资源性资产数据与国土二调数据、国土三调数据衔接不够、存在差异。在集体建设用地和未利用地数据统计方面，与即将发布的国土三调数据与二调数据存在差别，需进一步比较确认。

五、完善法律法规政策的建议

农村集体产权制度改革的最终目的是通过改革赋予农民更多财产权利，明确产权、完善权能，壮大集体经济实力，增加农民收入。

（一）强化政策引导，推动高质量发展

为不走回头路、少走弯路，必须进一步完善制度体系、强化政策引导、加强基层建设，保障改革高效有序推进。一是完善政策设计。加快配套文件出台，为改革营造良好环境，推动改革顺利进行，特别是在金融、用地、税费等方面。二是科学引导方向。因地制宜，鼓励各乡镇制定符合当地实情的发展规划，让村庄有迹可循。三是夯实基层基础。提高基层干部责任意识与思想站位，培育高素质新乡贤能人，从基层发力，落实改革高质量推进。

（二）严抓工作细节，落实具体问题

做好农村集体产权制度改革“回头看”工作，组织力量清理整顿突出矛盾，见微知著，助力改革有力前进。一是深挖工作细节。在深化改革过程中攻坚克难，破解沉疴宿疾。例如，为集体资产划区定价，避免资产流失；统筹乡镇界定标准，确保流动人口基本权益等。二是创新工作方法。通过创新制度设计，激发主体动力。例如，设立集体经济专项基金，规定期限，有贷有还；将外出能人“拉”回村集体，服务家乡，贡献力量；利用乡风文明，理顺干群目标等。三是帮扶落后群体。重点关注改革中“空壳村”、薄弱村的问题，加强政策支持，着力推动乡村全面振兴。

（三）利用现代科技，大数据助力转型升级

对接时代前沿，运用高新科技，搭建农村集体资产综合管理电子平台，为改革保驾护航。一是有利于稳定人心。人员、资产、信息的开诚布公，解决了以往不公开、不透明、不对称等问题，为改革增添了“监督眼”，为老百姓提供了“定心丸”。二是有利于提高工作效率。电子信息平台的建设，一方面有利于信息的比对与公开；另一方面可用于集体产权交易，为下一步改革推进与工作设计提供便利。三是有利于绿色发展。无纸化办公低碳环保，符合以效率、和谐、可持续为目标的经济增长和社会发展要求。

河南省鹤壁市淇县庙口镇东场村案例分析

一、东场村基本情况

东场村位于河南省鹤壁市淇县庙口镇，距离镇政府 3 千米，总面积约 4.5 千米^2。全村集体土地总面积 9 000 亩，包括农用地 2 403 亩，其中耕地 2 350 亩、农田水利设施用地（沟渠）15 亩、其他农用地 38 亩；建设用地 452 亩，包括工矿仓储用地 70 亩、农村宅基地 244 亩、公共管理与公共服务用地 8 亩、交通运输和水利设施用地 130 亩；未利用地 6 145 亩。下辖东场、两座房、窑垱、荆沟、柳树沟 5 个自然村，6 个村民小组，总人口 345 户 1 585 人。全村“两委”干部共 8 人，其中支部委员会 5 人、村民委员会 3 人，党员 52 人。

二、产权制度改革完成情况及成效

自农村集体产权制度改革工作启动以来，东场村按照“先试先行、典型带动、稳妥推进”的工作思路，强化工作措施，扎实推进改革工作。通过实施农村集体产权制度改革，对村内资产、资源和资金进行了全面清理核实，摸清了农村集体经济组织家底。截至调研日期，已经完成了清产核资、成员身份确认和股份量化的工作，并成立了合作社，拟定了合作社章程。全村共计清查核实资产 472.46 万元，其中经营性资产 167.60 万元，非经营性资产 304.86 万元；核实净资产 448.86 万元。共确认集体经济组织成员 378 户 1 751 人；参与股权量化 1 751 人，确认基本股 1 011 股、农龄股 1 483.4 股、福利股 148.3 股，已颁发集体经济组织登记证书。先后成立了东场村集体资产股份合作社、东场村土地股份合作社、东场村劳务股份合作社、东场村置业股份合作社和东场村旅游股份合作社。

在成立合作社的基础上，东场村积极开展村民土地入股，并通过淇县农业农村局网络平台向外发布信息。截至调研日期，群众自愿入股土地 930 亩，向外发包企业 2 个，发包土地 560 亩，并向群众第一次保底分红 46 万元（每亩 500 元），村集体增收 16 万元。此外，依托于村内的劳务股份合作社，村集体在招商引资发展集体经济的同时，增强了对外谈判的地位。例如，东场村在对外签署合作协议时，明确规定企业在用工时要优先雇用本村劳动力，从而保障了本村村民就业。

三、产权制度改革的主要做法

（一）强化组织领导

2019年8月中旬，东场村成立了由村党支部、村委会成员组成的东场村三变改革五大合作筹建领导小组。村党支部书记任领导小组组长，下设资产、土地、劳务、旅游和置业5个股份合作社筹建小组，分别从事相应的筹建工作。5个筹建小组的成员原则上即为5个股份合作社理事、监事的候选人选。此外，东场村积极参加上级组织的各项政策性培训，在村内利用广播、宣传标语、发放宣传单等方式向村群众宣传上级政策和集体产权制度改革工作的任务。东场村每周召开一次农村集体产权制度改革大会，并组织有关人员到其他村现场学习产权制度改革经验，确保了本村农村集体产权制度改革顺利开展。

（二）开展清产核资

东场村对村内所有土地、荒地、林地、滩涂等资源性资产进行摸底登记，区分了资源性、经营性和非经营性3类资产，通过资产核实、公示、确认等程序摸清了村内集体资产的家底，核实了村内的资产、资源和资金，理顺了集体资产的所有权关系。建立了村级的集体资产登记、保管、使用、处置、年度清查和定期报告制度，全面摸清了农村集体资产的存量、结构、分布和运营效益等，定期开展资产清查，建立了资产台账。

（三）确定成员身份

东场村开展调查摸底，划定人员登记范围，制定了登记方案，并通过“四议两公开”工作法，确认了成员身份，对确认出的成员进行公示。针对成员身份界定中遇到的特殊情况，东场村组织召开村民代表会议，通过民主协商的方式将集体资产股份合作社特殊情况成员的身份界定分为八种情况：一是公职人员以及企业退休人员一律不参加人员身份界定；二是住监狱人员，有土地承包权的，在服刑期间不予登记，出狱后按照正常身份登记；三是在登记期间死亡的，不再进行登记，在截止日期2019年6月30日之后出生的本次不进行人员身份界定；四是因学生上学户口迁出的不再进行人员身份界定；五是在派出所没有查出户口迁入迁出时间的，由各村村民代表出具证明，计算农龄股；六是有土地、农转非（在八大厂上班的人员），应享受正常身份界定，配偶、子女户口不在村内的，不予登记；七是加入本村的媳妇和入赘女婿（户口在本村），2008年6月30日以前嫁入本村的，不用开具证明，农龄股按照16周岁算起；八是有户口且超过儿童福利股，但不够享受农龄股的，按照0.3福利股计算。

（四）量化成员股权

东场村集体资产股份合作社的股份量化不设集体股，只设个人股。个人股分为基本股、农龄股、福利股。基本股具有表决权、分配权；农龄股、福利股为优先股，只有分配权，没有表决权。股权确定后东场村实行 5 年内“生要增、死要减”的政策，待过渡时期结束后实行“生不增、死不减”。截至 2019 年 6 月 30 日，东场村将本村人口分为四大类，并根据这四类人核定股权：一是拥有土地承包权且户口在本村的年满 16 周岁以上人员，即为本集体经济组织成员，享有基本股每人 1 股。其农龄从 16 周岁算起，男的算到 60 周岁、女的算到 55 周岁，每 2 年农龄，得农龄股 0.1 股。二是不拥有土地承包权而户口在本村的年满 16 周岁以上人员，不享受基本股，只享受农龄股。其农龄从户口迁到本村算起（迁入时不满 16 周岁的，从 16 周岁后算起），男的算到 60 周岁、女的算到 55 周岁，每 2 年农龄得 0.1 股。而与拥有基本股人员结婚而嫁入本村的妇女或入赘女婿，其农龄达到 10 周年以上的，可享有基本股 1 股。三是以前拥有土地承包权，而现在户口不在本村的，年满 16 周岁以上人员，不享受基本股，只享受农龄股。其农龄从 16 周岁算起，算到户口从本村迁出为止，每 2 年农龄得 0.1 股。四是具有土地承包权家庭的、户口在本村的 16 周岁以下人员，每人享受福利股 0.3 股。

（五）成立股份合作社

东场村组织全村 63 名股东代表召开股东会议，选举产生集体资产股份合作社理事长 1 名，理事 4 名。根据《淇县庙口镇东场村“三变改革五大合作”实施方案》，理事和监事候选人在股东代表中产生，由村党组织推荐。经选举，资产股份合作社理事长由村党组织书记担任；土地股份合作社理事长由熟悉本村土地承包情况的同志担任；劳务股份合作社理事长由年轻有文化的同志担任；旅游股份合作社理事长由有外出打工经历的同志担任；置业股份合作社理事长由有经营思路、有经商经历、了解房地产开发房屋租赁业务的同志担任。

四、产权制度改革中面临的问题

东场村自农村集体产权制度改革以来，较好地完成了各项工作任务，但在进一步深化改革过程中仍面临三个方面的问题。

（一）支持村级改革的配套政策相对滞后

目前村集体成立的各类股份合作社相应的管理权责、内部运行机制还需要进一步完善；与市场的衔接、定位以及管理制度有不明确之处，股份合作社在进行经营、管理等经营活动时面临法律和政策风险。同时，有关发展农村集体经济的金融、用地、税费等相关配套政策不完善、不到位。

（二）村级集体经济发展的人才短缺

农村集体产权制度改革的业务量大、专业性强，对相关人员的业务水平要求较高，尤其是集体资产、资源和资金的财务管理上，需要较为专业的财务人才。村内股份合作社的运作、经营也需要懂农业、懂市场、懂经营、会管理的复合型人才。但当前村内缺乏相应的专业人才和管理人才，制约了集体经济的进一步发展，也影响了农村改革的纵深发展。

（三）村内土地资源差异大

东场村地处丘陵地带，村内土地资源差异性较大，有的地块相对平整，有的地块狭小且坡度不均。村内土地股份合作社向外发包土地时，较为平整的土地容易发包，且价格高，为750元/亩；而不平整的地块对外发包较难，据村支部书记介绍，差一点的土地100元/亩都无人愿意承包。土地资源的差异增加了村内土地流转的难度，也阻碍了村内资源性资产的盘活。

五、进一步推进产权制度改革的政策建议

针对东场村面临的三个方面的问题，本报告提出三点政策建议。

（一）完善配套政策，制定相关办法

研究制定支持农村集体产权制度改革的鼓励和激励机制，完善集体经济组织在资产运营管理、土地合理利用、税费减免、融资和担保等方面的配套政策，制定和推广集体资产股份抵押、担保的贷款办法，解决集体经济组织发展中的资金难题；通过规范引导和支持进一步维护农村集体经济组织的权益，推进集体经济组织发展壮大。

（二）加强人才引进，培育职业经理人

引导地方通过人员招录、开展专业培训等方式，加强对县、镇、村集体经济组织负责人、基层农经人员和村级财务管理人员的培养和选拔。出台鼓励集体经济组织引进专业的管理、技术人才支持办法，补强农村经济的人才短板。结合高素质农民培训，加大集体经济职业经理人的培育，放大农村的“能人”效应，为农村集体经济组织的发展提供人才库，实现农村的人才振兴。

（三）整合发展资金，盘活村级资产

探索整合村级的各项发展资金，由村“两委”和村级股份合作社共同商讨和规划村庄的经济发展、人居环境整治、社会治理等，在村庄自治的基础上形成合力，共同服务于村庄的全面振兴。针对村内土地资源差异大的问题，拨付专项资金对入股土地进行整理，扫清村内土地流转的障碍。充分发挥村内资产、土地、劳务、置业、旅游五大股份合作社的作用，高质量推进东场村“资源变资产、资金变股金、农民变股东”，盘活村级资产，持续激活村庄发展的潜能和活力。

河南省鹤壁市浚县白寺乡白寺村案例分析

一、白寺村基本情况

白寺村位于浚县城西 9 千米处，现有 14 个村民小组，1 513 户，7 025 人，村“两委”干部 11 人，耕地 1.1 万亩，是浚县最大的行政村。按照上级的安排部署，自 2017 年年底启动以来，白寺村农村集体产权改革经历了清产核资、集体经济组织成员身份界定、股权量化、成立集体经济组织、赋码登记颁证等阶段。2019 年 7 月 2 日，成立了集体资产、土地、劳动、旅游、置业五大股份合作社。按照“三变改革五大合作”方案，完成全部村民身份界定及股权确认登记工作，确股 11 724.4 股。2019 年 10 月 12 日上午，在白寺村党建文化广场，举行了土地股份合作社保底分红首次发放大会，发放保底、分红共计 148 万元，在助力壮大集体经济、增加农民收入、推进乡村振兴方面取得了突出成绩。

二、产权制度改革完成情况

（一）清产核资工作情况

截至 2017 年 12 月 31 日，白寺村资产总计 829.43 万元，包括流动资产 419.2 万元（其中货币资金 364.36 万元），固定资产合计 410.21 万元；负债和所有者权益总额合计 829.43 万元，包括流动负债 70.79 万元、所有者权益总额 758.64 万元。经归纳统计，白寺村经营性资产 139.29 万元，非经营性资产 690.14 万元。良好的经济基础为白寺村发展集体经济积蓄了动能。

（二）成员身份界定工作情况

按照人员清晰、分类科学、界定准确的要求，以 2017 年 12 月 31 日为基准日，运用“四议两公开”工作法，依照《浚县农村集体经济组织成员身份界定指导意见》中符合认定的 8 个条件，不符合认定的 5 个条件、特殊认定的 3 个条件（保护妇女儿童等弱势群体），认真细致进行成员身份界定工作，力求做到尊重历史、照顾现实，不重登、不漏登，确保农村集体经济组织成员身份界定公平、公正、合理、合法。目前，白寺村成员身份界定工作全部完成，共登记 1 513 户、7 025 人。

（三）股权量化工作情况

在明确权利人和集体资产（资源性资产、经营性资产、非经营性资产）范围的基础上，结合村实际情况，通过“四议两公开”的形式确定了本村股权设置形式及股权管理模式。白寺村不设集体股，只设个人股，包括基本股、农龄股和福利股。其中，基本股具有表决权、分配权；农龄股、福利股为优先股，只有分配权，没有表决权。股权确定后 5 年内实行“生要增、死要减”的动态管理模式，待过渡时期结束后，实行“生不增、死不减”的静态管理模式。目前，白寺村共确股 11 724.4 股。

（四）成立集体经济组织情况

为规范和加强农村集体资金、资产、资源管理，白寺村通过依法选举，将有文化、懂技术、善经营、会管理的高素质农民股东纳入集体经济组织管理班子。依照股份经济合作社章程，选举理事会和监事会，做到理事会成员与监事会成员不重复、不交叉任职。为了节省成本、提高效率，白寺村集体资产股份合作社股东代表即为土地、劳务、旅游、置业 4 个股份合作社股东代表。

三、产权制度改革工作成效

2019 年，白寺村作为浚县乡村振兴试点村，率先启动了“三变改革五大合作”工作，即“资源变资产，资金变股金，农民变股东”改革，组建了集体资产股份合作社、土地股份合作社、劳务股份合作社、旅游股份合作社、置业股份合作社五大合作社。

五大合作社的设立和经营有着深层次的逻辑和内涵。土地股份合作社与农户签订土地入股合同，每年保底分红，确保基本收益。合作社将入股的土地及边角荒地进行平整处理，并统一招租发包给本村 30 余户种粮大户发展高效农业。土地入股以后，劳务股份合作社吸纳村里的闲散劳动力以劳力入股劳务股份合作社，在村内务工，发放工资，增加村民务工收入，带动集体经济发展。白寺村还充分挖掘当地自然风光与人文基础，开展乡村旅游，建房出租，促进乡村三次产业融合发展。置业股份合作社则将村集体收益有效支配，投资产业，“以钱生钱”。

截至调研日期，白寺村土地股份合作社首期完成了村东 935 户的 4 542 亩土地入股工作，其中，包含 28 户贫困户的 111.49 亩土地。劳务股份合作社组织合作社劳动力开展劳务技能培训 2 次，并与白寺村委会、鹤壁恒乐农业发展有限公司达成用工协议，合计派出劳务用工 500 余人次，机械运输 200 多小时，初步创收 10 000 多元。旅游股份合作社共接待游客 29 批 900 人次，初步收入36 000元。置业股份合作社也正在积极谋划新的项目，利用村内闲置资源、资金开展置业项目合作。

预计 2019 年年底，白寺村集体经济将突破百万，届时按照集体经济股份进行分红。下一步，白塔寺将通过五大合作社整合各项资源，激发内生动力、搞活集体经济、增加农民收入，早日实现户户有资本、家家成股东、年年有分红。

四、产权制度改革经验分析

（一）聚焦关注农村集体产权制度改革

加强组织领导，发挥“领头雁”帮扶指导作用。市农村产权制度改革工作会议后，村集体高度重视，召开专题会议研究部署，由党员干部带头，贯彻落实上级指示，通过抓好班子带好队伍、组织支部主题党日活动、建立白寺村党员微信群、增加公示栏公示区域等方式，上下联动，最大限度地做好农村集体产权制度改革工作的宣传，调动广大基层干部和群众的参与积极性。

（二）科学推进农村集体产权制度改革

加强顶层设计，科学规划集体经济发展。一是制度方向明确，符合农村实际。摸清村庄长、短板，激活群众创造力，发掘资源潜力。二是制度细节丰富，发展有迹可循。先后出台《白寺村“三变改革五大合作”实施方案》《白寺村集体资产股份量化实施办法》《白寺村农村集体经济组织成员身份界定实施办法》《白寺村股份经济合作社章程》等文件，指导改革稳步进行。三是制度执行有力，责任层层落实。在全村范围内建立四级网格长制度：一级村党支部书记服务网格、二级党支部服务网格、三级村民小组长服务网格、四级党员街长服务网格，实现“一网覆盖、责任到人、分工明确、一包到底”，确保农村集体产权制度工作有人管、有人培训、有人督导、有人负责。

（三）创新加快农村集体产权制度改革

抓好产业定位布局，五大联动充满希望。一是延伸村级产业链条。在盘活集体资产的基础上，延伸发展相关产业，促进保值增值，实现更大收益。二是打造村级联动发展。通过组建多元化股份经济合作社，搭建起致富百姓、强壮集体的载体，实现由“建设村庄”向“经营村庄”转变。三是推广典型样板。充分发挥示范引领作用，辐射周边村庄，为全县创造可复制、可推广的典型经验和发展模式。

（四）文明助力农村集体产权制度改革

促进乡风文明，让改革动力细水长流。一是发挥新乡贤威望。白寺村股东代表每 13 户中选 1 人，需具有常住在家、了解村情村貌、热心公益事业、拥有人气威信等特征，为改革开山辟路。二是丰富精神文明规章。白寺村开展全村范围内文明新风创建评选活动，党员、群众精神面貌明显提高，干群关系融洽，助力改革顺利推进。三是组织培训学习观摩。白寺村组织广大党员代表外出学习周边村的先进经验和有效做法，开放村委会图书阅览室、多媒体教育培训中心等学习场所供村民学习，让改革深入人心。

五、产权制度改革障碍性因素

（一）配套政策不足

农村集体产权制度改革是一项新生事物。当前，农村集体股份经济合作社面临着法人身份与法律地位缺失的尴尬境地，缺乏相关政策引导和信贷支持，在进行经营、管理等经济活动时面临法律和政策风险。金融、用地、税费等相关配套政策不完善、不到位，一定程度上影响了农村集体经济的发展壮大。

（二）专业人才缺乏

发展村级集体股份经济合作社是村领导者面临的崭新的历史任务。村委和村集体股份经济合作社“两个班子、一套人马”的运行模式令负责领导者工作任务繁重，加之专业训练不足，领导者承担集体经济发展任务存在困难。但聘请专业人员对于资产小、体量小的组织而言又是一笔不小的开支。

（三）组织定位模糊

村委与村集体股份经济合作社无法做到“政经分离”。农村集体经济组织除担负管理集体资产、增加农民收入的任务外，还承担着农村公益事业和社会管理等诸多职能。这使农村集体经济组织可能面临与过去国有企业同样的负担，不利于组织初期发展壮大，影响运营效率。

六、进一步推进产权制度改革的政策建议

（一）健全制度保障，优化内部管理

在外部环境上，建议相关部委出台对口政策，打好组合拳，充分赋予村集体经济组织市场主体地位，提高农村集体股份经济合作社的法律认可程度，为农村集体股份经济合作社运转营造良好社会环境。在内部建设上，结合乡村人才振兴，加大招才引智力度，为城市精英与乡村能人搭建平台，打造一支理念新、懂经济、善管理、能力强的人才队伍。

（二）明晰组织定位，做好风险防控

一是逐步理顺农村股份经济合作社与村委的关系，化解“政经难分”障碍，加快实现村委只依法负责社会管理和公共服务，股份经济合作社只负责集体资产的管理和运营，做到职责分离、各司其职。二是指导股份经济合作社借鉴现代企业制度，健全和完善内部治理机制、激励约束机制和资产运营机制，提升集体资产经营管理水平、提高股份经济合作社的带动力和市场竞争力。三是注重风险防范，遵循市场经济发展规律，坚持从实际出发，防止新增村级组织债务。

（三）加强问题查处，做好督导检查

一是做好农村集体产权制度改革“回头看”工作。认真检查改革中存在的

问题，组织力量对突出的矛盾进行清理整顿，防止和纠正发生在群众身边的不良现象。二是积极组织力量加强检查指导。督促村庄既要积极主动，又要注重稳妥，确保集体产权制度改革如期完成。

河南省巩义市竹林镇镇东街社区案例分析

一、镇东街社区基本情况

镇东街社区位于河南省巩义市竹林镇，距离镇政府约 2.3 千米。社区总面积 2 935 亩，其中包括国有土地 67 亩，涉及 310 国道 58 亩、交警队与公路道班 9 亩；社区集体土地总面积 2 868 亩，包括农用地 1 886 亩，其中耕地 1 010 亩、林地 876 亩；建设用地 769 亩，其中工矿仓储用地 182 亩、商服用地 245 亩、农村宅基地 132 亩、公共管理与公共服务用地 18 亩、交通运输和水利设施用地 96 亩、其他建设用地 96 亩；未利用地 213 亩。下辖街西、老君庙、赵寨、中心花苑、南庄、茶庵和新坛 7 个小区，户籍总人口 618 户 2 317 人。

二、产权制度改革完成情况及成效

镇东街社区按照《竹林镇镇东街社区居委会集体产权制度改革工作实施方案》，开展了社区"资源变资产、资金变股金、农民变股东"改革工作，进一步激活了社区发展内生动力，建立了居民增收长效机制。镇东街社区的集体产权制度改革工作自 2018 年 7 月正式启动，2018 年 12 月基本完成。社区共计清查核实资产 2 498.40 万元，其中核实经营性资产 1 144.68 万元，非经营性资产 1 353.72 万元。共计确认集体经济组织成员 596 户 2 102 人，参与股权量化 2 102 人。2018 年 11 月 20 日成立了巩义市竹林镇镇东街社区经济合作社，2018 年 12 月颁发了农村集体经济组织登记证，2019 年 1 月巩义市农村集体经济组织股权证发放到集体成员手中。

三、产权制度改革的主要做法

（一）宣传动员

2018 年 7 月 1—12 日，镇东街社区开展了广泛的前期宣传动员，发放《致居民就开展集体产权制度改革工作的一封信》，在各小区悬挂横幅、标语等；成立了以社区党支部书记为组长，以"三委"成员、小区主任为组员的制度改革领导小组，确保各项工作顺利推进；多次召开不同规模的居民代表会，学习集体产权制度改革相关文件，广泛征求集体产权制度改革实施方案意见建议，积极发动全体居民积极关注、积极参与，在全社区形成改革的浓厚氛围。

（二）清产核资

2018 年 7 月 13 日—8 月 12 日，镇东街社区开展了清产核资工作，组建了清产核资工作小组，制定了《竹林镇镇东街社区居委会清产核资工作实施方案（草案）》。对社区内所有的集体财政资金、固定资产、无形资产等逐项进行登记造册、确认权属关系、评估认定与估值。《竹林镇镇东街社区居委会清产核资工作实施方案（草案）》中规定账内外的全部资产采用先账内后账外，先登记后清查的方法进行清登和核查。

（三）身份认定

镇东街社区农村集体经济组织成员身份登记确认的截止日期是 2018 年 7 月 31 日 24 时。该社区制定的《巩义市竹林镇镇东街社区居委会集体产权制度改革成员身份界定实施方案》中明确规定了十一类人能够取得集体经济成员资格：一是国家第一轮土地承包及第二轮延包时，已经取得本集体经济组织土地承包经营权的家庭成员，即社区在册居民（老人员）；二是原集体成员其婚姻迁进和婚生育子女的新生农业人口，具有集体经济组织成员身份；三是新出生人员，出生时父母一方为本集体组织成员且本人依法取得本集体经济组织所在地常住户口的（包括婚生和非婚生及抱养子女）；四是基于多种原因再婚，原配偶死亡的再婚男女，将户口迁入本集体经济组织所在地，并在本集体经济组织生产、生活的人员；五是因国家建设或其他政策性原因，将户口迁入本集体经济组织所在地生产、生活的成员（整体移民人员）；六是双女户或单女户，男到女家落户，并承担赡养义务的成员及子女；七是经司法机关判决认定的；八是全日制大中专院校就读的本社区成员（不受户籍是否迁入就读学校限制）；九是本社区正在服兵役的义务兵和国家不负责安置的初级士官；十是正在劳教服刑的本社区成员（但劳教服刑期间不享受分红等待遇）；十一是与本社区居民离婚后未再婚且户籍关系未迁出的妇女及其抚养的子女，但本社区离婚的居民只保留一个媳妇和计生政策内子女的成员身份。而有五类人无法取得集体成员身份：一是自然减员的，二是已进入国家机关企事业单位的正式工作人员、在编在册的离退休人员，三是取得其他集体经济组织成员资格的，四是户口迁出并长期在外居住生活的，五是非单女户或非双女户的外嫁女及其所生子女。

（四）股权量化

镇东街社区的股份量化主要涉及经营性资产，资源性资产和非经营性资产暂不量化。在股权设置上，社区的股权设置为单一形式的人口股，不设集体股。人口股以社区成员身份界定为依据，采取一人一股的方式量化给取得集体经济组织成员资格的成员。在股权管理上，社区的集体产权制度改革股权的管理为静态管理，成员界定基准日之前核定的人口既是股民也是居民，基准日之后的新增人口只是居民，不是股民，不享受合作社分红。原则上单个家庭或个人持股比例不得超过经济合作社总股份的 10%。对已量化的股权允许转让交易，但只能在同一经济合作社内部进行转让。

(五) 成立组织

镇东街社区成立了巩义市竹林镇镇东街社区经济合作社，并制定了《竹林镇镇东街社区经济合作社章程》(以下简称《章程》)，该社区所在的竹林镇成立了经济联合总社。在该《章程》中对股权的转让交易作了明确规定，股权持有人和受让人双方不仅要取得社区经济合作社的同意，还要经镇级联合总社审批同意方可办理转让手续。该社区经济合作社设有社员代表大会、理事会和监事会，其中社员代表由具有选举权的社员推荐选举产生，社员代表任期与社区居委会换届同步进行，可连选连任；社区合作社经社员代表投票选举产生理事会与监事会，设立理事长 1 名、副理事长 1 名、理事 3 名、监事长 1 名、监事 2 名。

四、产权制度改革中面临的问题

(一) 缺乏基层业务人员

农村集体产权制度改革的专业性较强，而社区居民对产权制度改革的认知尚不深入，懂业务的人员较为缺乏，使得社区的改革较为依赖上级部门的业务指导，且社区经济合作社的管理和运转缺乏专业人才的支撑，在一定程度上制约了改革的进一步深化，也影响了集体经济的发展。

(二) 缺少后续发展资金

竹林镇镇东街社区的集体经济相对较好，但仍缺少后续发展资金的支持。集体产权制度改革完成后，社区“三委”和经济合作社成员积极探索集体经济的后续发展之策，就如何盘活社区现有的资源和资产、争取外部资金、激活发展动能进行了探讨。但由于缺少资金的扶持，一些集体经济发展项目尚无法实施或进展缓慢。

五、进一步推进产权制度改革的政策建议

(一) 加强工作培训，培育业务人才

采取集中培训、专题讲解等形式，加强对社区“三委”成员、社区经济合作社理事会和监事会成员的业务培训，培养一批懂业务、会经营的管理人才。鼓励社区居民以多种形式积极参与产权制度改革，强化对居民的业务宣传和培训，为社区集体经济的发展培育可持续的后备人才队伍。

(二) 积极筹措资金，发展集体经济

积极争取各级集体经济项目资助资金和社员自筹资金，多样化地发展集体经济：一是依托长寿山景区，充分利用辖区土地资源，开展优质农产品品牌创建；二是建设农业生产、加工、经营、服务设施，开展农产品产地加工，完善

农产品营销体系，发展电商，建立农产品网上交易平台，促进农业由生产环节向产前、产后延伸，在更高层次、更大范围内实现一二三产业的融合发展；三是充分利用辖区 310 国道南侧的商铺，对外招商或自主经营特色餐馆、文创产品等服务业。

河南省安阳县崔家桥镇双塔村案例分析

一、双塔村基本情况

双塔村位于崔家桥镇政府东北 1.5 千米处，南邻 301 省道，北邻北环路，东与杨辛庄相邻，西与东庄村接壤，交通便利，民风淳朴。双塔村共 201 户 798 人，下设 2 个村民小组，村支“两委” 4 名，现有耕地 576 亩，建设用地 174.5 亩。为加快农村经济发展，保护农民合法权益，维护社会稳定，促进社会主义新农村建设，按照县、镇农村产权制度改革的工作要求，在镇委、镇政府的高度重视下，双塔村结合实际情况，将农村集体产权制度改革工作顺利推行。

二、产权制度改革完成情况

（一）清产核资工作情况

截至 2018 年 12 月 31 日，双塔村清产核资工作全部完成。村集体经营性资产 83.85 万元，非经营性资产 344.88 万元。村集体耕地总面积 576.75 亩，村集体承包用地 19.43 亩，“四荒地” 29.88 亩，非经营性建设用地 174.5 亩。村集体债权总额 1 772.8 元，债务 76.60 万元。

（二）成员身份界定工作情况

按照尊重历史、照顾现实、程序规范、群众认可、实事求是、公平合理、宜宽不宜紧的原则，以 2018 年 12 月 31 日为基准日，依照《崔家桥镇双塔村产权制度改革成员界定方案》中符合认定的 8 个条件、不符合认定的 12 个条件、3 个资格保留条件、3 个其他情形条件，认真细致进行成员身份界定工作。目前，双塔村成员身份界定工作全部完成，共登记 201 户 708 人。

（三）股权量化工作情况

双塔村量化经营性资产与资源性资产。其中，量化经营性资产总额 83.85 万元，量化资源总面积 70.75 亩。双塔村设置资产总股数 8 385.042 2 股，包括集体股 1 677 股、人口股 5 031.025 股、农龄股 1 509.307 股、其他股 141.502 股。资源股总股数为 7 075.1 股，包括集体股 1 415.02 股、人口股 4 245.06股、农龄股 1 273.518 股、其他股 141.502 股。确权到户后，实行“生不增、死不减、进不增、出不减”的静态管理，采用“户内共享”方法，即户内股份分配由各户自行决定，以户为单位参与股份分红、行使表决权。股份可以继承、转让和馈赠，受让股权不得超过总股份的 5%，且不得退股提现。

（四）成立集体经济组织情况

双塔村成立集体经济组织并设领导小组，严格按照工作程序积极展开工作，制定了《双塔村股份经济合作社章程》，召开了党员、群众代表会议，股民代表会议，以及成员代表第一次会议，选出全村股民代表37人、理事会成员7人、监事会成员3人，确保集体股份经济合作社运行规范、有序、高效。

三、产权制度改革工作经验

（一）加强组织领导，夯实改革保障

双塔村高度重视集体产权制度改革，为改革营造了良好的政治环境。一是成立改革领导小组。双塔村成立了由村党支部书记牵头的产权制度改革领导小组，并按照时间节点分别成立了清产核资工作领导小组、成员身份界定领导小组、股权量化及经济组织领导小组，主要领导亲自挂帅部署，落实推动改革。二是制定改革方案。双塔村结合村情村貌，先后制定了集体产权制度改革、清产核资、成员身份界定、股权量化，以及成立集体组织的实施方案，使改革有章可循。

（二）开展政策宣传，营造良好氛围

双塔村注重激发村民主人翁意识，实现村民观念由“要我改”向“我要改”转变。一是多次召开专题会议。广泛调查摸底，并通过以会带训、专题培训、实地指导等多种形式让改革深入人心。二是多种形式宣传推广。积极利用村民代表大会、广播、条幅、标语、《致全县群众的一封信》、明白纸等形式开展宣传工作，为改革营造了积极的舆论氛围。

（三）聚焦资源禀赋，盘活土地资产

用好“土地经济”是双塔村壮大集体经济的主要方式。一是积极推动土地流转。双塔村积极流转村内及附近周边村庄土地，并返租给合作社经营，一方面，有利于推动村民外出务工增加工资性收入；另一方面，在流转的土地上调整种植结构，通过种植梨和设施蔬菜等经济园艺作物，带动集体收入提高。二是积极开发村集体建设用地。双塔村积极利用河南省开展示范村建设的机遇，整体设计、审慎论证，依托中心村区位优势盖房建楼，集中群众，完善基础设施建设，助力乡村振兴。

四、双塔村五年发展规划

结合双塔村集体股份经济合作社发展的现状及特点，合作社制定了未来五年发展规划，以绿化育苗、果树种植、乡村旅游为主导，依托多种经济发展方式促进乡村振兴、提高农民收入，具体方式主要从以下三个方面着手。一是以

流转土地为依托。积极流转周边村庄土地，扩大果木种植与绿化育苗，合理开发土地资源。二是综合配置村庄优势条件。通过发挥交通条件优势、改造并利用自然基础、发掘村庄特色种植经济，壮大乡村旅游业。双塔村计划在村南部开发一个80亩的休闲观光公园，把村庄建成集观光、旅游、采摘为一体的休闲娱乐中心。三是建设、发展、改造集体建设用地。双塔村集体股份经济合作社计划五年内发展村民自建民房小区15万米^2，规划开发商业街，为双塔村村民提供更加舒适便利的居住环境。

五、产权制度改革障碍性因素

（一）组织定位模糊，思想意识不到位

公共事业牵扯精力大、个别干部改革意识淡薄是拖集体股份经济合作社发展壮大“后腿”的重要因素。一是仍将重点置于公共事业。双塔村集体经济经常性支出包括村干部工资、日常办公开支，以及基础设施建设等，随着“三年人居环境整治方案”不断推进，村改厕也消耗了大量资金，这不利于村集体发展的资本初期积累。二是个别干部改革意识淡薄。干部思想的薄弱导致存在走过场、走形式等问题，严重影响产权制度改革的工作进程。

（二）集体经济增收途径少，风险防御能力不足

经营形式单一、盲目乐观估计市场形势加剧了集体股份经济合作社的经营风险。一是聚焦土地经济，增收渠道狭窄。依托土地流转、开发集体建设用地固然能在短期取得经济成效，但在长期，流转土地经营权的稳定性、土地流转费用、市场对农产品的需求、当地经济发展潜力将影响“土地经济”作用的发挥。二是缺乏专业人才，市场风险意识不足。要用科学规划的“缰绳”牵住村庄发展的“快马”，避免因盲目跟风、大搞房地产开发造成“竹篮打水一场空”。

六、进一步推进产权制度改革的政策建议

（一）提高大局意识、聚焦关键问题

一是加强干群思想建设。通过业务培训、动员部署，进一步统一思想、凝聚共识、激发动力，增强改革的使命感、责任感和紧迫感。二是明确组织定位。探索“政经分离”新方式，实现专业的人干专业的事，力争达到村委只依法负责社会管理和公共服务，股份经济合作社只负责集体资产的管理和运营，做到职责分离、各司其职、资金明晰。

（二）创新经营形式、谋求多元发展

一是建立有效的经营体系、生产体系和产业体系。通过培育新型经营主体、健全农业社会化服务体系、推动一二三产业融合发展，构建集体经济发展

的“四梁八柱”。二是科学合理规划。培育集体经济组织责任人的市场意识，尊重市场经济发展规律，借鉴典型经验，探索资源依托性、盘活资产性、土地流转型、产业带动型、招商引资型、服务创收型多元并举，创新集体经济发展模式，拓宽集体增收渠道。

（三）制定兜底政策、激发主体活力

一是制定兜底政策，鼓励村集体探索尝试对接市场。二是发展农业保险，引入社会资本共同承担乡村振兴使命。三是发展“三农”项目，逐步引导，激发村庄发展动能。

内蒙古自治区包头市紧扣重点抓改革
大力发展集体经济调查报告

2018 年 6 月，包头市被确定为全国农村集体产权制度改革整市推进试点城市。在自治区党委、自治区政府的坚强领导和自治区农牧厅的精心指导下，包头市把产权制度改革作为全面深化改革的重点，加强领导、精心组织，全力推进各项措施落地落实，较高质量地完成了改革任务。2019 年 11 月 27—28 日，农业农村部农村经济研究中心课题组赴包头市进行调研。本次调查召开了 1 次市县级座谈会，实地调研了九原区乌兰计六村、二道沙河西村和柏树沟嘎查 3 个行政村，采取了听取汇报、查阅档案、进村走访、群众交流等方式。

一、工作完成情况

包头，是蒙古语“包克图”的谐音，意为“有鹿的地方”，位于内蒙古自治区中部，北倚阴山、南临黄河，是国家重要的工业基地、内蒙古最大的工业城市。全市总面积 2.78 万千米^2，辖 9 个旗（县、区）和 1 个国家级稀土高新技术产业开发区。总人口 287.8 万人，其中城镇人口 239.7 万人，城镇化率 83.3%，居住着蒙古族、汉族、回族、满族等 51 个民族。

这次改革涉及 9 个旗（县、区）531 个嘎查村、农牧户 238 651 户 702 883 人。以 2017 年 12 月 31 日为基准日，全市嘎查村集体资产总计为 77.6 亿元，集体土地总面积 3 758.21 万亩。目前，531 个嘎查村已完成清产核资，相关数据已全部录入全国农村集体清产核资管理系统，并于 9 月对 9 个旗（县、区）进行了市级检查和验收。全市已完成 526 个嘎查村的成员身份确认工作，占比达 99%。全市 515 个嘎查村完成了股权设置，成立了经济组织，占比约 97%，其中经营收益达到 100 万元以上的嘎查村 10 个。

二、主要做法和经验

一是精心安排、全面部署，强化组织保障。成立了全市农村牧区集体产权制度改革领导小组，其中分管副市长任组长、市政府 22 个部门为成员，组建了 5 个帮扶指导组，形成了指导服务到县到乡镇到村的三级体系；市委、市政府多次召开会议研究部署，把全市农村牧区集体产权制度改革工作列入 2019 年《政府工作报告》予以重点推进。2018 年 9 月 7 日召开全市动员部署会，市农牧局组织召开领导小组办公室会议 13 次。旗（县、区）也成立了相应组织机构，选优配强人员队伍，并举办了专题培训班，培训人员 7 690 余人次。

同时，印发了《农村集体产权制度改革问答》《致农牧民朋友的一封信》等宣传材料5万余份，营造了良好的工作氛围。

二是完善机制、压实责任，量化工作措施。集体产权制度改革需要开展清产核资、明确所有权、资产量化、股权设置、股权管理、建立健全农村集体经济组织、发展壮大集体经济8项工作。针对这8项工作，包头市制定了《包头市农村牧区集体产权制度改革试点工作方案》，建立了市级全面负责、旗（县、区）组织实施、乡（镇、苏木、街道）和嘎查村具体落实、部门协调推进的工作机制，确保目标、步调“两个一致”；明确了改革工作中清产核资、成员确认、资产量化、股权设置、股权管理等重点环节的程序和要求，将责任进一步压实、细化到人、量化到事。同时，采取召开座谈会、实地查看资料、现场答疑、面对面指导、周调度月通报等多种方式，督促各地加快进度，确保如期高质量完成改革任务。

三是树立典型、示范引领，转化经验效益。自治区先期确定的包头市6个试点嘎查村，已于2018年10月底完成了改革试点任务。整体来看，包头市基本上实现了“两清三准”，即摸清家底、查清人口，规范操作程序准、成员身份界定准、量化股权配置准。包头市认真总结经验，形成了一套可复制、可推广的制度体系和工作模式。同时，充分发挥试点示范效应，组织市、旗（县、区）、乡（镇、苏木、街道）相关负责同志到试点嘎查村学习，确保改革目标不偏、任务不漏、发力不散，为后续全面推动改革奠定了基础。

四是摸清底数、有序推进，夯实改革基础。制定印发了《包头市农村牧区集体资产清产核资工作方案》，按照清查核实、公示确认、建立台账、审核备案、汇总上报、纳入平台管理等操作程序规范开展清产核资工作。全市531个嘎查村清产核资工作已全面完成，数据已全部录入全国管理系统，实现了村集体成员、资产、资金、资源底数“四清”。全市嘎查村集体资产总计为776 252.25万元，其中流动资产340 779.26万元，农业资产896.71万元，长期资产11 522.32万元，固定资产421 143.26万元，其他资产1 910.70万元；负债和所有者权益总额合计776 252.25万元，其中流动负债149 857.57万元，长期负债62 905.72万元，所有者权益总额563 488.96万元；经营性资产227 630.45万元；全市集体土地总面积3 758.21万亩，其中农用地3 562.67万亩，建设用地124.49万亩，未利用地71.05万亩。昆区甲尔坝村总资产22亿元，为全市最高。

五是抓住重点、突破难点，化解矛盾纠纷。按照“尊重历史、兼顾现实、程序规范、群众认可”的原则，建立完善了集体经济组织成员登记备案制度。同时，各旗（县、区）均制定了指导性意见，嘎查村在民主协商的基础上，制定了具体程序、确认标准和管理办法，做到了“一村一策”，及时化解了矛盾纠纷，确保了改革工作稳步推进。同时，优先选择了一批有基础、有条件、有人才、有项目、有积极性的“五有”嘎查村，开展量化股权、确认身份工作，实现以点带面、全面推开。目前，526个嘎查村完成成员身份确认工作，占比达99%。

六是规范程序、完善手续，壮大集体经济。坚持深化村集体产权制度改革与发展村集体经济同步推进，制定了《大力推进嘎查村集体经济“清零递增”行动的实施意见》，通过指导嘎查村用好用活“三资”、村民出资、上级项目投资、社会筹资、信贷融资5笔资金，重点发展集体经营、聘用能人经营、“三资”入股经营、合作联合经营、承包租赁经营、委托经营6种模式，推动村集体经济在“清零”基础上实现“递增”。目前，村集体经营收益达到100万元以上的嘎查村有10个。其中，经营收益达到10万元以上的嘎查村44个，50万元以上的嘎查村18个。主要运营方式有土地流转、资产收益、资源出租、能人带动、公司运作等。同时，按照综合管理（组织机构、工作方案、指导文件、纪要讲话、信息简报等）、清产核资（集体资产登记、保管、使用、处置、运营、评估、管护等制度，清产核资报表、登记表等）、成员确认（身份界定指导文件、登记簿等）、股权设置（集体资产收益分配制度、股份改革方案、股权登记台账、股份继承抵押担保办法等）、集体经济组织（经济组织管理办法、章程、登记簿、成员花名册、会议决议等）5个类别，实施标准化档案整理。

三、改革成效

一是摸清家底，健全了管理制度。通过清产核资，摸清了家底，理顺了关系，明确了责任，防止了集体资产流失，维护了集体经济组织和农牧民的利益。同时，建立健全各项管理制度，认真抓好民主管理，财务公开，包括现金、银行存款管理，债权债务管理，资产登记、保管、使用、处置、清查和定期报告制度的管理，财务开支审批和嘎查村报账员管理，从而达到嘎查村财务管理制度化、规范化。

二是明晰产权，夯实了发展基础。明晰了农村集体产权关系，实现了农民对集体资产由“共同共有”到“按份共有”的转变。通过产权制度改革，将集体经营性资产清产核资后折股量化到人，明确了每个村民拥有的股份，从而使农民对集体资产股份占有、收益、有偿退出及抵押担保、继承权得以真正实现。“归属清晰、权责明确、利益共享、监管有力”的新型农村集体经济产权制度在全市范围内初步建立。集体经济合作社的组建，解决了村级集体经济组织长期缺位，由村委会代行集体“三资”经营管理权的问题，完善了“统分结合”农村经营体制，为发展壮大农村集体经济打下了良好基础。

三是总结经验，壮大了嘎查村集体经济。全市上下高度重视壮大发展村集体经济，市委印发了《关于扶持嘎查村集体经济发展的若干具体措施》等文件，因地制宜、统筹兼顾、支持有力，呈现出 4 种经营模式，有力地促进了村集体经济发展壮大。首先是集体经营模式，对有本事、会干事、肯干事的村“两委”，支持村集体自主经营管理。例如，土右旗沟门镇西湾村，村党支部注册成立包头市水涧沟门生态旅游文化有限责任公司西湾分公司，争取资金 8 000万元，建成占地 10 000 亩的大雁滩旅游景区和 1.6 千米的民俗街，累计接待游客近 45 万人次。在旅游景区带动下，通过流转土地、盘活资源、返租倒包多种途径增加收益，2019 年预计西湾村集体收入可达 100 万元。其次是聘用能人经营模式，由村集体决策确定发展方向、确定产业，委托能人具体经营。例如，东河区留住窑村筹资购置挖掘机，通过对外租赁和承揽工程等形式，增加村集体收益。再次是股份合作经营模式，通过统筹村集体资产及项目资金，与龙头企业、合作社等经营主体通过股份合作，实现集体资产放大增值。例如，达茂旗 29 个嘎查村集体资金、资源入股小尾羊公司、丰域合作社实现集体经济收益。最后是承包租赁模式，将集体“三资”、村民筹资、上级项目资金等整合，承包给龙头企业等经营主体运营，使村集体获得稳定的资产收益。例如，土右旗西老藏营村，积极争取中央、自治区财政专项扶持资金，建成酱菜厂，集体经济年增收可达 15 万元；该村流转土地 1 000 亩，与内蒙古金辉现代农业发展有限公司签订反租倒包合同，村集体经济收益可达 7 万元。

四、工作中的问题和困难

包头市农村产权制度改革工作虽然稳步有序推进，但由于改革行政村数量较多，加之产权制度改革程序复杂、任务烦琐，需要旗、乡镇、村投入大量人力物力，特别是需要广大村民的密切配合。存在的困难和问题主要有以下几个方面：

一是乡镇工作力量薄弱。成员身份认定、股权设置、集体经济组织组建都需要村组多次召开会议进行认真研究讨论，每一个环节出现失误都会影响产权制度改革工作的顺利推进。因此，改革的每一个环节都需要乡镇派出精干力量现场指导、认真把关，但目前大部分乡镇经管站人员力量不足，指导还不到位。部分乡村干部对产权制度改革的基本政策和程序要求还未学深吃透。虽然先后多次举办了集体产权制度改革集中培训，农牧局也多次深入各乡镇，村组一对一地进行实地指导，同时还组织乡镇分管领导、经管站站长和部分村干部专门外出学习考察，但由于集体产权制度改革工作政策性强、程序复杂，需要每个行政村根据实际情况研究制定具体实施办法，而部分村干部素质和能力有限，导致在制定产权制度改革方案时号脉不准，也只流于形式。

二是历史遗留问题较多且比较复杂。首先，个别村与村之间集体土地地界不清，征占地款发放存在矛盾纠纷，村民对集体产权制度改革工作有抵触情绪，致使个别村组工作难以开展。其次，个别城边村因利益驱使，村民难以达成一致意见。例如，尹六窑村在历史利益分配上存在“三六九”等，涉及集体土地产权制度改革及股权设置，村民意见分歧大，工作推进困难。最后，部分村地势偏远，基础设施薄弱，村民以种植、养殖为主要产业，招商引资吸引力不足，村干部对招商引资、发展集体经济主动性不强，发展集体经济难度较大。

三是集体产权制度改革相关机制仍待完善。首先，在股权分置改革方面，因部分村庄集体经济薄弱，可量化的资产较少，还有部分存在产权争议，在量化设股中有纠纷。但是针对各类矛盾纠纷的相应政策解读和指导意见尚未出台，影响整体改革顺利推进。其次，农村牧区集体产权制度改革后，在集体经济运行和管理等方面需要配备大量专业人才，从目前嘎查村的人员构成看，无法满足下一步工作需要，也缺乏相应的引进和使用人才激励机制。最后，随着产权制度改革工作的深入开展，为盘活集体资产，农牧民股权证和土地经营权证将成为担保和质押的重要依据，但目前的实际情况为金融机构不承认其担保、质押能力。

五、工作建议

一是抓好农村集体产权制度改革收尾工作。按照国家和自治区关于产权制度改革的要求，攻坚克难，继续抓好个别嘎查村的成员身份确认、股权设置等困难环节，不留死角完成改革任务。对于没有完成产权制度改革的难点村，进一步了解问题的原因，因村施策，创新改革模式，加强政策引导和宣传力度，在民主自愿、矛盾化解或搁置争议的基础上再进行产权制度改革，避免出现新的矛盾风险。同时，全面开展“回头看”工作，帮助各村严格按照政策和程序要求做好后续各项工作，进一步规范完善已完成改革任务的嘎查村的改革步骤和程序，确保工作质量符合要求。

二是抓好档案管理。农村集体产权制度改革工作，事关集体经济组织成员在较长时期内的切身利益。为此，要按照相关工作要求，全面完善档案资料整理工作，妥善保管和整理改革过程中形成的各类档案资料，做到管有人、存有地、查有序，为全面深化农村改革奠定坚实的基础。完成好农村集体产权制度改革工作各级档案资料的收集、整理、归档、保管和利用等工作。确保各个环节手续完备齐全、资料翔实充分。

三是抓好村集体经济发展。在完成产权制度改革的基础上，充分发挥好集体经济组织在管理集体资产、开发集体资源、发展集体经济、服务集体成员等方面的功能作用。通过建立新型集体经济组织，强化项目支持、技术指导服务，帮助集体经济组织“扶上马、送一程”，发展体现区域特色、乡村价值的产业，实现集体经济发展、农牧民收入增加，从而进一步提升农村集体经济组织自我发展、自我完善的能力和水平。

四是健全和完善集体产权制度改革相关机制。对于集体产权制度改革发现的问题，应加强系统性调查和研究，健全和完善相关政策和机制。例如，针对各类矛盾纠纷出台相应政策解读和指导意见，确保产权制度改革顺利推进；针对基层人才缺乏、力量薄弱的问题，出台偏远地区引进和使用人才激励机制，实现留住人才和稳定使用人才；针对相应权证的担保、质押问题，金融机构和相关部门要尽快建立健全相关机制，为下一步推进工作提供政策依据。

内蒙古自治区巴林左旗牧区集体产权制度改革试点报告

2018 年 6 月，巴林左旗被列为国家级农村集体产权制度改革整县推进试点。按照逐步建立“归属清晰、权能完整、流转顺畅、保护严格”的集体产权制度改革目标要求，坚持“全面动员部署、全程公开透明、全部清理规范”“依靠政策法规、依靠民主决策、依靠村组干部”原则，积极探索，扎实有序推进改革。为了解其改革试点情况，及时总结经验和成果，2019 年 11 月 24—25 日，农业农村部农村经济研究中心宋洪远主任一行 5 人到内蒙古自治区赤峰市巴林左旗进行调研。总体来看，工作基础扎实，宣传动员到位，改革成果得到干部群众认可。

一、改革的基本情况

这次改革覆盖全旗 13 个乡（镇、苏木、街道），166 个嘎查村，1 496 个村民小组，115 016 户农牧户。开展人口排查 29.37 万人，成员确认 28.23 万人，发放股权证书 115 016 本，成立集体经济股份合作社 166 个。共核实清理集体土地总面积 1 080.48 万亩，其中耕地 182.34 万亩、林地 244.91 万亩、草地 587.24 万亩；集体资产总额 5.41 亿元，其中集体经营性资产 1.51 亿元、非经营性资产 3.90 亿元、固定资产 4.52 亿元；设置股权 84.69 万股，量化资产 7 008.02 万元。

2019 年 8 月 20 日，清产核资工作通过旗级自查验收；2019 年 9 月 17 日，全旗清产核资工作通过市级检查验收；2019 年 10 月 21 日，赤峰市集体产权制度改革工作现场推进会在巴林左旗胜利召开，并作为全市改革先进典型进行推广学习；2019 年 11 月 7 日，集体产权制度改革工作通过自治区级检查验收。

二、改革取得的成效

（一）嘎查村“三资”管理得到有效规范

一方面，通过清产核资摸清了家底、明晰了产权，全旗嘎查村集体资产较改革前增加了 26 803.87 万元，增幅达 98%；科学界定资产所有权，并按照产权归属进行了折股量化，充分保障了农牧民合法权益。另一方面，全旗嘎查村全部成立村级经济股份合作社，配套组建经营管理和监督管理机构，嘎查村

"三资"依法治理水平不断提升。

（二）农村牧区社会运行更加平稳有序

改革前，嘎查村"三资"产权不清、处置不明等问题普遍存在，导致嘎查村"两委"与农牧民之间矛盾突出，互相不够信任。改革后，集体经营性资产确权到户到人，广大群众通过行使知情权、决策权和监督权，参与改革的积极性和主动性普遍高涨。在整个改革进程中，坚持全过程公开公示、阳光透明，把集体的"家底"原原本本地亮给群众、交给群众。管理机制的理顺和资产权责的明晰，有效化解了积压已久的干群矛盾，形成了和谐融洽的干群关系，嘎查村基层党组织领导核心地位和广大群众的主人翁意识得到巩固和强化。

（三）嘎查村集体经济进一步发展壮大

各嘎查村依托资源禀赋，围绕"集体产权制度改革＋"战略，下功夫、做文章，通过土地流转、乡村旅游、休闲农牧业、招商引资、现代综合服务等多种途径发展壮大集体经济。截至调研日期，全旗 166 个嘎查村年集体经济收入平均增加 1.3 万元。其中，87 个贫困嘎查村集体经济收入均突破 2 万元。

（四）群众财产性收入明显增加

通过改革，收益分配方式由"按人头平均发放实物福利"改为"成员股份分红"，有效避免了超收益分配、举债分配等问题，集体资产收益分配更加规范合理。例如，林东镇柴达木村将集体土地资源、闲置资金和农户承包地，通过反租倒包等方式入股红格尔股份经济联合社，预计 2019 年分红 21 万元，股民每人分红 220 元。同时，部分嘎查村用集体经济收益为村民缴纳自来水、医疗保险和养老保险等费用。例如，查干哈达苏木阿鲁召嘎查使用村集体经济收益，为农牧民每年每人缴纳自来水、养老保险和医疗保险等费用共 165 元。通过入股分红增加收入和缴纳费用减少开支，在增收减支中让广大农牧民群众切身感受到集体产权制度改革带来的红利。

（五）设施农牧业产权登记抵押探索取得突破

制定出台《巴林左旗设施农牧业产权确权登记颁证管理办法》和《巴林左旗设施农牧业产权抵押贷款管理办法》，全年共审核颁发设施农牧业所有权证书 32 家，产权面积 20.68 万米^2；办理抵押贷款登记 10 家，贷款金额5 379.80 万元，为新型农牧业经营主体发展提供了有力的金融支持，有效破解了农牧业发展的资金难题。

三、创新经验及做法

（一）成立组织机构，层层动员部署

为扎实有序推进改革工作，成立了由旗委书记、政府旗长任双组长，相关领导任副组长，农牧等 29 个旗直部门主要负责同志任成员的农村牧区集体产

权制度改革试点工作领导小组。在充分考察学习和实际调研的基础上，制定了《巴林左旗农村牧区集体产权制度改革试点工作实施方案》，明确了改革的具体程序步骤和目标任务，召开了全旗专项动员会议，对旗、乡镇、村三级干部进行动员部署，将工作任务逐级落实、层层压实。各乡（镇、苏木、街道）和嘎查村均组建了专项工作组，专项推进工作，构筑了全旗“一把手”负总责，旗、乡镇、村纵向贯通，成员单位横向联动的组织体系。

（二）强化业务培训，注重舆论宣传

为有效提升干部能力和水平，采取“走出去，请进来”的方式开展业务学习培训。组织旗、乡镇、村三级工作人员 40 人赴改革成效好、有借鉴参考价值的地区考察学习。邀请专家举办了旗、乡镇、村共 300 余人参加的专题讲座，旗、乡镇两级共举办业务培训班 16 期，培训工作人员 2 000 余人次。印发相关指导性文件 13 个，统一制定和完善各项集体资产财务管理制度 24 项，编写并印发《知识问答》和《制度汇编》等资料 600 份、工作简报 18 期，发放蒙汉双语《致全旗农牧民朋友的一封信》宣传单 3 万份，提高群众知晓度和参与度，营造了深厚的改革工作氛围。

（三）先行试验示范，典型引导推进

为探索改革的途径，理清工作程序步骤，积累经验，选择具有典型示范作用的试点先行先试，按照城郊型、旅游资源型、产业突出型等不同资产资源条件，选择东城街道胜利村、查干哈达苏木阿鲁召嘎查、花加拉嘎乡小营子村、林东镇柴达木村、十三敖包镇海兴村 5 个集体经济发展不同类型嘎查村作为旗级试点。选择农区和牧区 2 个试点地区，即查干哈达苏木和花加拉嘎乡给予整乡（苏木）推进。在每个乡（镇、苏木、街道）选择 1 个嘎查村作为乡镇级试点，采取手把手教学、现场演示等方式指导示范、以点带面，推动全旗农村牧区集体产权制度改革工作扎实有序开展。

（四）认真排查人口，严格界定成员

确定 2018 年 6 月 30 日为全旗改制基准日，以公安部门提供的户籍为基础，以户为单位开展摸底统计，重点摸排因务工经商、就学参军、投靠子女、婚姻嫁娶等户籍迁出的人员，户代表签字确认后公示。在此基础上，按照“尊重历史、兼顾现实、程序规范、公开透明、群众认可”的原则，统筹考虑户籍关系、土地草牧场承包关系、对集体贡献等因素，通过召开村民代表会议初步确认，公示 7 天无异议后，最终确认集体经济组织成员。对于公示期间有异议的人员，采取内查外调、民主决议等形式予以核实，再次公示确认。

（五）严把三个关口，核准清实资产

一是把好清查登记关。对资金、资产、资源的清理，以嘎查村账目为依据，坚持账内账外相结合、实物盘点同核实账务相结合，以物对账，以账查

物，查清来源去向和管理情况；对耕地、林地、草原等资源的清理，采取实地调查和逐片逐块测量核实、登记造册，实行“台账”管理。二是把好公开公示关。在全面清查盘点的基础上，对登记核实后的集体资产逐笔逐项召开会议通过，并张榜公示，公示期间做好群众的来访和咨询，对群众有异议，再次核查，做到内容全面、说明清楚、数字准确、群众认可，确保不遗不漏。三是把好规范合同关。结合清产核资，本着边清理、边排查、边纠正的原则，对要素不全、条款不清、权利义务不明等不规范合同，使用旗统一的制式合同进行梳理规范。共清理合同 54 600 份，使用全旗统一的制式合同补签规范 10 545 份。

（六）科学量化资产，合理配置股权

旗、乡镇两级分别制定并印发《集体资产股权量化设置管理指导意见》，村级制定并印发《嘎查村股权配置报告》，将清查核资数据中的经营性净资产纳入股份经济合作社进行资产量化。嘎查村均成立集体经济股份合作社，通过股民代表大会民主选举产生了理事会、监事会和理事长、监事长，制定了章程。经股东大会决议进行股权配置和资产量化，为利于转让和继承，设置个人股每人 3 股，公益金和公积金提取不超过 20%，用于公共事业和壮大集体经济投入，制定了集体资产管理制度、集体资产登记制度等 6 项制度，以及合作社股份转让、继承、退出办法，为集体经济村级股份合作社正常有序运作夯实了基础。

（七）及时整理资料，规范档案管理

规范设置宣传动员、学习培训、基础资料、制度建设、影像资料、成果资料等 9 个类别档案，针对每个工作步骤和工作环节形成的文字表册和影像资料，实施同步收集、及时整理、分类归档，做到工作痕迹有据可查、工作过程有图可看、工作成果有效利用，为探讨工作、借鉴经验、评价改革成效提供了重要依据。

四、存在的问题及原因

在推进改革过程中，巴林左旗也遇到了一些问题和困难，主要表现及产生原因有以下几种。一是集体组织成员资格确认缺乏集体经济组织成员，排查中出现“空挂户”、入赘、改嫁（娶）、收养子女、“户在人不在”等复杂情况，成员身份确认工作难度较大。二是因历史原因，有的村荒山、机动地等集体资产底子难以澄清，个别村干部不愿触及深层次矛盾，造成登记资产与实有资产有出入。村级债务债权形成久远，有的原始凭证无法查询，大部分应收款项只有账页花名而无明细摘要，清理难度较大。三是嘎查村虽然成立了集体股份经济合作组织，但是其主体法律地位、成员资格界定、集体资产权属与权能等需要法律进一步明确。四是农村牧区产权流转交易市场建设有待进一步推进完

善。五是乡（镇、苏木、街道）农村经营管理机构体系建设需要单列加强。

五、完善法规政策建议

一是宪法保护集体财产及民主管理的精神要严格落实。无论法律修订还是股权纠纷问题的处理，首先应体现宪法关于农村集体经济实行民主管理的规定，外部主体减少干预。应该尊重村社内部对于集体经济的所有权和收益分配权等权利配置意见，由集体内部自主处置集体财产收益关系。

二是循序推行股权多元化改革对应多方面的制度和权益诉求，降低机会主义者的股权收益预期。例如，国家投入作干股，但避免将国家投资收益量化到人，其收益主要用于生态补偿、基本农田保护等公益事业。集体股分红首先用于共享经济，满足村集体的公共设施和福利性开支，此外若还有盈余，可将一部分集体股转为承担一定投资风险的集体投资股。

三是社会福利同收益分红相分离。采用社会福利同收益分红捆绑的形式，享有股权的村民可以同时享受福利和分红，不享有股权的村民则二者皆无。集体经济组织提供的医疗、养老等社会福利应体现普惠性，均等化地提供给内部成员；股份分红则应根据成员的具体情况体现差异性。

四是征地前完善补偿机制，构建多层次土地保障体系。集体土地征地前设置好多种补偿机制，构建多层次土地保障体系，解决好被征地农牧民的未来生计问题。建议先后采取货币安置和就业安置相结合、城乡社保并轨等多种形式。总之，在征地之前，理顺村社内部关系，既可消除农村冲突爆发的潜在因素，也能让政府赢得在实际征地中的主动权。

内蒙古自治区呼和浩特市和林格尔县农村集体产权制度改革试点报告

2019 年 11 月 26 日，农业农村部农村经济研究中心课题组赴内蒙古自治区呼和浩特市和林格尔县对农村集体产权制度改革试点工作进行调研。课题组通过座谈汇报、查阅资料、实地查看、进村走访、群众交流等方式，并随机抽取该县舍必崖乡西厂圪洞村和小甲赖村（1 个乡 2 个行政村）进行实地调研，力求从点到面对和林格尔县农村集体产权制度改革试点情况进行细致调查。

一、和林格尔县基本情况

和林格尔县位于内蒙古自治区呼和浩特市南 45 千米处，地处晋蒙交界区、呼包鄂腹地。全县总面积 3 448 千米^2，辖 4 个镇、4 个乡和 1 个园区，有 150 个行政村，651 个自然村，总人口 20 万人。该县集体土地面积 494.03 万亩，其中农用地 436.74 万亩，包括耕地 145.36 万亩、林地 141.08 万亩、草地 147.31 万亩、农田水利建设用地 0.71 万亩、养殖水面 0.51 万亩，其他农用地 1.77 万亩；建设用地 36.86 万亩，包括工矿仓储用地 0.26 万亩、商服用地 69 亩、农村宅基地 27.93 万亩、公共管理与公共服务用地 0.70 万亩、交通运输和水利设施用地 6.82 万亩、其他建设用地 1.14 万亩；未利用地 20.43 万亩。

二、产权制度改革完成情况

2018 年 6 月，和林格尔县被农业农村部确定为国家农村集体产权制度改革整县试点单位。自工作开展以来，和林格尔县围绕构建“归属清晰、权能完整、流转顺畅、保护严格”的目标，召开动员会进行安排部署，制定有关方案和指导意见。截至调研日期，和林格尔县集体产权制度改革工作已基本完成。全县 150 个行政村均完成了清产核资，核实资产 6.38 亿元，其中经营性资产 5 785.31 万元、非经营性资产 5.81 亿元。150 个行政村新增资产 1.5 亿元，其中经营性资产 3 529.53 万元、非经营性资产 1.15 亿元。确认集体经济组织成员 70 409 户 180 017 人。已完成股权结构设置和股权量化的行政村 150 个，股权量化资产 3 873.64 万元；149 个行政村（小红城村正在选举中）成立了股份经济合作社并制定通过了章程，已颁发 101 个股份经济合作社登记证并挂牌，已颁发股民证 51 000 个。

三、产权制度改革的主要做法

（一）加强领导，编制方案

和林格尔县成立了由县委书记、政府县长任组长，县四大班子有关领导任副组长，县委组织部、县政府办、县农牧局、县财政局、县自然资源局等部门负责同志和各乡镇党委书记为成员的农村集体产权制度改革领导小组。领导小组办公室设在县农牧局，具体负责组织协调等日常工作。根据需要，该县又成立了清产核资、成员身份界定两个专项领导小组。各乡镇、行政村均成立了相应的领导小组和具体工作组，实行领导包片、干部包村制。全县做到了有组织、有领导、有机构，形成了自治区、市指导督促，县、乡镇、村三级具体抓的工作机制。同时，各乡镇及行政村履行改革工作的主体责任，农牧局担负业务指导、沟通协调、信息上报等责任，全县各级部门合力推动该项工作顺利开展。在具体实施中，和林格尔县注重顶层设计，先后印发了与农村集体产权制度改革相关的各类方案和意见，如《和林格尔县农村集体产权制度改革实施方案》《和林格尔县农村集体资产清产核资工作方案》《和林格尔县农村集体经济组织成员身份界定指导意见》《和林格尔县农村集体资产股权设置与量化管理指导意见》《农村集体经济组织示范章程》等。各乡镇均据此制定了相应的工作方案，各行政村结合实际制定了具体的实施办法，确保了工作有序开展。

（二）大力宣传，广泛学习

为全面推开农村集体产权制度改革工作，和林格尔县农牧局和各乡镇结合会议、培训、物资文化交流、“三下乡”等活动，利用会议、电视、网络、微信等各种宣传工具，共发放宣传手册 3 万余册，悬挂宣传标语横幅 200 多条，张贴发放宣传单 1.3 万余份，及时宣传讲解产权制度改革的政策及步骤，做到了政策宣传到位，干部和群众认识到位、参与到位。同时，县政府专门邀请自治区、市两级专家，围绕清产核资、股权设置与量化、成立集体经济组织等方面内容，组织召开了 2 次为期 4 天的大型培训会，各乡镇主要领导、分管领导、村级财务部工作人员和村党支部书记、第一书记、村主任、村会计、驻村工作队全部参加了培训。在清产核资环节，和林格尔县开展县、乡镇、村级业务培训会共计 11 余次，参加人数达 800 多人，提高了清产核资工作小组的业务素质。在股权量化、合作社组建环节，和林格尔县组织县、乡镇及农牧局相关人员先后分批赴内蒙古自治区呼伦贝尔市、阿荣旗、呼和浩特市、五原县，以及南京市、武汉市、榆林市等地进行了参观学习。

（三）清产核资，摸清家底

和林格尔县从农村集体经济组织的各项资产、负债、所有者权益总额、经营性资产、非经营性资产、资源性资产等方面进行了账内与账外的清查核实。

该县的集体清产核资以 2017 年 12 月 31 日为登记时间点，以 2013 年“三资”清查资料为基础，结合现有的资产、资源、资金情况，按照“清查登记、价值评估、权属界定、公示确认、账目调整、建立台账、审核备案、逐级汇总、纳入平台”9 个程序和步骤，各村清产核资小组分类登记。2018 年 9 月，和林格尔县人民政府办公室印发了《和林格尔县农村集体资产清产核资工作方案》，其中明确提出资源性资产清查要与土地、林地、草原等不动产登记和自然资源确权登记工作相衔接，充分利用已有登记成果、森林资源档案等，减少和避免重复劳动。和林格尔县的清产核资工作从 2018 年 10 月开始，2019 年 1 月 20 日结束，历时 4 个月，150 个行政村全部完成清产核资。通过清产核资减少各项应收款 803.72 万元，减少各项债务 850.52 万元。

（四）界定身份，保障权益

和林格尔县印发了《农村集体经济组织成员身份界定的指导意见（试行）》，各乡镇据此因地制宜地制定了村级的成员身份界定实施方案和具体工作办法。各乡镇组织指导村委会成立了村集体经济组织人员身份界定小组，各村依据村民会议通过的时间节点，确定了本集体经济组织人员身份界定的核准时点。界定小组以公安派出所户籍为基础，结合村民实际生产、居住情况，经过 1 个月的摸底排查，在村公示栏对人员身份摸底表进行公示，便于村民监督参与、核对修正。由界定小组进行确认并再次公示无异议后，对最终确认界定结果进行汇总。2019 年 3 月底，经过 3 个月的努力，和林格尔县完成了 150 个村集体经济组织的人员身份界定工作。通过身份界定，赋予了农村集体经济组织成员长期而有保障的权利，避免了少数人占有村集体的资产资源。

（五）量化资产，到户到人

根据《和林格尔县农村集体资产股权设置与量化管理指导意见（试行）》，和林格尔县的股权设置原则上以个人股为主，有条件的村根据本村实际情况可设置一定比例的集体股；各村根据实际情况可自行选择设置股种，是否设置集体股及比例由集体经济组织成员民主讨论决定；鼓励各村在充分尊重群众意愿的前提下，探索创新股权设置办法。在实际操作中，各村村民结合村内实际，提出并同意设置成员股和集体股 2 个股种，以成员股为主体，占比不少于 70%；集体股控制在 30%以内，主要用于处理改革中的遗留问题、扶贫、助学、助残、投资及其他不可预计的问题等。和林格尔县的股权设置采取“量化到人、固化到户”的模式，实行“生不增、死不减，进不增、出不减”的静态管理模式，不随人口增减变动而调整股权，在内部进行增人减人的平衡，以户为单位向集体经济组织成员出具股权证。

（六）成立组织，设立章程

鉴于各村第一次成立村级股份经济合作社和资金少、经验不足的实际，和林格尔县鼓励各乡镇因地制宜、区别对待，引导有条件的村集体经济组织可以与村党支部、村委会实行两套人马两块牌子，条件不成熟的村实行一套人马两块牌子。在实践中，各村股民根据村情和多数股民的意愿，经成员讨论，大多数村同意实行一套人马两块牌子的运行体制。在清产核资、身份界定和股权量化的基础上，各村成立了股份经济合作社。根据和林格尔县印发的《和林格尔县××村股份经济合作社示范章程》，各村制定并通过了相应的股份经济合作社章程。

（七）落实资金，加强督查

在此次农村集体产权制度改革中，和林格尔县各级共配套产权制度改革经费 97.64 万元，其中上级补助 47.64 万元，预算内安排产权制度改革工作经费 50 万元，用于宣传、培训、股权证印制、图版及日常工作支出等，在经费上给予了全力保障。另外，和林格尔县主要领导、分管领导，政府督查室、农牧局不定期深入乡村督查工作进展情况和存在问题，督查结果及时书面反馈，并在县级层面会议上进行通报，以督促各乡镇按期完成任务。同时，县农牧局专门建立微信工作群，每 10 天通报 1 次进度，及时反馈给各乡镇及其村委会，形成了上下通畅的工作制度。

（八）衔接统计，共享成果

在改革过程中，和林格尔县的资源性资产清查数据与土地、林地、草原等不动产登记、自然资源确权登记数据相衔接，县产权办积极与县自然资源局沟通协调，通过调取 2012 年全县农村集体资产的“三资”清查数据和自然资源局数据库中的全县国土二调卫星航测地貌影像图，为清产核资提供了翔实的基础数据。同时，县农牧局利用土地确权数据平台，正在整合土地流转、产权制度改革等各种资源要素，计划构建起农村资源资产“大数据”，为后续股权转让、融资担保和土地流转等奠定基础。

四、产权制度改革的成效

（一）明晰权属，提升乡村治理水平

农村集体产权制度改革，摸清了家底，理顺了关系，明确了村级资源资产的权属。同时，也理顺了账务，纠正了呆账、错账，解决了财务管理中存在的问题，对加强村级财务管理起到了积极的推动作用。另外，此次改革建立健全了各项管理制度，促进了财务公开，现金、银行存款管理，债权债务管理，财务开支审批和村报账员管理，从而使得村级财务管理更加制度化、规范化。这在一定程度上提高了村干部的经济责任意识、廉洁自律意识，以及财经法纪意识，促进了基层的廉政建设，提升了乡村治理水平。

（二）整合资源，发展壮大集体经济

和林格尔县个别村在党支部的引领带动下，利用资源优势，通过企业带

动、能人引领等方式，积极探索“资源变资产、资金变股金、农民变股民”，多种形式发展集体经济。例如，小甲赖村、台基营村，引进正大、蒙牛等龙头企业，组织农户流转土地，发展产业化经营，农民既有土地流转分红，又可在企业打工稳定增收。台格斗村以“百年古杏林”自然资源文化为依托，以“看得见山，望得见水，记得住乡愁”为主题，发展乡村旅游增加收入。胶泥湾村依托塞外桃园生态发展有限公司，流转、出租土地 2 万多亩，建设田园综合体，发展都市现代农业游。塞外桃园生态发展有限公司在胶泥湾村建设的有机果蔬之园和乡村旅游的休闲观光之园已投入使用，每年接待游客 3 万余人。截至 2018 年年底，共带动 28 户 47 人全部脱贫，且每年为集体盈得股份红利 3 万元。大新营村因人均耕地不足 4.3 亩，在呼和浩特新机场征收后，现有补偿模式无法保障被征地农民的长远生计，该村借助国家土地征收制度改革在和林格尔县试点的机会，每人留出 1 亩土地入股村专业合作社，以备后期进行开发经营，增加收入。

五、存在的问题及原因

（一）后续发展政策缺位

随着产权制度改革工作的深入开展，为盘活集体资产，农牧民股权证和土地经营权证将成为担保和质押的重要依据，但目前相关的支持政策缺位，金融机构对股权证的担保和质押缺乏政策支撑。另外，村级集体经济组织（股份经济合作社）的财务管理制度尚不完善，制约了村级集体经济的进一步发展。

（二）基层人员业务不熟练

和林格尔县 150 个行政村中成立股份经济合作社并通过了合作社章程的有 149 个，但目前颁证的只有 101 个，其他 48 个经济合作社都具备了发证和挂牌条件，但因工作人员对赋码打证程序不够熟练，影响了打证挂牌进度，目前正在加紧赋码打证中。

（三）集体经济发展缓慢

受自然和历史条件的限制，和林格尔县一些村的集体经济基础薄弱，经济发展较慢。该县的农户多是一家一户的小农生产经营方式，一些村集体没有经营性资金，经营性资产也主要是村里的机电井、变压器和少量的出租房，这些少量的经营性资产也未发挥出很好的效益。

六、进一步推进产权制度改革的政策建议

（一）制定配套发展政策

进一步制定和规范农村集体经济组织的金融支持政策，以及各种管理制度，为集体经济组织的发展提供政策依据。县级层面，要继续做好跟踪服务和

指导，协助办理银行开户等相关手续，指导健全完善集体经济组织的财务管理制度，并开展财务培训，逐步推动集体经济合作组织正常运行。

（二）强化业务人员培训

农村集体产权制度改革包括清产核资、身份确认、股权量化和成立合作社4个主要环节，每个环节对基层工作人员的业务水平要求都较高。应加强对基层工作人员的业务培训，使其熟练掌握集体产权制度改革不同环节的业务内容，提高改革进程中的整体业务水平，进而保障改革的顺利开展。

（三）加快发展集体经济

在完成产权制度改革的基础上，应充分发挥好集体经济组织在管理集体资产、开发集体资源、发展集体经济、服务集体成员等方面的功能作用。加大政策和项目支持力度，在高标准农田建设、农业社会化服务、农畜产品加工转化、农村土地规模化经营等方面对农村集体经济组织进行重点扶持，着力提升农村集体经济组织自我发展、自我完善的能力。积极引导村级集体经济组织利用现有“三资”，不断壮大集体经济，增加集体成员收入，切实让集体成员享受到农村集体产权制度改革带来的红利。

内蒙古自治区包头市九原区呼业胡同镇乌兰计六村案例分析

为了推进农村集体产权制度改革，规范农村集体经济组织管理，保障农村集体经济成员的合法权益，包头市九原区乌兰计六村在产权制度改革中秉持五个“坚持”，即坚持明晰产权、集体所有权不变了原则；坚持依法、公开、公正、公平的原则；坚持尊重历史、兼顾现实、权利与义务相统一的原则；坚持广泛协商、民主决策的原则；坚持发展集体经济、促进农民增收、维护和谐稳定相统一的原则。在产权制度改革中，对村级集体经营性资产、非经营性资产、资源性资产进行清产核资，摸清家底；制定方案，界定本村集体经济组织成员资格，完成成员的确认登记；设立村集体经济合作社，依法代表全体成员行使集体资产所有权，享有独立进行经济活动的自主权，承担资源开发与利用、资产经营与管理、生产发展与服务、财务管理与分配职能。

一、基本情况

乌兰计六村位于110国道699千米处，现有人口306户709人，党员18人。村委班子成员共有5人，其中书记主任一肩挑。村级组织活动场所面积2 700米^2。村集体土地总面积6 581.2亩，其中农用地5 808.4亩、建设用地772.8亩。在农用地中，耕地5 800亩，其中未承包到户耕地面积2 639.41亩、农田水利设施用地（沟渠）8.4亩；在建设用地中，农村宅基地720亩、公共管理与公共服务用地4.8亩、交通运输和水利设施用地48亩。

二、主要做法

一是成立组织机构，做到权责明确。为顺利推进乌兰计六村农村集体产权制度改革工作，按照上级文件要求及结合本地实际情况，经村“三委”讨论研究决定，成立了以村书记为组长的农村集体产权制度改革工作小组，分别负责清产核资、成员身份界定等工作。

二是宣传动员，营造氛围。为了营造良好的产权制度改革工作氛围，通过召开“两委”会、村民代表会学习文件、领会精神；同时在村里张贴宣传单、致公开信、利用村喇叭和微信群等手段宣传农村集体产权制度改革工作的重要意义，扩大了农村集体产权制度改革的影响力和知晓度，为后续工作的开展奠定了较好基础。

三是认真扎实，摸清家底。乌兰计六村制定了农村集体资产清产核资方案，成立了清产核资工作组负责清产核资工作，在具体操作过程中，按照先账内、后账外的原则，逐笔账目进行清查核实，对村集体资金、资产、债权债务和耕地、林地、宅基地等资源进行清查，共清理核定村集体总资产 189.2 万元，其中没有任何经营性资产。

四是尊重民意，确定成员。按照《九原区农村集体经济组织成员身份界定工作指导意见》要求，乌兰计六村制定了本村的生源界定方案，对乌兰计六村成员身份进行了排查和摸底。在尊重民意的基础上，按照“生不增、死不减、进不增、出不减”的原则确定，确定乌兰计六村成员身份界定基准日为 2019 年 3 月 31 日，经过召开村民代表会议、摸底登记、入户确认、成员名册公示、上报备案等程序最终确认成员 306 户 709 人。

五是成立集体经济组织，注册经济合作社。乌兰计六村产权制度改革工作小组在全面清查核资、成员身份确认的基础上，在保护农民合法权益、尊重农民意愿的前期下，经民主协商，制定了章程、选举方案，并召开了经济合作社第一届成员代表大会，审议通过《经济合作社章程》，选举产生理事会和监事会，成立了经济合作社。合作社作为农村集体经济的一种组织形式，对集体财产具有资金管理、资产经营、资产管理、资产积累、资源管理和收益分配的职能，并按照计划管理和民主管理的原则，实行独立核算、自主经营、自负盈亏。成员以其份额多少对合作社承担责任，合作社以其全部资产对本社的债务承担责任。

三、成效意义

一是摸清了集体资产家底。通过全面清查集体所有的经营性资产、非经营性资产和资源性资产，摸清了集体资产的存量、结构、分布和运行效益情况，做到账表、账账、账证、账据、账实五相符。清产核资过程中，让一些未纳入村集体资产管理的资产得到登记，将一些损毁报废资产通过正常程序进行了核销，优化了村集体资产质量。

二是明晰了产权。清产核资和成员身份确认以后，明确了集体资产的产权主体，使农民明白了所拥有的资产、资源。这有利于加强集体资产运营的民主管理和民主监督，有利于保障成员的合法权益。

三是加强了集体资产管理。一方面，依托农业农村部集体资产监督管理平台，将农村集体资产纳入平台管理，切实提高集体资产的管理水平和效率，推动农村集体资产管理制度化、规范化、信息化；另一方面，成立了经济合作社，设立经济合作社成员代表大会、理事会、监事会，加强对集体资产的经营管理。同时，对于集体产权制度改革工作中形成的对国家、社会和个人有保存价值的文字、图表、音像、数据等不同形式和载体的文件材料，形成档案，并确保档案完整、准确、系统、安全和有效利用。

四是促进了农村的稳定。成员身份确认以后，明确了个人在集体资产中的份额，避免了集体资产被侵占和遭流失的现象，使群众吃下了定心丸。

四、问题和建议

乌兰计六村集体产权制度改革中最大的问题是集体经济基础薄弱，仅有集体总资产189.2万元，且没有任何集体经营性资产，因此注册成立的是经济合作社。建议紧紧抓住产权制度改革这一机遇，积极探索集体产权实现路径，建立符合市场经济要求的集体经济运行新机制、新模式。乌兰计六村计划将村庄的集体荒地进行开发，积极通过租赁、托管等方式与其他经营主体联合，培育特色蔬菜产业，专供周边企事业单位，发展壮大集体经济。

内蒙古自治区包头市九原区白音席勒街道二道沙河西村案例分析

一、二道沙河西村基本情况

二道沙河西村位于包头市九原区白音席勒街道办事处北侧 1 千米处，地处 110 国道与 210 国道交汇处。因地处二道沙河河槽附近，以周边三村位置命名，又因该村位置靠西，故得名二道沙河西村（以下简称西村）。西村共有 179 户 494 人；在册党员 18 人，其中预备党员 1 人，外出流动党员 3 人；除本村原住人口外，有外来及流动人口 3 500 人左右。全村集体土地总面积 899.02 亩，其中农用地 411.49 亩、建设用地 487.53 亩。农用地以耕地为主，占到 408.36 亩，其中水地 330 亩、旱地 78.36 亩。截至 2018 年年底，西村的清产核资表显示，全村核实资产总计 2 414.07 万元，其中经营性资产 149.13 万元、非经营性资产 2 264.93 万元。西村的经营性资产主要是汽修城，也正因汽修城的存在，西村的主导产业为汽修、汽配销售、物流等第三产业，村内集体收入为汽修城房屋租金，村委会无负债情况。西村村民收入主要来源于房屋出租和打工。

二、产权制度改革完成情况

经过清产核资、集体组织成员确认、折股量化和设立集体股份经济合作社 4 个步骤后，2019 年 10 月 28 日，西村获得农村集体经济组织登记证，标志着西村的农村集体产权制度改革工作全部完成。西村的集体股份经济合作社将股权设置为人口股和集体股两大类，其中人口股占 80%、集体股占 20%。人口股即所有集体经济组织成员人人持股，成员身份认定基准日为 2019 年 3 月 31 日 24 时。集体股由村民委员会持有。集体经济组织成员和村民委员会为股份经济合作社的股东。

三、主要做法与创新经验

（一）注重学习和宣传动员，降低改革阻力

在农村集体产权制度改革工作中，为了降低改革阻力，西村非常注重“走出去”和“引进来”相结合，努力学习试点先行区的成功做法。一是提高村“两委”成员对此次改革工作的思想认识，由白音席勒街道农经办组织“两委”成员到产权制度改革先进地区进行参观学习，参观学习后及时组织党员及村民代表宣传产权制度改革的重要性。二是充分发挥党员模范带头作用，由党员动

员家庭成员积极配合村委会成员身份界定工作，由村民代表广泛地向全体村民宣传产权制度改革工作。受益于村“两委”成员的重视、党员同志的带头、村民代表的宣传，西村的农村集体产权制度改革工作得以稳步推进，最终按时顺利地完成了全部改革工作。

（二）科学确认集体成员身份，维护村庄稳定

西村于 2019 年 3 月 20 日发布了《二道沙河西村集体经济组织成员界定办法》，按照“尊重历史、照顾现实、程序规范、群众认可”的原则，明确了集体成员资格的取得、丧失方式及特殊情形的成员资格认定方式。按照“532”工作法程序将 2019 年 3 月 31 日 24 时确定为集体成员身份确定基准日。自该基准日起，身份界定坚持“生不增、死不减、进不增、出不减”原则。在成员摸底阶段时，西村发现 3 户村民在第一轮土地承包时期户籍在村里，在签发第二轮土地承包证时将户口迁出，没有分到二轮承包土地，但在 2010 年左右又将户口迁回西村。原本是土生土长的村民，但因为种种原因将户口迁出又迁入，这给留守的村民留下了“城市好迁城市，农村好又迁农村”的印象，所以在成员身份界定时，部分村民不同意这 3 户家庭被确认为成员。村“两委”本着“宜宽则宽”的做法，先是统一“两委”班子成员思想，发挥党员模范带头作用，扭转部分村民代表传统观念；然后通过全体村民户代表表决的方式对这 3 户村民进行成员身份确认表决，赞成票超过全体户代表 2/3 以上；最终将这 3 户村民的集体成员身份得以确认，化解了不必要的矛盾，维护了村里的稳定。

（三）分等设级量化人口股权，兼顾贡献公平

在成员身份界定两轮公示无异议后，西村进入折股量化环节，其成员股只设人口股。量化每个成员的人口股份额时，西村参照 2013 年该村出台的《村规民约》规定，按照成员集体意愿，将人口股设置为 4 种类型：第一类是有本村户籍和二轮土地承包证的村民及其子女，每人 1 股，共计 400 股。这是传统意义上的老户。第二类是因婚嫁关系在 1997 年 11 月 18 日二轮承包土地发包后将户籍迁入西村的媳妇和女婿，每人 0.85 股，共 64.6 股。在对待媳妇和女婿时没有区别对待，完全参照《婚姻法》男女平等的原则，而给这类成员定股 0.85 股，主要是为了与老户村民有所区分，毕竟老户村民对村内发展做过贡献。第三类是户籍关系在西村，本应该分得二轮土地承包经营权，但因户籍关系迁出、迁入等原因而没有二轮土地承包权或是将二轮土地退包的成员，每人 0.7 股，其后代每人 1 股，共计 12.6 股。第四类是特殊群体，针对个别特殊村民特意制定此类型，如西村的贺中华 0.3 股、贺铂涵 0.5 股、贺少帷 0.5 股，共计 1.3 股。全村 4 种类型成员的股份共计 478.5 股，由于各成员的股权差距不是太大，既能很好地将每一类人群区分开来，又能得到全体成员的认可。设置完股权后，西村的股权管理实行“生不增、死不减”的静态管理，今

后新增人口在家庭内部共享股权，股权在集体经济组织内可以继承、转让和赠予，但不得退股提现。

（四）严格规范档案资料管理，留存改革铁证

规范的档案资料管理可有效避免将来出现纠纷。西村按照白音席勒街道经管站的工作要求，及时留存工作资料，将宣传的影像资料、成员身份认定确认签字时的授权委托视频资料、颁发股权证书、选举产生集体经济组织“三会”成员、挂牌仪式以及改革工作中每一次必须公示的材料，全部留存归档并上报街道经管站备份。整个产权制度改革过程中在各阶段工作结束时将所有的工作资料在街道经管站的亲自指导下，及时按照《内蒙古自治区农村牧区集体产权制度改革档案管理办法（试行）》和《内蒙古自治区农村牧区集体产权制度改革文件材料归档范围和保管期限表》进行了装订成册、整理归档。

四、村集体经济面临困境及发展思路

西村的集体经营性资产主要是占地面积 52 亩的汽修城，短期可利用的资源性资产主要是 341 亩其他建设用地和 38 亩待界定建设用地。汽修城共有 260 间门面，在 2008—2011 年是整体对外租赁，年租赁费从 75 万元逐渐攀升至 110 万元，2012 年以后由村委会对外分散租赁管理，年总租赁费从 130 万元逐渐增加到 200 多万元。由于 2015 年 110 国道和 210 国道对大车限行，导致汽修城内的汽修、配件销售、物流仓储、货运信息等产业收入大幅缩水，门面租赁费大幅降低，村集体经济收入从 200 多万元降到现在的 30 多万元。

完成农村集体产权制度改革之后，西村便积极谋求壮大村集体经济。一是将汽修城转型升级为大型农贸综合批发市场。计划将汽修城转型升级为集蔬菜、水果、畜禽等农产品于一体的大型农贸综合批发市场，预估年交易量 100 万吨，交易额 2 亿元。该批发市场由批发零售及商铺组成，配套设施有办公楼、餐厅、招待所、检验区等。此转型的发展前景良好，因为该地区有丰富的农产品资源，且交通便利，但附近又无大型农产品批发市场，转型后的农产品批发市场可占有当地 30%的市场份额。二是盘活村集体的闲置建设用地。结合西村是城郊村的区位优势，寻思采取“以地入股”的方式引入工商资本联合开发房地产，通过提供安置房、门面商铺、货币补偿等多种方式保障集体组织成员的合法权益，既能壮大村集体经济又能拓宽农民增收渠道。

农村集体产权制度改革的后续目标是壮大村集体经济，而壮大村集体经济离不开政策支持。建议选择部分资源比较好、村情比较稳定的村庄做试点，帮助这些村庄选择适宜的项目去盘活闲置资源和产业转型，先行探索土地利用、税收优惠、金融扶持等配套政策应如何调整以助力农村集体经济发展，如何构建农村集体经济组织的人才振兴、组织振兴长效机制等。

内蒙古自治区呼和浩特市和林格尔县舍必崖乡西厂圪洞村案例分析

一、西厂圪洞村基本情况

西厂圪洞行政村下辖4个自然村，农业人口689户1 662人，劳动力636人。村集体土地总面积20 773.9亩，其中农用地20 208.9亩、建设用地565亩。

二、产权制度改革完成情况

西厂圪洞村已完成清产核资、人口清查、成员身份界定、资产量化、股权设置、拟定章程和成立管理机构。经清查，该村集体资产总计326.42万元，其中经营性资产69.6万元、非经营性资产256.82万元；固定资产233.96万元。该村共确认集体经济组织成员689户1 662人；共设集体股和成员股2个股种，合计23 200股，其中集体股6 580股，占总股数28.4%，人口股16 620股，占总股数71.6%；成立和林格尔县舍必崖乡西厂圪洞村集体股份经济合作社1个，印制股权证689本，已发放356本。

三、产权制度改革的主要做法

（一）组建工作机构

西厂圪洞村于2018年9月18日召开了部分村民和村民代表会议，正式启动了农村集体产权制度改革工作。村级“两委”班子在和林格尔县、舍必崖乡两级政府产权制度改革领导小组和驻村工作队的指导下，开展产权制度改革各项工作。县、乡两级主管部门对该村参与改革的工作人员进行了业务培训，先后组织10次培训会，讲解了改革的有关政策、操作规程等。该村组建了村集体产权制度改革领导小组、清产核资小组、人口排查小组、成员确认小组，以及信访维稳小组，并实施定人定岗定责制度。

（二）制定工作方案

根据《舍必崖乡农村集体产权制度改革工作实施方案》，结合村内实际，该村制定了《西厂圪洞行政村村集体产权制度改革工作实施方案》（以下简称《方案》）。该《方案》结合村集体各小组的分工安排，对工作任务进行了细化分解，进一步明确了责任。

（三）广泛宣传动员

西厂圪洞村通过召开村民会议、发放宣传资料、张贴横幅标语等形式，将农村集体产权制度改革工作的相关法规政策、基本原则、主要工作内容和有关要求等广泛宣传，让广大村民知道了产权制度改革的意义和目的，让群众充分了解了本次改革的重要性。该村共发放宣传单（册）300余份，做到了政策家喻户晓，村民自觉拥护。

（四）开展清产核资

驻村工作队、村“两委”成员、清产核资工作小组对西厂圪洞村的村内账目和全部实物等集体资产（包括集体土地、树木、固定资产等）逐一进行了清理、核实，并进行了全面清查、核查，最终登记造册。具体而言，该村将集体资产进行张榜公布，征求村民意见；根据村民意见和政策规定进行核实、完善后再张榜公布；对村民提出的具体问题再进一步核查，核查结果经村民代表大会审议通过后，再次张榜公布，无异议后作为村集体经济的底数；对新增资产进行评估作价登记入账。

（五）认定成员身份

在清产核资工作的基础上对照舍必崖乡制定的集体经济组织成员资格认定指导意见，该村制定了《西厂圪洞行政村集体经济组织人员确认界定办法》，按照“尊重历史、兼顾现实、程序规范、群众认可”的原则，统筹考虑户籍关系、土地承包关系等因素，协调平衡各方利益，合理确定了村集体经济组织成员的身份。该村人员身份界定的截止时间为2019年3月1日24时，之后迁回或新生儿上户的不予登记。该村认定的集体经济组织成员包括以下九类：一是户籍在本村的，依法享有土地承包经营权的世居农业户及其衍生人口；二是二轮土地承包（包括土地小调整）时，已经取得本村土地承包经营权的农户及其衍生的农业户口；三是符合我国政策性移民到本村落户的人员及其衍生人口；四是婚出方户籍仍在本村，同时享有土地承包经营权，并承担相应义务的人口；五是户籍在本村内的合法再嫁人员及依法随其生活户口在本村的未成年子女；六是原户在本村内的农转非到小城镇居住的人员；七是正在服义务兵役的原本村农业户籍人员；八是原户籍在本村，农业户口转为非农户口的大中专院校在校生及未享受国家社会保障体系的大中专院校毕业生；九是本村成员中的服刑和劳教人员。

（六）合理量化股权

根据舍必崖乡人民政府制定的农村集体资产股份设置与量化管理指导意见，该村制定了《西厂圪洞行政村集体经济组织股权设置与资产量化工作实施方案》。在股权设置上，集体经营性净资产用于股权量化，所有资产为集体组织成员和村集体共有，其收益由理事会管理。该村设置人口股和集体股，其中人口股主要由户籍人口组成，按人口平均量化配股，每人10股；集体股由股东大会或代表大会集体行使股权，收益用于缴纳有关税费，处理遗留问题、村级事务管理及集体经济组织发展和必要的社会公益性支出。在股权管理上，实施静态管理模式，不随人口增减变动而调整；折股量化的股权落实到人，确权到户，并以户为单位发放股权证书；股权可在本集体经济组织内部转让或由集体赎回，不得突破本集体经济组织的范围。

（七）成立股份经济合作社

2019 年 10 月该村成立了和林格尔县舍必崖乡西厂圪洞村股份经济合作社，并制定了《西厂圪洞行政村股份经济合作组织章程》和《西厂圪洞村集体股份经济合作社“三资”管理制度》。按照产权清晰、权责明确的要求，西厂圪洞村在广泛听取村民意见的基础上，经选举确定了第一届股东代表 36 名，并由股东代表会议选举产生股份经济合作社的理事会成员 5 人、理事长 1 名，监事会成员 3 名、监事长 1 名。并规定经济合作社的股东代表、理事会和监事会的每届任期为五年，任期届满，可连选连任。

四、产权制度改革的成效

（一）增加成员集体收益

农村集体产权制度改革的推行，破除了过去集体资产权属不清、农民的集体性收益难以保障的弊端，形成了成员真正所有、人人按份享有的良性局面，真正体现了还权于民、还利于民。特别是通过股份量化，成立股份经济合作社，村内的集体资产按股份量化给了每个集体经济组织成员，并将村集体资产形成的收益逐年按股份分配下去，使成员实实在在地享受到了集体资产所带来的收益。

（二）实现资产保值增值

通过清产核资，明晰了西厂圪洞村集体经济组织的资源、资产、债权和债务等情况，特别是理清了过去多年来形成的一些陈账，处理了呆坏账和不良资产，防止了集体资产流失，为村内集体经济组织的后续发展理清了家底、清除了包袱。这也为进一步发展村集体经济，实现村内资产的保值和增值提供了重要的基础保障。

（三）理顺村内组织关系

此次集体产权制度改革折股量化了村集体资产，建立起了党组织统一领导，股份经济合作社依法自主经营，村委会、理事会民主决策的新型村级治理体系和运行机制。村内股份经济合作社有独立从事经济活动的自主权，村委会则集中精力搞好村内社会事务的管理、发展公益事业、调解民间纠纷、化解村民矛盾及开展各种形式的社会主义精神文明建设活动等。村内各个组织各司其职、各负其责，既相互制约监督，又密切配合，形成了加快发展的合力，增强了集体经济组织参与市场竞争和发展村级经济的能力，从而促进了村集体经济的快速发展。

五、产权制度改革中面临的问题

（一）村民改革认知不足

西厂圪洞村的集体产权制度改革取得了较好的成效，但由于改革的政策性较强，一些村民对此次改革的认识还不够深入，如对产权制度改革工作的意义认识不足。虽然该村当前的改革工作进展较为顺利，但在后续发展村集体经济时，若村民对改革的认知存在不足，将会在一定程度上影响村民参与的积极性，进而影响村集体经济发展的进程。

（二）集体经济基础薄弱

西厂圪洞村的集体经营性资产较少，其核实的经营性固定资产为12眼机电井，产权归集体所有，全体村民有使用权，核算的价值为69.6万元。该机电井所能获得的集体收入非常有限，且主要用于满足村内农户的灌溉需求，进一步开发经营增加集体收入的可能性较小。而村内无其他可利用的经营性资产，后续发展壮大集体经济的基础比较薄弱。

六、进一步推进产权制度改革的政策建议

（一）加强政策宣讲，提升村民认知

农村产权制度改革是一个持续性的工作，在完成现阶段的各项任务后，还应不断强化和巩固改革的成果。例如，定期举办多种形式的产权制度改革培训，按照分类指导、多种方式宣传的原则，通过集中培训、专题讲解等形式，对村民进行政策宣讲和教育培训，使党员、村民代表及全部股民提高思想认识、熟悉规律、学会方法，切实提高对改革的认知。

（二）开发村内资源，发展集体经济

西厂圪洞村发展集体经济的基础很薄弱，可积极探索资源开发利用，如通过土地流转或托管经营，让闲置的资源盘活起来，在尊重农民意愿的情况下进行土地流转，发展适度规模经营。充分挖掘土地、山林、水面等自然资源，发展现代农牧业、休闲农牧业、乡村旅游业，以及农牧业特色产业等，同时立足当地产业，创建服务组织，为各类经营主体提供产前、产中、产后服务。另外，要充分利用集体资金、政府帮扶资金等，通过入股或参股农牧业产业化龙头企业、村与村合作、村企联手共建、扶贫开发等多种形式发展壮大村集体经济。还可尝试引进新的投资项目带动村内一二三产业的发展，为村民创造更多的就业机会，增加农民收入。